Sachverständigenfragen

Harald Volze

Sachverständigenfragen

3., neu bearbeitete Auflage

PETER LANG

Frankfurt am Main · Berlin · Bern · Bruxelles · New York · Oxford · Wien

Bibliografische Information der Deutschen Nationalbibliothek
Die Deutsche Nationalbibliothek verzeichnet diese Publikation
in der Deutschen Nationalbibliografie; detaillierte bibliografische
Daten sind im Internet über http://dnb.d-nb.de abrufbar.

Umschlaggestaltung:
Olaf Glöckler, Atelier Platen, Friedberg

ISBN 978-3-631-58940-3
© Peter Lang GmbH
Internationaler Verlag der Wissenschaften
Frankfurt am Main 2010
3., neu bearbeitete Auflage 2010
Alle Rechte vorbehalten.

www.peterlang.de

Gewidmet

Hans Volze
Beratender Bauingenieur

*1922 – † 2007

Vormals öffentlich bestellter und vereidigter Sachverständiger
für Tragfähigkeit und Festigkeit im Hochbau

Inhaltsverzeichnis

10

Abkürzungsverzeichnis

BauR	Baurecht (Zeitschrift)
BGB	Bürgerliches Gesetzbuch
BGHZ	Bundesgerichtshof in Zivilsachen (Entscheidungssammlung)
BGH	Bundesgerichtshof
BSG	Bundessozialgericht
BverwG	Bundesverwaltungsgericht
DB	Der Betrieb (Zeitschrift)
DS	Der Sachverständige
FAZ	Frankfurter Allgemeine Zeitung
GewArch	Gewerbearchiv
GRUR	Gewerblicher Rechtsschutz und Urheberrecht (Zeitschrift)
HOAI	Verordnung über die Honorare für Leistungen der Architekten und Ingenieure
IBR	Immobilien- & Baurecht (Zeitschrift)
IfS-Informationen	IfS-Informationen (Zeitschrift)
JurBüro	Das Juristische Büro (Zeitschrift)
JVEG	Justizvergütungs- und Entschädigungsgesetz
LM	Lindenmaier/Möhring, Nachschlagewerk des Bundesgerichtshofs in Zivilsachen
MDR	Monatsschrift für Deutsches Recht (Zeitschrift)
NJW	Neue Juristische Wochenschrift
NJW-RR	Neue Juristische Wochenschrift – Rechtsprechungsreport
Rpfleger	Der Deutsche Rechtspfleger (Zeitschrift)
r+s	Recht und Schaden (Zeitschrift)
StPO	Strafprozeßordnung
MSVO	Mustersachverständigenverordnung
UWG	Gesetz gegen den Unlauteren Wettbewerb
VersR	Versicherungsrecht (Zeitschrift)
VG	Verwaltungsgericht
WRP	Wettbewerb in Recht und Praxis (Zeitschrift)
ZSEG	Gesetz über die Entschädigung von Zeugen- und Sachverständigen
ZSW	Zeitschrift für das gesamte Sachverständigenwesen

Literaturverzeichnis

Baumbach, Adolf/ Hueck, Alfred	GmbH-Gesetz, Kommentar, 18. Aufl. (2006)
Bayerlein, Walter	Praxishandbuch Sachverständigenrecht, 4. Aufl. (2008)
Bayerlein, Walter	„Todsünden" des Sachverständigen, Schriftenreihe des Instituts für Sachverständigenwesen, IfS, 4. Aufl. (2006)
Binz, Karl Josef/ Dörndorfer, Josef/ Petzold, Rainer/ Zimmermann, Walter	GKG/JVEG, Kommentar (2007)
Bleutge, Katharina/ Bleutge, Peter	Guter Vertrag – Weniger Haftung, IfS, 2. Aufl. (2009)
Bleutge, Peter	Ablehnung wegen Besorgnis der Befangenheit, Schriftenreihe des Instituts für Sachverständigenwesen, IfS, 2. Aufl. (1999)
Bleutge, Peter	Die Haftung des Sachverständigen für fehlerhafte Gutachten, Schriftenreihe des Instituts für Sachverständigenwesen, IfS (2002)
Bleutge, Peter	Gebühren für Gutachter, hrsg. v. DIHK, 4. Aufl. (2004)
Bleutge, Peter	Das Schiedsgutachten, Schriftenreihe des Instituts für Sachverständigenwesen, IfS, 4. Aufl. (2002)

Bleutge, Peter	Die Ortsbesichtigung durch Sachverständige, Schriftenreihe des Instituts für Sachverständigenwesens, IfS, 6. Aufl. (2006)
Bleutge, Peter	ZSEG – Gesetz über die Entschädigung von Zeugen und Sachverständigen, 3. Aufl. (1995)
Bleutge, Peter	JVEG, 4. Aufl. (2008)
Bruck, Ernst/Möller, Hans	Versicherungsvertragsgesetz (VVG), Kommentar, 8. Aufl. (1980)
Hauptverband der allgemein beeideten und gerichtlich zertifizierten Sachverständigen Österreichs/ Bundesverband öffentlich bestellter und veridigter sowie qualifizierter Sachverständiger e.V/ Institut für Sachverständigenwesen e.V. (Hrsg.)	Das Sachverständigenwesen in Europa – Aktuelle Fragen und Antworten (2006)
Döbereiner, Walter/ von Keyserlingk, Alexander	Sachverständigenhaftung mit Haftungsbegrenzung sowie Versicherung des Privaten und gerichtlichen Sachverständigen (1979)
Haas, Reinhold	Der Sachverständige des Handwerks, 5. Aufl. (2001)
Hartmann, Peter	KostG, 38. Aufl. (2008)
Heinrich, Wiebke	Das Sachverständigenverfahren im Privatversicherungsrecht, Diss., Ffm 1995
Jessnitzer, Kurt/ Ulrich, Jürgen (Hrsg.)	Der gerichtliche Sachverständige. Ein Handbuch für die Praxis, 12. Aufl. (2007)
Jessnitzer, Kurt/ Ulrich, Jürgen/ Frieling, Günther	Der gerichtliche Sachverständige, 11. Aufl. (2007)

16

Keldungs, Karl-Heinz/ Arbeiter, Norbert	Leitfaden für Bausachverständige, 2. Aufl. (2007)
Klocke, Wilhelm	Der Sachverständige und seine Auftraggeber (2003)
Kniffka, Rolf/ Koeble, Wolfgang	Kompendium des Baurechts, 3. Aufl. (2008); 3. Aufl. (2008).
Locher/Koeble/Frik	HOAI, 9. Aufl. (2006)
Martin, Anton	Sachversicherungsrecht, 3. Aufl. (1992)
Meyer, Paul/ Höver, Albert/ Bach, Wolfgang	JVEG, Kommentar. 24. Aufl. (2007)
Motzke, Gerd/ Wolff, Rainer/ Budinger, Erik	Praxis der HOAI, 3. Aufl. (2003)
Müller, Klaus	Der Sachverständige im gerichtlichen Verfahren, 3. Aufl. (1988)
Nieberding, Felix	Sachverständigenhaftung nach deutschem und englischem Recht, Diss. (2002)
Palandt	BGB-Kommentar, 67. Aufl. (2008)
Prölls, Erich/ Martin, Anton	Versicherungsvertragsgesetz, Komm., 27. Aufl. (2004)
Raiser, Rolf	Kommentar der Allgemeinen Feuerversicherungsbedingungen. 2. Aufl. (1937)
Schwab, Rouven	Haftung des gerichtlichen Sachverständigen, Diss. (2008)

Schmalzl, Max/ Krause-Allenstein, Florian	Berufshaftpflichtversicherung des Architekten und des Bauunternehmers, 2. Aufl. (2006)
Staudt, Michael/ Ansorge, Dieter	Handbuch für den Bausachverständigen, 2007
Wellmann, Carl R./ Weidhaas, Jutta	Der Sachverständige in der Praxis, 7. Aufl. (2004)
Werner, Ulrich/ Pastor, Walter	Der Bauprozess, 12. Aufl. (2008)
Wussow, Werner	Feuerversicherung, 2. Aufl. (1975)
Zimmermann, Peter	JVEG, 2005
Zöller, Richard	ZPO, 26. Aufl. (2007)

Die Autoren der zitierten Aufsätze ergeben sich aus den Fußnoten.

I. Die Qualifikation des Sachverständigen

Die Bezeichnung „Sachverständiger" ist als solche nicht geschützt – jeder kann sich so nennen, wenn er auf einem Gebiet ein besonderes Fachwissen aufweisen kann[1]. Verfügt der Verwender der Bezeichnung „Sachverständiger" aber nicht nachweislich über eine besondere, überdurchschnittliche Sachkunde, so liegt eine Irreführung der angesprochenen Verkehrskreise (§ 3 UWG) vor[2], denn die Verkehrskreise können von dem, der sich als Sachverständiger bezeichnet, einen Ausbildungsgang mit förmlicher Abschlußprüfung erwarten[3]. Als Gewähr für die tatsächliche Sachkunde kann der Sachverständige seine besondere Fachkunde nachweisen, indem er etwa **„öffentlich bestellt und vereidigt"** (ö.b.u.v.) ist. Gleichwohl gibt es aber auch **„zertifizierte"** beziehungsweise **„anerkannte"** Sachverständige und noch vieles mehr.

1. Die öffentliche Bestellung

Die öffentliche Bestellung (§ 36 GewO) ist keine Berufszulassung[4]. Sie soll der Öffentlichkeit und den Behörden die Auswahl eines geeigneten Sachverständigen erleichtern[5]. Zu den fachlichen Qualifikationen kommt zusätzlich die Gewähr für

---

1   *OLG Köln*, Urt. v. 8.8.1997 – 6 U 208/96 = WRP 1997, 1121. Sachverständigenbezeichnung auf Grund langjähriger Mitarbeit: *BGH*, Urt. v. 6.2.1997 – I ZR 234/94. *Keldungs/Arbeiter*, Leitfaden für Bausachverständige, 2. Aufl. (2007), S. 1; *Haas*, der Sachverständige des Handwerks, 2001, S. 2. Zu diesem Problemkreis vgl. auch *Jacobs*, NJW 2008, H. 12, S. LXVIII; *ders.*, DS 2008, 257.
2   *OLG Köln*, Urt. v. 8.8.1997 – 6 U 208/96 = WRP 1997, 1121.
3   *BGH*, Urt. v. 6.2.1997 – I ZR 234/94. Zwar erwarten die von einem Sachverständigen angesprochenen Verkehrskreise grundsätzlich einen Ausbildungsgang mit förmlicher Abschlußprüfung, der *BGH* lässt aber Ausnahmen von dieser Regelung zu.
4   Nach herrschender Meinung liegt in der öffentlichen Bestellung keine Berufszulassung. Vgl. *BVerwG*, GewArch 1963, 224; GewArch 1986, 127; GewArch 1989, 162; *BVerfG*, GewArch 1992, 272; näher *Bock*, in: *Bayerlein*, § 3 Rdnr. 5; *Bleutge*, in: *Staudt/Ansorge*, S. 32. a. A.: *Müller*, ZSW 1983, 120. Vgl. auch *Nieberding*, S. 12 und ausf. *Jacobs*, DS 2009, 163 zur Einführung des § 36a GewO (BR-Dr 284/09 v. 3.4.2009, S. 5). Vgl. auch *VGH München*, DS 2009, 236 m. w. Nachw.
5   *Bleutge*, in: *Staudt/Ansorge*, S. 31.

persönliche Zuverlässigkeit und Integrität, charakterliche Reife und Unabhängigkeit[6].

Bei der öffentlichen Bestellung werden Sachverständige auf Grund besonderer gesetzlicher Bestimmungen durch **Verwaltungsakt** von der zuständigen öffentlich-rechtlichen Stelle für bestimmte Sachgebiete ausdrücklich „öffentlich bestellt". In der Regel werden sie auch vereidigt.

Von den Gerichten sollen vorzugsweise öffentlich bestellte und vereidigte Sachverständige herangezogen werden (§ 404 II ZPO und § 73 II StPO).

Zuständig für die Bestellung der Sachverständigen nach § 36 GewO sind in den meisten Bundesländern die **Industrie- und Handelskammern, Handwerkskammern und Architekten- und Ingenieurkammern**, um nur einige wesentliche Bestellungskörperschaften zu nennen.

Diese Bestellungsbehörden haben im Rahmen ihrer Satzungshoheit gem. § 36 IV GewO so genannte **Sachverständigenordnungen** beschlossen, die sich an der **Muster-Sachverständigenordnung** orientieren. Die Muster-Sachverständigenordnungen haben eine bundeseinheitliche Bestellungspraxis zum Ziel[7].

Für die wichtigsten Sachgebiete werden so genannte Bestellungsvoraussetzungen erarbeitet, welche die Anforderungen an Vorbildung, Berufserfahrung und Fachkenntnis für die öffentliche Bestellung konkretisieren. Fachgremien der Bestellungsorgane prüfen anhand der Bestellungsvoraussetzungen die Sachkunde des jeweiligen Bewerbers.

Danach wird der Sachverständige auf die gewissenhafte und unparteiische Erfüllung seiner Pflichten vereidigt.

Mit der öffentlichen Bestellung und Vereidigung erfolgt eine Einordnung in einen öffentlich-rechtlichen Pflichtenkreis, dem sich der Sachverständige bis zur Beendigung seiner Bestellung nicht entziehen kann.

Der vom Gericht ernannte Sachverständige hat seiner Ernennung zum Gutachter Folge zu leisten, wenn er für das betreffende Gebiet öffentlich bestellt ist. Er **muss** also den Auftrag des Gerichts annehmen[8] (§ 407 I ZPO; § 75 I StPO; § 98 VwGO; § 118 SGB).

Das Gericht kann den Sachverständigen von seinem Auftrag jedoch **entbinden**, wenn der Sachverständige auf Grund der Besorgnis der Befangenheit oder wegen Krankheit, Urlaub, Arbeitsüberlastung, fehlender Sachkunde etc. an einer Gutachtenerstellung gehindert ist. Der Sachverständige darf aber nicht von sich aus

---

6 Vgl. ausführlich *Wellmann/Weidhaas*, S. 189 Rdnrn. 374 ff.
7 Die Muster-Sachverständigenordnung findet sich in der Anlage zu diesem Buch.
8 Bei einem Privatauftrag kann der Sachverständige von sich aus den Auftrag ablehnen (§ 10.2 MSVO).

den gerichtlichen Gutachtenauftrag ablehnen; er muss vielmehr bei Gericht einen Antrag stellen, ihn aus den angegebenen Gründen von seiner Gutachtenpflicht zu entbinden.

Der Sachverständige muss seine Fachkunde ständig nachweisbar durch regelmäßige Teilnahme an Kursen, Seminaren und Fortbildungslehrgängen **erneuern und vervollständigen.**

Die öffentliche Bestellung wird auf **fünf Jahre** befristet und kann auf Antrag wieder um fünf Jahre verlängert werden – vorausgesetzt, der Antragsteller hat das 68. Lebensjahr noch nicht erreicht[9]. Es gibt also eine „**Altersgrenze**" für öffentlich bestellte und vereidigte Sachverständige. Dass sich gerade ältere Sachverständige im Laufe der Jahrzehnte einen hohen Wissens- und Erfahrungsstand angeeignet haben, den sie auch noch im hohen Alter durch Fortbildung erweitern, ist nicht neu. Es scheint schwer nachvollziehbar, warum die öffentliche Bestellung allein auf Grund des Erreichens eines bestimmten Alters erlöschen soll. Gleichwohl sind Vorstöße, dass diese Altersbegrenzung etwa gegen das Allgemeine Gleichbehandlungsgesetz (AAG) verstoßen, bisher gescheitert[10].

Wenn die öffentliche Bestellung und Vereidigung auf Grund des Erreichens der Altersgrenze erloschen ist, darf der Sachverständige diese Bezeichnung nicht mehr führen. Er darf auch nicht in einem Zusatz darauf hinweisen, dass er „ehemals" öffentlich bestellter und vereidigter Sachverständiger war[11]. Wohl darf er aber hinter seinem Namen zusetzen „die öffentliche Bestellung und Vereidigung ist aus Altersgründen erloschen". Damit kann klargestellt werden, dass die öffentliche Bestellung nicht wegen Unzuverlässigkeit oder Pflichtverstoß erloschen ist.

Allein der öffentlich bestellte und vereidigte Sachverständige darf einen **Rundstempel** verwenden. Die Thematik der Verwendung eines Rundstempels ist von besonderer Bedeutung für die früheren öffentlich bestellten und vereidigten Sachverständigen, die aus Altersgründen ihre Bestellung an die Bestellungsorgane zurückgeben mussten, obwohl sie noch weiter sachverständig tätig sind.

Die Verwendung des Stempels durch einen **nicht** ö.b.u.v. Sachverständigen (auch wenn er ehemals bestellt war) ist gem. § 2 UWG unzulässig. Die Verkehrskreise gehen bei der Verwendung eines Rundstempels nämlich davon aus, dass der Verwender des Rundstempels momentan öffentlich bestellt und vereidigt ist[12].

---

9 Vgl. § 2 MSVO. Die Altersgrenze für flugmedizinische Sachverständige bei 68 Jahren verstößt nicht gegen das Allgemeine Gleichbehandlugnsgesetz (AGG): *OVG Lüneburg*, DS 2007, 159.
10 *OLG Lüneburg*, DS 2007, 159.
11 *LG Frankfurt*, GewArch 1997, 419.
12 *OLG München*, WRP 1981, 483; *OLG Stuttgart*, NJW-RR 1986, 1370. Wohl kann der Gebrauch des Rundstempels aber zulässig sein, wenn das Gutachten unter Mithil-

Eine Irreführung wird auch nicht dadurch beseitigt, dass der Rundstempel ausschließlich wahrheitsgemäße Angaben enthält, wie zum Beispiel „vormals öffentlich bestellter und vereidigter Sachverständiger". Maßgeblich für die Irreführung ist der Eindruck eines flüchtigen Betrachters. Die beteiligten Verkehrskreise orientieren sich an Form und Verwendung, nicht aber an textlichen oder gestalterischen Einzelheiten des Rundstempels. Niemand liest genau den Innentext des Stempelabdrucks, sondern orientiert sich lediglich an dem flüchtigen Erscheinungsbild.

Als irreführend werden in der Regel Rundstempel angesehen, die umlaufende und waagrechte Texte verbinden, gleichgültig, welche textlichen Inhalte sie haben[13].

Die vorgenannten Grundsätze sind in der letzten Zeit allerdings häufig unter Hinweis auf den Einzelfall durchbrochen worden[14].

2. Der zertifizierte Sachverständige

Eine Zertifizierung von Sachverständigen erfolgt durch akkreditierte Stellen[15], welche die Qualifikation einzelner Personen prüfen. DIN EN ISO/IEC 17024 (weitestgehend identisch mit DIN EN 45013) regelt dabei die Anforderungen an diese Stellen, die Sachverständige befristet zertifizieren. Die Norm legt allgemeine Anforderungen an die Zertifizierungsstellen fest, aber keine Qualitätsstandards für einzelne Fachgebiete. Zum Beispiel wird gefordert, dass die Zertifizierungsprüfung des Sachverständigen von unabhängigen Prüfern durchgeführt wird.

Welche persönlichen und fachlichen Anforderungen (Qualitätsstandards) hierbei im Einzelnen zu erfüllen sind, wird von einem **Sektorkomitee** festgelegt. Das Sektorkomitee ist ein Gremium, welches sich aus nationalen Interessenvertretern auf dem jeweiligen Fachgebiet zusammensetzt. Hier werden sämtliche Qualitätsmaßstäbe der jeweiligen Zertifizierungsbereiche festgelegt. In einem solchen Sektorkomitee wirken zum Beispiel im Fall der Zertifizierung von Grundstückswertermittlern die entsprechenden Sachverständigenorganisationen, die Architek-

---

fe von Hilfskräften erstellt wurde. Voraussetzung dabei muss aber sein, dass das Gutachten nicht höchstpersönlich vom ö.b.u.v. Sachverständigen zu erbringen war, der Auftraggeber zustimmt und die Art der Mitwirkung der Hilfskräfte im Gutachten offen dargelegt wird, *LG Koblenz*, DS 2007, 36. Vgl. zu dieser Problematik der Vertretung des Sachverständigen auch *Ulrich*, DS 2007, 371.

13 *Bock*, in: *Bayerlein*, § 7 Rdnr. 22.
14 *OLG Hamm*, GewArch 1986, 332.
15 *Bleutge*, in: *Staudt/Ansorge*, S. 29. Vgl. auch *Weglage*, DS 2009, 106; *Böttger*, in: *Bayerlein*, § 5 Rdnr. 1 ff.

tenkammern, die Industrie- und Handelskammern, der Maklerverband, verschiedene Ministeriumsmitglieder, verschiedenen Bankenverbände usw., mit. Die Zertifizierungsstelle überprüft die Kenntnisse einer Person, die die Zertifizierung erhalten möchte und welche meint, die erforderlichen Qualifikationen auf Grund entsprechender Unterlagen nachweisen und die Zertifizierungsprüfung bestehen zu können. Weiterhin unterliegt der Sachverständige einer ständigen Weiterbildungspflicht, die vom Zertifizierungsgeber kontrolliert wird.

Die ausschließlich privatrechtlich geregelte Zertifizierung führt aber **nicht automatisch zur öffentlichen Bestellung**[16]. Der Nachweis der Weiterbildung allein kann einen Nachweis der besonderen Sachkunde gem. § 36 GewO nicht nach sich ziehen, die wiederum einen Anspruch auf die öffentliche Bestellung begründet. Ein Nachweis der Zertifizierung führt also nicht automatisch zur öffentlichen Bestellung – gleichwohl kann die Zertifizierung aber die umfangreichen schriftlichen Prüfungen vor der Bestellungskörperschaft entbehrlich machen; wohl aber nicht ein persönliches Gespräch mit dem Bewerber[17]. Für einen Sachverständigen des Handwerks kann die Zertifizierung zudem die Möglichkeit bieten, „sein Fachgebiet über die Grenzen, die die Bestellungszuständigkeit der Handwerkskammer setzt, hinaus zu erweitern"[18].

3. Der amtlich anerkannte Sachverständige

Diese Gruppe von Sachverständigen ist insbesondere für die technische Überwachung entwickelt worden, das heißt für die Gewährleistung der technischen Sicherheit bei bestimmten gefährlichen und daher fortlaufend durchzuführenden Kontrollen technischer Systeme. Die Sachverständigen müssen ihre Sachkunde vor einer staatlichen Stelle nachgewiesen haben und erhalten dann eine so genannte amtliche Anerkennung.

---

16 *VG Regensburg*, DS 2005, 358; *VG Freiburg*, DS 2005, 356 m. Anm. *Jacobs*; *VGH Mannheim*, Beschl. v. 22. 6. 2006 – 6 S 1083/05 auszugsweise in DS 2006, 120 m. Anm. *K. Bleutge*, DS 2006, 264; *Roeßner*, DS 2006, 387; *VG Hannover*, Urt. v. 10.10.2007 – 11 A 3732/06 = GewArch 2008, 213.
17 *VG Hannover*, Urt. v. 10.10.2007 – 11 A 3732/06 = GewArch 2008, 213.
18 So *Haas*, Der Sachverständige des Handwerks, S. 28: So könne der handwerkliche Sachverständige des Kfz-Techniker-Handwerks in seiner Eigenschaft als öffentlich bestellter und vereidigter Sachverständige keine Kfz-Bewertungen durchführen (anders als der von der IHK bestellte Sachverständige, bei dem die Begutachtung von Handelswerten von der Bestellungszuständigkeit nach § 36 GewO erfasst werde). Der Sachverständige des Handwerks habe daher nur die Möglichkeit, sich in diesem Bereich als freier Sachverständiger zu betätigen, wobei er aber gegenüber den ö.b.u.v. Sachverständigen der IHK nur geringere Wettbewerbschancen habe.

4. Der anerkannte Sachverständige

Nach einem Urteil des *BGH*[19] aus dem Jahr 1984 können Verbände ihre eigenen Sachverständigen anerkennen[20].

Diese vom Verband anerkannten Sachverständigen können sich dann im Geschäftsverkehr – etwa auf ihrem Briefkopf – als **von ihrem Verband** anerkannte Sachverständige bezeichnen.

Es muss dabei aber unbedingt deutlich werden, dass sie **von ihrem Verband** anerkannt werden. Eine einfache Bezeichnung „anerkannter Sachverständiger" kann gem. § 132 a II StGB strafbar sein, wenn der Sachverständige **nicht** öffentlich bestellt und vereidigt ist[21].

Unter den Voraussetzungen des BGH[22]-Urteils aus dem Jahr 1984 könnte sich für die Verbände öffentlich bestellter und vereidigter Sachverständiger somit die Möglichkeit ergeben, ihre Altmitglieder, denen die Bestellung aus Altersgründen entzogen wird, zu **vom Verband anerkannten** Sachverständigen zu machen. Hier muss aber immer eindeutig formuliert sein, dass die öffentliche Bestellung dieses Mitglieds erloschen ist. Da dies etwa bei der Bezeichnung „Senior-Mitglied" nicht der Fall ist, weil man glauben könnte, das „Senior-Mitglied" sei immer noch öffentlich bestellt, ist eine solche Bezeichnung nicht zulässig[23].

Problematisch ist allerdings, dass mit dem Zusatz „anerkannt" auch dem *nicht* öffentlich bestellten und vereidigten Sachverständigen die Möglichkeit eingeräumt wird, sich **durch seinen Verband als Sachverständiger** anerkennen und damit aufwerten zu lassen. Hierdurch entsteht dem öffentlich bestellten und vereidigten Sachverständigen ein „Wettbewerber", der möglicherweise nicht über die hohe Qualifikation eines ö.b.u.v. Sachverständigen verfügt. Gerade diese Qualifikation aber ist es, die den ö.b.u.v. Sachverständigen im Verkehr mit dritten Personen das hohe Ansehen gibt.

Problematisch ist in diese Fällen auch, dass der Verband, der die Anerkennung ausspricht, wegen der Beitragszahlung ein wirtschaftliches Interesse an einem

---

19 *BGH*, NJW 1984, 2365 (2366): „Neben Behörden kann auch privaten Vereinigungen, wie beispielsweise privatrechtlich organisierten Automobilklubs, gemeinnützigen Institutionen oder Verbrauchervereinigungen, eine in den Augen des Publikums ausreichende Sachkompetenz zur Prüfung und Anerkennung von Kfz-Sachverständigen zukommen..."

20 *Haas*, S. 28.

21 *LG Bonn*, Urt. v. 20.1.1978 – 3 O 281/77.

22 *BGH*, NJW 1984, 2365.

23 *LG Frankfurt a. M.*, Entsch. v. 11.6.1997 – 2– O 157/97. Es darf keine Mehrdeutigkeit gegeben sein.

großen Mitgliederbestand hat und deshalb auf Grund dieser Interessenkollision die Objektivität des Überprüfungsverfahrens möglicherweise gefährdet ist.

5. Freie Sachverständige

Diese Bezeichnung wurde von Sachverständigen und Verbänden geprägt. Hierbei dürfte es zutreffend sein, diese Sachverständigen als **selbst ernannte** Sachverständige zu bezeichnen[24].
Zu den freien Sachverständigen zählen die Sachverständige, die keine öffentliche Bestellung vorweisen können.
Freie Sachverständige dürfen sich nicht den Anschein einer öffentlichen Bestellung oder amtlichen Anerkennung geben. Nach herrschender Meinung ist dies schon bei Verwendung eines Rundstempels der Fall (siehe oben I.1.)[25].

6. Universitätsprofessoren

Als Sachverständige im eigentlichen Sinne sind Universitätsprofessoren anzusehen, die fachlich geeignet und infolge ihrer Neutralität, Objektivität und Offenheit für neue Erkenntnisse dem Status des öffentlich bestellten und vereidigten Sachverständigen wohl gleich stehen.

7. Behördenangestellte

Das Landeskriminalamt stellt eine Vielzahl von Sachverständigen für Gutachtenaufträge zur Verfügung. Hier findet man insbesondere hochqualifizierte Schriftsachverständige bei Fälschungen von Urkunden oder Fälschungen von Kunstwerken.

---

24 *Jacobs*, NJW 2008, Heft 13, LXVIII.
25 *OLG Frankfurt a. M.*, WRP 1983, 123; *OLG Düsseldorf*, WRP 1988, 278; a. A. *OLG Stuttgart*, WRP 1987, 334.

8. Behörden als Sachverständige

Hier sind zum Beispiel die Bundesanstalt für Materialprüfung, die physikalisch-technische Bundesanstalt, das Bundesgesundheitsamt, das Umwelt-Bundesamt und das Deutsche Patentamt von Bedeutung.

9. Sonstige Sachverständige

Hier sind insbesondere Sachverständigen-Organisationen anzuführen, die als Sachverständige herangezogen werden können. Das ist immer dann sinnvoll, wenn komplexe Sachverhalte zu beurteilen sind oder es an geeigneten Einzel-Sachverständigen fehlt.

II. Europa

Im Hinblick auf die grenzüberschreitende Tätigkeit – zum Beispiel auch von Versicherungsunternehmen – wird in zunehmenden Maße auch eine grenzüberschreitende Tätigkeit von Sachverständigen benötigt[1]. Auch kommt es vor, dass für exotische Fachgebiete durchaus grenzüberschreitend nach einem geeigneten Fachmann gesucht werden muss.

In jedem Land der Europäischen Union gibt es aber ganz unterschiedliche Systeme, mit der besondere fachliche Qualifizierungen ausgewiesen werden[2]. Auch in den anderen europäischen Staaten müssen sehr hohe Qualifikationen auf einem bestimmten Fachgebiet, Unparteilichkeit und Unabhängigkeit sowie persönliche Integrität nachgewiesen werden[3].

Momentan gibt es gerade vor dem Hintergrund der Europäischen Union Bemühungen, gemeinsame Qualitätsstandards im Sachverständigenwesen zu entwickeln. So gibt es etwa den von EuroExpert entwickelten „Code of Practice" und die „Association Standards"[4].

EuroExpert ist eine vom Bundesverband öffentlich bestellter und vereidigter sowie qualifizierter Sachverständiger (Deutschland), der Academy of Experts (Großbritannien) und der Fédération Nationale des Compagnies d'Experts de Justice (Frankreich) gegründete Vereinigung mit dem Ziel der „Entwicklung, Förderung und Harmonisierung *von* und Ausbildung *in* ethischen beruflichen Normen für Sachverständige innerhalb der Europäischen Union"[5]. Ordentliche Mitglieder von EuroExpert sind jeweils eine repräsentative Organisation pro EU-Mitgliedsstaat. In EuroExpert sind mittlerweile die Sachverständigenorganisationen von acht Europäischen Staaten vertreten (England, Frankreich, Österreich, Portugal, Spanien, Tschechien, Ungarn und Deutschland).

Nicht nur im gerichtlichen Verfahren, sondern auch auf dem Gebiet der **außergerichtlichen Streitschlichtung** besteht ein verstärkter Bedarf an international tätigen Sachverständigen. Mediationsverfahren sparen Zeit und Geld und oft kön-

---

1 Vgl. *Nieberding*, S. 4 ff.
2 Ausführlich hierzu *SV/BVS/Ifs*, Das Sachverständigenwesen in Europa, 2006, S. 1 ff. mit gegenüberstellenden Vergleichen; *Floter*, DS 2007, 8.
3 *Floter*, DS 2007, 8 (9).
4 *Floter*, DS 2007, 8 (10).
5 *Floter*, DS 2007, 8 (10).

nen Streitigkeiten direkt und ohne Gerichtsverfahren in fremden Rechtssystemen beigelegt werden.

Ein weiteres Modell ist das **Schiedsgerichtsverfahren,** das es in einem besonderen Verfahren ermöglicht, auch über nationale Grenzen hinweg eine Auseinandersetzung beizulegen ohne bestehende geschäftliche Beziehungen durch eine Klage unnötig zu gefährden.

III. Das Rechtsdienstleistungsgesetz (RDG)

Da der Sachverständige oft in Konfliktfällen hinzugezogen wird, berührt seine Tätigkeit oft die Grenze der Rechtsdienstleistung. Welche Tätigkeiten kann der Sachverständigen hier übernehmen? Dies regelt das seit Sommer 2008 in Kraft getretene „Gesetz über außergerichtliche Rechtsdienstleistungen"[1] – kurz „Rechtsdienstleistungsgesetz" (RDG) genannt[2].

1. Das Prinzip: Der Erlaubnisvorbehalt

Eine selbstständige Erbringung außergerichtlicher Rechtsdienstleistungen ist gem. § 3 RDG zulässig, wenn sie durch das RDG oder durch oder auf Grund anderer Gesetze **erlaubt** wird (Erlaubnisvorbehalt). Der Sachverständige kann also eine außergerichtliche Rechtsdienstleistung übernehmen, die ausdrücklich im Gesetz **erlaubt** ist.

Was erlaubt ist, wird in § 5 I RDG geregelt:

„Erlaubt sind **Rechtsdienstleistungen** im Zusammenhang mit einer anderen Tätigkeit, wenn sie als **Nebenleistung** zum Berufs- oder Tätigkeitsbild gehören. Ob eine Nebenleistung vorliegt, ist nach ihrem Inhalt, Umfang und sachlichen Zusammenhang mit der Haupttätigkeit unter Berücksichtigung der Rechtskenntnisse zu beurteilen, die für die Haupttätigkeit erforderlich sind" (Hervorhebung d. Verf.).

2. Keine Rechtsdienstleistung

Was aber **keine** Rechtsdienstleistung (Tätigkeit von Schiedsrichterinnen und Schiedsrichtern, Mediation und vergleichbare Formen der alternativen Streitbeilegung, sofern die Tätigkeit nicht durch rechtliche Regelungsvorschläge in die

---

1 BT-Dr 16/6634.
2 Vgl. hierzu *Ulrich*, DS 2008, 91; Kleine-Cosack, DS 2009, 179.

Gespräche der Geteiligten eingreift [§ 2 III RDG]), darstellt, unterliegt auch nicht dem Erlaubnisvorbehalt und kann daher ohne Bedenken angeboten werden.

3. Rechtsdienstleistung

Was also ist eine Rechtsdienstleistung, die dem Erlaubnisvorbehalt unterliegt? Eine **Rechtsdienstleistung** ist gem. § 2 I RDG „jede Tätigkeit in konkreten fremden Angelegenheiten, sobald sie eine rechtliche Prüfung des Einzelfalles enthält".

Eine **rechtliche Prüfung des Einzelfalls** wird dann vorliegen, wenn es sich um **mehr** als eine **Mahn- und Beitreibungstätigkeit** handelt[3]. Eine rechtliche Prüfung des Einzelfalls liegt also dann vor, wo nicht ganz klar ist, *ob* der Gläubiger gegenüber dem Schuldner einen Anspruch in einer bestimmten Höhe hat, also zum Beispiel der Unfallgegner dem Geschädigten etwa ein Mitverschulden vorwirft und sich dadurch die Haftungssumme verringern würde. In einem solchen Fall liegt dann eine Rechtsdienstleistung vor, die dem Erlaubnisvorbehalt des § 5 RDG unterliegt. Damit die Tätigkeit also „erlaubt" ist, muss sie gem. § 5 RDG als **Nebenleistung** zum Berufs- oder Tätigkeitsbild gehören[4].

4. Nebenleistungen zum Berufs- oder Tätigkeitsbild

Bevor die Rechtsprechung künftig Konstellationen ausloten muss, nach der eine Nebenleistung zum Berufs- oder Tätigkeitsbild des Sachverständigen gehört, lassen sich für diesen zunächst als zulässige Tätigkeiten folgende Gruppen kategorisieren:
Ein **bloßer Hinweis auf den Gesetzestext** stellt noch **keine** Rechtsberatung dar. Weiter muss nach dem Auftrag des Sachverständigen unterschieden werden:

---

3 *Ulrich*, DS 2008, 91 (94, 95): Schlichte Forderungsbeitreibungen sind also voraussichtlich vom Kfz-Sachverständigen durchführbar, der sich bei eindeutig gelagerten Fällen die durch seine Inanspruchnahme zur Schadensfeststellung entstandene Schadensposition abtreten lässt und mit der gegnerischen Versicherung „direkt" abrechnet.
4 *Ulrich*, DS 2008, 91 (94, 95): Dies wird man in Bezug auf einen Kfz-Sachverständigen verneinen wollen, zu dessen Berufsbild es nicht zählt, rechtliche Haftungsfragen zu beantworten.
Anders kann man dies bei einem Streit über die Angemessenheit der Sachverständigenvergütung sehen. Hier besteht ein unmittelbarer Zusammenhang mit der Leistung des Sachverständigen, so dass die Geltendmachung solcher Forderungen seitens des Sachverständigen nach *Ulrich* zulässig sein kann.

- Ist der Sachverständige **ausschließlich mit der Feststellung technischer Verhältnisse** beauftragt, stellt seine Aussage zu rechtlichen Gegebenheiten eine Rechtsdienstleistung dar, die nicht zum Berufs- und Tätigkeitsbild des mit technischen Feststellungen beauftragten Sachverständigen gehören.
- Ist der Sachverständige aber **auch mit Überprüfungen von Sanierungsarbeiten** beauftragt, wird man von ihm auch die Durchsetzung der Sanierung und ihre Geltendmachung erwarten können[5].

Verstöße gegen das RDG können gem. § 20 RDG mit einem Bußgeld bis 5.000 Euro belegt werden.

5. Keine Verpflichtung zur Rechtsauskunft

Das RDG verpflichtet den Sachverständigen nicht, auf Anfrage rechtliche Ausführungen in seinem Gutachten abzugeben. Rechtsfragen sind nicht zu seinem Fachgebiet gehörig. Er *kann* sie machen, muss es aber nicht.
Die Gefahr, falsche Rechtsauskünfte zu erteilen, ist ziemlich groß, und damit auch die Gefahr einer Haftung. Sehr fraglich ist auch, ob für falsche Rechtsauskünfte ein Versicherungsschutz besteht. Dem bisher typischen Berufsbild des Sachverständigen entsprechen Rechtsauskünfte nicht.
Der Sachverständige muss sich insoweit mit seiner Haftpflichtversicherung in Verbindung setzen.

---

5 *Ulrich*, DS 2008, 91.

IV. Die Sozietät

1. Besonderheiten bei der Zusammenarbeit von Sachverständigen

In der heutigen multifunktional angelegten Gesellschaft mit deren wirtschaftlichen, rechtlichen, politischen und sonstigen Verzahnungen kommen oftmals Sachverständigenaufgaben in einer Größenordnung auf einen zu, die vom „Einzelkämpfer" früherer Prägung nicht mehr – weder vom Spezialistenwissen noch von der Arbeitskapazität her – bewältigt werden können. So kann sich – etwa auf das Baufach bezogen – ein Spektrum von der Entscheidungsanalyse für die Atommüll-Lagerstätte Gorleben bis hin zur Beweissicherung von Baumängeln für 6.000 Wohnungseinheiten bei einem Auslandsobjekt ergeben. Bewertungen der baulichen Anlagen einer internationalen Hotelkette erfordern das Zusammenarbeiten von Spezial-Betriebswirten auf dem Fremdenverkehrssektor mit Grundstückswertermittlern und EDV-Experten. Ohne Teamwork als Mannschaftsleistung geht es in diesen angedeuteten Fällen nicht mehr.

Treffen mehrere Sachverständige die Entscheidung, ihre Tätigkeit gemeinsam auszuüben, dann ist eine so genannte **Sachverständigen-Sozietät**[1] gegründet worden. Hiervon ist die bloße **Bürogemeinschaft** zu unterscheiden; eine solche Bürogemeinschaft will lediglich das Personal, Räume und Material gemeinsam nutzen, zielt also lediglich auf eine effektive Nutzung der Wirtschaftsgüter.

Im Gegensatz dazu will die **Sozietät** Fachkompetenzen bündeln. Die Mitglieder der Sozietät üben ihre Tätigkeit gemeinschaftlich für gemeinsame Rechnung und auf gemeinschaftliches Risiko[2] aus.

Ein derartiger Zusammenschluss kann **zwischen mehreren öffentlich bestellten und vereidigten Sachverständigen** geschaffen werden, aber **auch zwischen öffentlich bestellten Sachverständigen** und **noch nicht** oder **nicht mehr bestellten Sachverständigen**. Nur diese beiden Formen der Zusammenarbeit sollen hier behandelt werden. Der Zusammenschluss von mehreren *nicht* öffentlich bestellten und vereidigten Sachverständigen bleibt hier außer Betracht.

---

1   Vgl. § 21 MSVO DIHK/DIHKT (s. Anhang in diesem Buch).
2   *Bock* in: *Bayerlein*, § 6 Rdnr. 1: Mit dem Begriff der Sachverständigen-Sozietät wird die umfassende gemeinschaftliche Ausübung der Sachverständigentätigkeit für gemeinsame Rechnung und auf gemeinschaftliches Risiko bezeichnet.

Ein Zusammenschluss von mehreren Sachverständigen hat danach den **Vorteil,** dass die Bürounkosten für den einzelnen Gesellschafter gesenkt werden, indem man die Unkosten auf mehrere Personen umlegt.

Weiterhin ist der einzelne Sachverständige im Krankheitsfall oder im Urlaub – zumindest was die büroorganisatorische Gültigkeit betrifft – sachgemäß vertreten.

Zudem kann der Zusammenschluss mehrerer Sachverständiger einem Kundenstamm ein größeres und vielfältigeres Leistungsangebot unterbreiten, wenn sich Sachverständige aus verschiedenen Fachrichtungen, wie zum Beispiel Architektur und Ingenieurwesen, verbinden.

Schließlich wird dem (aus Altersgründen) nicht mehr öffentlich bestellten Sachverständigen die Möglichkeit eingeräumt, eine Sozietät mit einem öffentlich bestellten und vereidigten Sachverständigen einzugehen, um somit sein Büro in der Weise betreiben zu können, dass er selbst weiter als Sachverständiger arbeitet und bei Aufträgen, wo in der Regel ein bestellter Sachverständiger gewünscht wird, den Auftrag an seinen Sozius abgibt.

Die gemeinsame Berufsausübung von mehreren Sachverständigen bringt jedoch verschiedene Probleme mit sich. Diese liegen letztlich darin begründet, dass der Sachverständige als **Einzelpersönlichkeit** von der bestellenden Körperschaft bei seiner Zulassung geprüft und in seiner weiteren Tätigkeit gewürdigt wird. **Nicht bestellt wird die Sachverständigensozietät.**

Von der Sozietät zu unterscheiden ist eine **Kooperation** des Sachverständigen mit einem Angehörigen einer anderen freien Berufsgruppe (etwa eines Rechtsanwalts/Steuerberaters o.ä.). So ist etwa im Briefkopf eines Rechtsanwalts der Hinweis auf die Kooperation mit einem Sachverständigen möglich[3].

Im Zuge der Einführung des Rechtsdienstleistungsgesetzes (s.o. Abschnitt III.) ist anzunehmen, dass die gesetzliche Möglichkeit der beruflichen Zusammenarbeit von Rechtsanwälten mit anderen Berufen auch in naher Zukunft keine Gestalt annehmen wird[4]. Eine Erweiterung der Sozietätsfähigkeit der Rechtsanwälte ist momentan nicht angedacht[5].

Bei der Zusammenarbeit von öffentlich bestellten und vereidigten Sachverständigen und nicht öffentlich bestellten und vereidigten Sachverständigen sind dem-

---

3   *BGH*, DS 2005, 262 m. Anm. *Huff* mit einem Versuch einer Klärung des Begriffs der „Kooperation".
4   *Ulrich*, DS 2008, 91 (94).
5   *Ulrich*, DS 2008, 91 (94).

entsprechend die folgenden Grundsätze der Sachverständigenordnungen der bestellenden Körperschaften zu beachten[6]:

- Die gemeinsame Ausübung der Sachverständigentätigkeit ändert nichts an der höchstpersönlichen, uneingeschränkten Verantwortlichkeit des öffentlich bestellten Sachverständigen. Er hat sicherzustellen, dass das in ihn gesetzte Vertrauen nicht durch Art und Umfang der Zusammenarbeit mit anderen Sachverständigen beeinträchtigt wird.
- Die Unabhängigkeit und Eigenverantwortlichkeit des öffentlich bestellten und vereidigten Sachverständigen ist nicht gewährleistet, wenn Auftragsannahme, Honorarfrage, Erstattung und Inhalt des Gutachtens von der Zustimmung eines anderen Gesellschafters abhängen.
- Werden bei gemeinsamer Sachverständigentätigkeit gemeinsame Drucksachen, Briefbögen, Schilder und ähnliches verwendet, so hat jeder Sachverständige deutlich herauszustellen, für welches Sachgebiet er bestellt ist.
- Der öffentlich bestellte Sachverständige hat auch dafür Sorge zu tragen, dass das Werbeverbot, wie es in der Sachverständigenordnung festgelegt ist und für ihn gilt, auch auf die Sozietät übertragen wird.
- Das Gutachten ist nur von dem Gutachter zu unterschreiben und mit dessen Stempel zu versehen, der es auch erstellt hat. Hierbei ist auch noch darauf hinzuweisen, dass die Sachverständigen der Sozietät keinen gemeinsamen Sachverständigenstempel führen dürfen.
- Bei der Zusammenarbeit mit einem nicht öffentlich bestellten und vereidigten Sachverständigen muss bei dem gemeinsamen Auftreten nach außen ohne weiteres ersichtlich sein, wer von den Sozietätsmitgliedern öffentlich bestellt und vereidigt ist und wer nicht.
  Weiterhin muss hier der bestellte Sachverständige dafür Sorge tragen, dass der nicht vereidigte Sachverständige die Rechte und Pflichten eines öffentlich bestellten und vereidigten Sachverständigen einhält. Dies gilt insbesondere für die persönliche Eignung, die Fähigkeit Gutachten zu erstatten, Gewähr für Unparteilichkeit und die Pflicht zur Verschwiegenheit.
- Erstatten Sachverständige ein Gutachten gemeinsam, so muss sich aus dem Gutachten ohne Zweifel ergeben, welcher Sachverständige für welche Teile, Feststellungen oder Folgerungen verantwortlich ist. So werden zum Beispiel medizinisch-psychologische Gutachten zwecks Wiedererteilung der Fahrerlaubnis in der Weise erstellt, dass erst ein medizinisches Gutachten von einem

---

6 Zu der Problematik um die persönliche Gutachtenerstattung vgl. *Bleutge*, DS 2008, 127, der sich kritisch mit der Neufassung zu den Richtlinien zu § 9 MSVO auseinandersetzt.

Arzt angefertigt wird und dann das Gutachten eines Psychologen folgt. Es handelt sich dann gewissermaßen um „zwei Gutachten" in einem.

Unter Beachtung der vorgenannten Grundsätze kann eine Sachverständigensozietät ohne weiteres ihre Tätigkeit aufnehmen.

Im Folgenden wird zunächst der Zusammenschluss in der Form einer Gesellschaft des bürgerlichen Rechts (GbR, vgl. §§ 705 ff BGB) vorgestellt, um danach die Partnerschaftsgesellschaft, die GmbH und die haftungsbeschränkte Unternehmergesellschaft zu beleuchten.

2. Die Gesellschaft des bürgerlichen Rechts (GbR)

a) Grundzüge

Die GbR ist keine juristische Person, kann im Rechtsverkehr aber eigene Rechte und Pflichten begründen.

Durch formlosen Gesellschaftervertrag ist die GbR ein **Zusammenschluss mehrerer Personen zur Verfolgung eines gemeinsamen Zwecks**.

Die Gesellschaft kann als solche zur Erstellung eines Privatgutachtens beauftragt werden[7].

Allen Gesellschaftern obliegt die **Geschäftsführung** gemeinsam, hiervon kann allerdings nicht die (höchstpersönliche) Sachverständigentätigkeit im Rahmen jeweils einzelner Aufträge erfasst sein[8].

Jeder geschäftsführungsbefugte Sozius hat die Vollmacht, alle Gesellschafter und die Gesellschaft nach außen zu vertreten (§ 714 BGB). Gehaftet wird daher sowohl mit dem Vermögen der Gesellschaft als auch mit dem Privatvermögen der Gesellschafter. Eine **Haftungsbeschränkung** ist möglich, indem die Vertretungsmacht auf das Gesellschaftervermögen beschränkt wird. Eine solche wirkt jedoch nur im Innenverhältnis der Gesellschaft, nicht jedoch gegenüber dem Dritten (Auftraggeber). Gegenüber einem **Dritten** muss die Haftungsbeschränkung im entsprechenden Vertrag mit dem Dritten individuell vereinbart werden.

Obwohl ein Vertrag über den Zusammenschluss zu einer GbR grundsätzlich keinen Formerfordernissen unterliegt, sollte er doch schriftlich abgefasst werden um den einzelnen Gesellschaftern eine größere Sicherheit zu geben.

---

7 Zur Problematik um die Beauftragung mehrerer öffentlich bestellter Sachverständige vgl. *Bleutge*, DS 2008, 127 (130).
8 *Bock*, in: *Bayerlein*, § 6 Rdnr. 7. Vgl. auch *Bleutge*, DS 2008, 127.

Im Folgenden wird der Entwurf eines Sachverständigen-GbR-Sozietätsvertrags vorgestellt. Dabei muss hervorgehoben werden, dass ein GbR-Sozietätsvertrag immer den individuellen Bedürfnissen der Gesellschafter angepasst werden muss. Hierzu sollte juristischer Rat eingeholt werden.

Das nachfolgende Muster kann somit nur Anhaltspunkte dafür geben, was in einem Sozietätsvertrag berücksichtigt werden sollte. Der nachfolgende Entwurf eines Vertrages geht davon aus, dass ein jüngerer Sachverständiger (Y) sich mit einem älteren Kollegen (X) verbindet.

b) Möglicher Vertragsinhalt

Vertrag

§ 1 Büroräume

1. Die gemeinsamen Büroräume befinden sich in den jetzt vom Sachverständigen X benutzten Räumen.
2. In den Mietvertrag mit dem Vermieter der Büroräume wird zum nächst möglichen Zeitpunkt der Sachverständigen Y als Mieter aufgenommen.
3. Für die Sozietät wird ein neues Postscheck- und neu neues Bankkonto errichtet. Beide Sozien sind jeweils allein verfügungsberechtigt.
4. Auf Schildern, Briefbögen und Stempeln werden beide Sozien aufgeführt.

§ 2 Inventar

1. Jeder der Vertragsschließenden bleibt Eigentümer der von ihm eingebrachten Einrichtungsgegenstände sowie der Fachbücher und Zeitschriften. Diese Gegenstände werden in ein gemeinsam zu erstellendes Inventarverzeichnis aufgenommen, das Bestandteil dieses Vertrags wird.
2. An den nach Inkrafttreten dieses Vertrags anzuschaffenden Einrichtungsgegenständen, Fachbüchern und Zeitschriften erwerben die Sozien Miteigentum im Verhältnis ihrer Anteile am gemeinsamen Gewinn, wie sie im Zeitpunkt einer Auseinandersetzung bestehen.
3. Verstirbt einer der Vertragsschließenden während der Dauer dieses Vertrages oder scheidet er aus einem anderen Grund aus, so ist der Zurückbleibende berechtigt und auf Verlangen des Ausscheidenden oder dessen Erben verpflichtet, die gesamten Einrichtungsgegenstände sowie Fachbücher und Zeitschriften gegen eine billige Entschädigung zu übernehmen.

§ 3 Angestellte

1. Arbeitgeber der Angestellten ist die Sozietät. Die bestehenden Arbeitsverträge werden baldmöglichst dieser Bestimmung angepasst.
2. Jedem Angestellten ist zu kündigen, wenn einer der Vertragsschließenden dies fordert.

§ 4 Einnahmen

1. Sämtliche Einnahmen aus Sachverständigentätigkeit der Vertragsschließenden fließen der Sozietät zu.
2. Gewinn ist der Betrag, um den die Einnahmen der Sozietät die Ausgaben übersteigen.

§ 5 Ausgaben

Aus den Einnahmen werden die Kosten vorweg beglichen. Kosten sind Ausgaben für

a) Inventarerneuerungen
b) Fachbücher und Zeitschriften
c) Miete
d) Gehälter der Angestellten
e) Sozialleistungen
f) Post- und Telekommunikations-/Internetgebühren
g) Heizung und Reinigung der Büroräume
h) Berufshaftpflichtversicherung
i) Umsatzsteuer
j) Kraftfahrzeugkosten
k) Ausgaben für Krankeitsvertreter nach Maßgabe von § 8 III
l) Beiträge für sachverständigenbezogene Vereine

§ 6 Gewinnverteilung

Für die Dauer von drei Jahren nach Abschluss dieses Vertrages erhält Sachverständiger Y ... Prozent des monatlichen Einkommens, mindestens aber ... Euro. Vom Beginn des vierten Jahres nach Abschluss dieses Vertrages an steigt seine Beteiligung jährlich um ... Prozent des Gewinns, bis sie ... Prozent des Gewinns erreicht hat.

Auf die Gewinnanteile können monatliche Entnahmen gemacht werden. Die Entnahmen beider Sozien sollen den Betrag nicht übersteigen, der im Monatsdurchschnitt des Vorjahres als Gewinn verteilt worden ist. Zum 31.1. des Folgejahres erfolgt ein Gesamtausgleich.

§ 7 Urlaub

Sachverständiger X erhält eine Jahresurlaub von ... Wochen, Sachverständiger Y erhält einen Urlaub von ... Wochen. Sachverständiger X hat bei der Wahl des Urlaubszeitraumes den Vortritt. Der Zeitraum der Schulferien ist zu Gunsten des Sozius, der schulpflichtige Kinder hat, angemessen zu berücksichtigen.

§ 8 Krankheit

1. Erkrankt einer der Sozien, so vertritt ihn der andere.
2. Dauer die Krankheit länger als sechs Wochen, so kann bei Bedarf ein Vertreter eingestellt werden. Können sich die Sozien über die Bestellung nicht einigen, so entscheidet der nicht erkrankte Sozius.
3. Die Kosten des Vertreters trägt zur einen Hälfte die Sozietät, zu anderen der Vertretene.

§ 9 Auflösung der Sozietät

1. Die Sozietät kann aufgelöst werden, wenn ein wichtiger Grund vorliegt.
2. Die Auflösung der Sozietät erfolgt durch schriftliche Kündigung und mit einjähriger Kündigungsfrist zum Ende eines Kalenderjahres.
3. Der Gewinn aus dem im Zeitpunkt der Auflösung bereits entstandenen Honorar- und Vergütungsansprüche wird nach Maßgabe der im Zeitpunkt der Auflösung geltenden Beteiligungsverhältnisse verteilt.
4. Die Kunden werden durch einmaliges Anschreiben der Gesellschafter von der Auflösung der Sozietät unterrichtet. Sachverständiger X kann im Falle der Auflösung der Sozietät entscheiden, ob er in den seither benutzten Büroräumen verbleiben will.
5. Jeder der Vertragsschließenden muss jedem, der danach fragt, Anschrift, Telefonnummern, E-Mail des früheren Sozius nennen. Im Falle der Auflösung sind die Bürokräfte zur Befolgung dieser Vorschrift anzuhalten.

§ 10 Ausscheiden wegen Berufsunfähigkeit und aus Altersgründen

1. Wird ein Sozius berufsunfähig, so scheidet er mit dem Beginn des auf den Eintritt der Berufsunfähigkeit folgenden Jahres aus der Sozietät aus. Berufsunfähigkeit gilt auch dann als vorliegend, wenn der Sachverständige X aus Altersgründen ausscheidet.
2. Sachverständiger X hat das Recht, vom Ende des Jahres an aus der Sozietät auszuscheiden, in das sein … Geburtstag fällt. Mit Ende des Jahres, in das sein … Geburtstag fällt, hat er spätestens auszuscheiden.

§ 12 Hinterbliebenenversorgung

1. Stirbt einer der Sozien während der Dauer der Sozietät, so hat der Überlebende an die Witwe des Verstorbenen für drei Monate, beginnend mit dem 1. des auf den Todestag folgenden Monats den gleichen Gewinnanteil zu zahlen, wie ihn der Verstorbene vertragsgemäß gehabt hätte.
2. Nach Ablauf dieser Frist hat der Überlebende an die Witwe des Verstorbenen eine monatliche Rente zu zahlen in Höhe der Hälfte des durchschnittlichen Monatseinkommen des Verstorbenen in den letzten beiden Jahren von dem Todestag, jedoch nicht mehr als … Euro für die Witwe des Sachverständigen X und nicht mehr als eine diesen Betrag unter Berücksichtigung des jeweiligen Beteiligungsverhältnisses am Gewinn entsprechend der Höchstsumme für die Witwe des Sachverständigen Y.
3. Stirbt der Sachverständige X, so ist die Verpflichtung zur Zahlung der Versorgungsbezüge begrenzt auf … Jahre.
4. Stirbt der Sachverständige Y, so sind an seine Witwe die Versorgungsbezüge so lange zu zahlen, wie die Sozietät bis zu diesem Zeitpunkt an vollendeten Jahren gedauert hat.
5. Sollte bei Ableben eines Sozius dessen Ehefrau schon vorverstorben sein, so sind die Versorgungsbezüge nach Abs. 2 an die vorhandenen Kinder zu zahlen und zwar bis zum Ablauf des in Abs. 3 bzw. 4 benannten Zeitraumes, jedoch nicht länger als bis zum vollendeten … Lebensjahr des jüngsten Kindes. Entsprechendes gilt dann, wenn die Ehefrau des Verstorbenen innerhalb des Versorgungszeitraumes, das heißt nach ihrem Ehemann, verstirbt. Die in diesem Zeitraum bereits abgelaufenen Versorgungsjahre werden angerechnet.

§ 13 Kontrollrechte

1. Solange ein wegen Alters oder Berufsunfähigkeit ausgeschiedener Sozius Versorgungsansprüche gegenüber dem derzeitigen Praxisinhaber hat, ist er

berechtigt, durch einen Steuerberater oder einen Rechtsanwalt Einblick in die Geschäftsbücher nehmen zu lassen.

2. Im Falle des Todes des Ausgeschiedenen geht dieses Recht in dem Abs. 1 entsprechenden Umfang auf dessen Hinterbliebene über, soweit diese Ansprüche aus diesem Vertrag herleiten können.

§ 14 Rechte und Pflichten

Die Vertragsschließenden sind sich darüber einig, dass die in der jeweiligen Sachverständigenordnung der zuständigen Industrie- und Handelskammer aufgeführten Pflichten der öffentlich bestellten und vereidigten Sachverständigen von diesen innerhalb der Sozietät eingehalten werden. Die Sachverständigenordnung wird zum Bestandteil dieses Vertrages und ist als Anlage beigefügt.

§ 15

Änderungen und Zusätze zu diesem Vertrag bedürfen der Schriftform.

3. Die Partnerschaftsgesellschaft

a) Grundzüge

Die Partnerschaftsgesellschaft kommt nur für hauptberuflich als Sachverständige tätige Personen in Betracht.

Durch das Partnerschaftsgesellschaftsgesetz soll den freien Berufen wie auch den **freiberuflichen Sachverständigen** bei der Berufsausübung geholfen werden. Im Hinblick auf Umfang und Vielschichtigkeit der Sachverständigenaufgaben sind Sachverständige – wie schon erläutert – oft gezwungen, sich zusammenzuschließen, wenn sie keine Nachteile im Wettbewerb mit zum Beispiel ausländischen Gesellschaften erleiden wollen.

Die Partnerschaftsgesellschaft ist eine rechtsfähige Personengesellschaft. Sie unterliegt nicht der Gewerbesteuer. Es gibt auch keine Bilanzierungsverpflichtung.

Der größte Unterschied zur GbR beziehungsweise zur GmbH ist die Regelung der **Haftung** der Gesellschafter.

Eine persönliche Haftung der an einem (mangelhaften) Gutachten **nicht** beteiligten Sozien scheidet gem. § 8 II PartGG aus. Es bleibt aber dabei, dass der verantwortliche Sozius persönlich haftet[9].

---

9 *Bock*, in: *Bayerlein*, § 6 Rdnr. 14.

Schadensersatzansprüche aus fehlerhafter Berufsausübung beschränken sich auf das Vermögen der Partnerschaft und den oder die mit dem Auftrag befassten Partner. Alle anderen Partner sind von einer persönlichen Haftung frei[10].

Die Partnerschaft hat die Darlegungs- und Beweislast für ihre Haftungsbeschränkung. Sie muss den jeweiligen Partner angeben, der mit dem fehlerhaften Auftrag betraut war.

Ebenso gibt es keine so genannte „Althaftung" für neu eintretende Partner.

Anhand des nachstehenden Mustervertrages kann sich jeder Sachverständige ein Bild machen, ob diese Gesellschaftsform für ihn geeignet ist.

Die nachfolgenden Mustervorschläge müssen im Einzelfall mit dem jeweiligen Anwalt, Steuerberater und Notar besprochen und den jeweiligen Bedürfnissen angepasst werden. Die Anmeldung der Partnerschaft erfolgt an das Partnerschaftsregister, das bei dem Amtsgericht geführt wird, wo die Partnerschaft ihren Sitz hat. Die Anmeldung muss in öffentlich beglaubigter Form durch einen Notar erfolgen.

b) Möglicher Vertragsinhalt

Vertrag

§ 1 Errichtung, Zweck, Partner

1. Zu einer Partnerschaft im Sinne des Partnerschaftsgesellschaftsgesetzes schließen sich zusammen:
Herr Dipl.-Ing. *X,*
Herr Dr.-Ing. *Y,*
Herr Prof. Dr. *Z.*

---

10 § 8 PartGG. *Haftung für Verbindlichkeiten der Partnerschaft.* (1) Für Verbindlichkeiten der Partnerschaft haften den Gläubigern neben dem Vermögen der Partnerschaft die Partner als Gesamtschuldner. Die §§ 129 und 130 des Handelsgesetzbuchs sind entsprechend anzuwenden.
(2) Waren nur einzelne Partner mit der Bearbeitung eines Auftrags befaßt, so haften nur sie gemäß Absatz 1 für berufliche Fehler neben der Partnerschaft; ausgenommen sind Bearbeitungsbeiträge von untergeordneter Bedeutung.
(3) Durch Gesetz kann für einzelne Berufe eine Beschränkung der Haftung für Ansprüche aus Schäden wegen fehlerhafter Berufsausübung auf einen bestimmten Höchstbetrag zugelassen werden, wenn zugleich eine Pflicht zum Abschluß einer Berufshaftpflichtversicherung der Partner oder der Partnerschaft begründet wird.

2. Gegenstand der Partnerschaft ist die gemeinschaftliche Berufsausübung der Partner innerhalb des Sachverständigenbüros am Sitz der Partnerschaft sowie die Vornahme der dazu erforderlichen Maßnahmen und Rechtsgeschäfte.

Die Partnerschaft wird sachverständig bei der Ermittlung von Bauschäden, deren Sanierung und der Bauüberwachung im weitesten Sinne tätig.

Auf die Partnerschaft finden das Gesetz zur Schaffung von Partnerschaftsgesellschaften vom 25.7.1994 (BGBl I, S. 1744) und die Vorschriften des BGB Anwendung.

§ 2 Name

Die Partnerschaft trägt den Namen „X und Partner".

§ 3 Sitz

Die Partnerschaft mit Namen „*X* und Partner" hat ihren Sitz in … (Ort)
Die Namen der Partner lauten *Manfrend X*, *Wilfried Y* und *Ludwig Z*.
Die Partner sind wohnhaft unter nachfolgenden Anschriften …
Die Partner üben hauptberuflich die Sachverständigentätigkeiten in folgenden Bereichen aus: …
Der Zusammenschluss der Partnerschaft hat die hauptberufliche Sachverständigentätigkeit zum Gegenstand.

§ 4 Zweigniederlassungen

Die Partnerschaft kann neben ihrem Sitz Zweigniederlassungen nach dem HGB errichten bzw. eigenständige Betriebsstätten schaffen.
Neben dem Hauptsitz in Ffm, der von dem Partner *X* geführt wird, errichten die Partner *Y* in Berlin und *Z* in München eine eigenständige Betriebsstätte, die von den jeweiligen Partnern betreut wird.

§ 5 Dauer, Geschäftsjahr

1. Die Partnerschaft ist auf unbestimmte Zeit errichtet.
2. Das Geschäftsjahr der Partnerschaft ist das Kalenderjahr.

§ 6 Registereintrag

Die mit diesem Vertrag geschlossene Partnerschaft ist in das Partnerschaftsregister einzutragen.

Die Partnerschaft wird im Verhältnis zu dritten Personen erst mit ihrer Eintragung in das Partnerschaftsregister wirksam.

§ 7 Einlagen

Die Partner erbringen folgende Einlagen:
Herr X 10.000 Euro
Herr Y 10.000 Euro
Herr Z 5.000 Euro

§ 8 Betriebsräume

Die Räume in … werden von Herrn Z der Partnerschaft zur Verfügung gestellt. Die Unkosten und Verpflichtungen werden zu gleichen Teilen von allen Partnern getragen.

§ 9 Berufsausübung

1. Jeder Partner stellt seine volle Arbeitskraft der Partnerschaft zur Verfügung. Nebentätigkeiten dürfen nur mit Zustimmung aller Partner ausgeübte werden.
2. Aufträge dürfen nur zu Gunsten der Partnerschaft entgegengenommen werden.
3. Alle Einnahmen aus der Berufstätigkeit der Partner sind Einnahmen der Partnerschaft.
4. Die Sachverständigenordnung der Industrie- und Handelskammer … gilt zwischen den Partnern als verbindliche Grundlage der Zusammenarbeit.

§ 10 Geschäftsführung, Vertretung

Zur Geschäftsführung und Vertretung sind alle Geschäftspartner einzeln verpflichtet und berechtigt.

§ 11 Haftung

Für die Verbindlichkeiten der Partnerschaft aus Schädigungen wegen fehlerhafter Berufsausübung haftet neben dem Vermögen der Partnerschaft nur derjenige Partner, der innerhalb der Partnerschaft die berufliche Leistung erbracht oder verantwortlich leitet und überwacht hat.

Bei der Auftragserteilung an die Partnerschaft wird jeweils gegenüber dem Auftraggeber deutlich gemacht, wer handelnder Partner ist.

§ 12 Beschlüsse

Soweit die Partner Beschlüsse fassen, können diese nur einstimmig getroffen werden. Die Beschlüsse können innerhalb einer formlos einzuberufenden Partnerversammlung gefasst werden. Ein Partner kann einen anderen Partner schriftlich zur Stimmabgabe bevollmächtigen. Gefasste Beschlüsse sind schriftlich niederzulegen und zu ihrer Wirksamkeit von allen Partnern und/oder den jeweils Bevollmächtigten zu unterschreiben.

§ 13 Übertragung von Anteilen und Ausschluss

1. Die Übertragung einer Beteiligung an der Partnerschaft ist nur mit Zustimmung aller übrigen Partner zulässig.
2. Beim Ausscheiden eines Partners hat dieser seinen Anteil an die Partnerschaft unentgeltlich zurückzuübertragen.
3. Die Beteiligung an der Partnerschaft ist nicht vererblich. Mit dem Ableben des Partners fällt sein Anteil unentgeltlich an die Partnerschaft zurück.

§ 14 Kündigung, Ausschluss

Jeder Partner kann die Partnerschaft gegenüber den übrigen Partnern unter Beachtung einer Frist von einem Monat schriftlich kündigen.
Dasselbe Recht steht den übrigen Partnern gegenüber einem einzelnen Partner zu.
Eine fristlose Kündigung aus wichtigem Grund bleibt allen Beteiligten vorbehalten.
Bei dem Ausscheiden aus der Partnerschaft – aus welchem Grund auch immer – leistet die Partnerschaft keinerlei Entschädigungszahlung für den Partnerschaftsanteil, der an die Partnerschaft zurückfällt.
Der Tod eines Partners, die Eröffnung des Konkursverfahrens über das Vermögen eines Partners, die Kündigung eines Partners und die Kündigung durch einen Privatgläubiger eines Partners bewirken nur das Ausscheiden des betroffenen Partners aus der Partnerschaft.
Verliert ein Partner eine erforderliche Zulassung zu dem Freien Beruf, den er in der Partnerschaft ausübt, so scheidet er mit dem Verlust auch aus der Partnerschaft aus.
Die Beteiligung an einer Partnerschaft ist nicht vererblich.

§ 15 Salvatorische Klausel

Sollten einzelne Bestimmungen dieses Vertrages nichtig oder unwirksam sein, wird die Wirksamkeit der übrigen Bestimmungen hiervon nicht berührt. Anstelle der unwirksamen oder nichtigen Bestimmungen gilt eine solche Bestimmung als vereinbart, die der unwirksamen oder nichtigen Bestimmung in ihrem wirtschaftlichen und rechtlichen Inhalt in zulässiger Weise am nächsten kommt. Die Kosten dieses Vertrages und seiner Durchführung trägt die Partnerschaft.

§ 16

Es besteht Einigkeit, dass der vorgenannte Vertrag die individuelle Ausgestaltung durch die Partner erforderlich macht. Diese Ausgestaltung erfolgt durch Beschlüsse aller Partner und deren hundertprozentiger Zustimmung. Die Beschlüsse sind schriftlich abzufassen und dienen als Ergänzung dieser vorstehenden Vereinbarung.

Ort, Datum, *X.*
Ort, Datum, *Y.*
Ort, Datum, *Z.*

c) Möglicher Beschluss über Gewinn- und Verlustverteilung und Vorauszahlung

Zwischen den Partnern besteht Einigkeit, dass innerhalb der Partnerschaft zwischen den Partnern auf folgender Basis Gewinn und Verlust und eventuelle Vorauszahlungen ermittelt werden.

1. Jeder Partner betreut die von ihm bearbeiteten Auftraggeber selbst. Hierüber führt er eine Liste, die von den anderen Partnern als Zeichen der Zustimmung abzuzeichnen ist. Die Erlöse aus den Aufträgen des jeweiligen Partners fließen der Partnerschaft zu, werden aber bei der Gewinnermittlung der einzelnen Partner dem jeweiligen Partner zugerechnet.
Ebenso werden bei der Unkostenermittlung die von dem jeweiligen Partner verursachten Unkosten jeweils zugerechnet.
2. Nach der vorgenannten Ziffer 1 bestimmt sich die Höhe der Entnahme des jeweiligen Partners aus der Kasse der Partnerschaft. Die Entnahme kann jederzeit vorgenommen werden, soweit sich ein Guthaben für den jeweiligen Partner unter Berücksichtigung der vorgenannten Ziffer 1 ergibt.

3. Bei einem Ausscheiden aus der Partnerschaft nimmt der jeweilige Partner die von ihm betreuten Kunden gemäß abgezeichneter Kundenliste mit; eine irgendwie geartete finanzielle Entschädigung erhält der ausscheidende Partner nicht. Sein Anteil fällt an die Partnerschaft.

Ort, Datum,
Ort, Datum,
Ort, Datum,

gez. Sachverständiger *X*,
gez. Sachverständiger *Y*,
gez. Sachverständiger *Z*.

4. Die Sachverständigen-GmbH

a) Grundzüge

Die GmbH bietet als Kapitalgesellschaft die Möglichkeit, die **persönliche Haftung auszuschließen**. Gem. § 13 GmbHG haftet nämlich für die Verbindlichkeiten der Gesellschaft nur das Gesellschaftsvermögen.
Eine persönliche Haftung des Gesellschafters und Geschäftsführers kann aber dennoch entstehen, wenn der Sachverständige bei dem Kunden mit seinem **besonderen persönlichen Vertrauen** wirbt und er die GmbH eigentlich nur als formal dazwischen geschaltet darstellt[11]. Dies gilt um so mehr, wenn der Sachverständige alleiniger Gesellschafter und Geschäftsführer ist.
Bei Gründung der GmbH muss eine bestimmte Einlage (z.B. 25.000 Euro) gezahlt werden. Eine Haftung der Gesellschafter ist dann auf diese Einlage begrenzt[12].
Zusätzlich muss der Sachverständige – ergänzend zu der GmbH – eine Haftpflichtversicherung abschließen. Nach den Sachverständigenordnungen der Bestellungsgremien der Sachverständigen muss diese in angemessener Höhe abgeschlossen werden. In Anlehnung an die Rechtsanwalts-GmbH kann man von einer Versicherungsdeckungssumme in Höhe des vierfachen Betrags der üblichen Sachverständigenversicherung ausgehen.

---

11 *Bock*, in: *Bayerlein*, § 6 Rdnr. 30 (33 f.).; *BGH*, NJW 1994, 2284.
12 Durch die 2008 durchgeführte Reform des GmbHG wurde die Gründung einer GmbH noch weiter erleichtert – etwa durch drastische Absenkung der Höhe der aufzubringenden Einlage (s. hierzu *Büteröwe*, in: e.i. euro ius e.v, Jahrestagung am 14.9.2007, S. 12).

Die GmbH ist eine juristische Person und erwirbt als solche Rechte und Pflichten.

Die GmbH wird von dem oder den Geschäftsführer(n) vertreten. Die Gesellschafter können jedem Gesellschafter Alleinvertretugnsbefugnis einräumen oder aber auch eine gemeinschaftliche Vertretung vereinbaren.

Die Vertretungsbefugnis muss dann ins Handelsregister eingetragen werden und entfaltet so Dritten gegenüber Außenwirkung. Wird die Vertretungsmacht im Innenverhältnis beschränkt, entfaltet dies keine Bindewirkung nach außen[13].

Eine Überschreitung der Vertretungsmacht kann Schadensersatzansprüche der Gesellschaft gegenüber dem Geschäftsführer nach sich ziehen.

Private Gutachtenaufträge werden der **GmbH** erteilt. Diese führt die Aufträge aus und stellt die Kosten in Rechnung.

Auch ist es möglich, den Auftrag dem geschäftsführenden Gesellschafter persönlich zu erteilen, wenn der Sachverständige gegenüber dem Auftraggeber auf ein Handeln im eigenen Namen verweist[14].

Besonders bei der Sachverständigen-GmbH mit mehreren Gesellschaftern sollte der Fall der Beauftragung an den einzelnen geschäftsführenden Gesellschaftern in der Satzung geregelt sein. In der Regel wird man diese Tätigkeit des geschäftsführenden Gesellschafters neben der GmbH auf eigene Rechnung nicht gestatten.

Bei der Ausführung der an die GmbH erteilten Aufträge weist die GmbH die bei ihr eingegangenen Aufträge an den für sie tätigen Sachverständigen zu und trägt dafür Sorge, dass die Begutachtung unabhängig und höchst persönlich erteilt wird.

Gerichtliche Aufträge werden nur an **bestimmte Sachverständige** in der GmbH erteilt (§ 404 ZPO, § 72 StPO).

Dieser Sachverständige aus der GmbH übernimmt dann den Auftrag selbst in eigener Verantwortung und ohne Haftungsbeschränkung durch die GmbH. Es findet keine Zwischenschaltung der GmbH statt; der beauftragte Sachverständige haftet dann **uneingeschränkt persönlich**.

Tritt die Sachverständigen-GmbH nach außen auf, so darf sie auf die öffentliche Bestellung und Vereidigung dann hinweisen, wenn für die angesprochenen Personenkreise deutlich wird, „welcher der Sozien für welches Sachgebiet öffentlich bestellt, zertifiziert oder anerkannt ist"[15].

---

13 Ist der Geschäftsführer etwa im Hinblick auf den Abschluss von Mietverträgen eingeschränkt worden, so entfaltet diese „interne" Regelung keine Bindewirkung nach Außen. Ein Geschäftsführer, der die ihm auferlegten vertraglichen Bindungen überschreitet, macht sich gegenüber der Gesellschaft schadensersatzpflichtig.

14 *Baumbach/Huck*, GmbHG, § 36 Rdnr. 4.

15 *Bock*, in: *Bayerlein*, § 6 Rdnrn. 28 ff. (29).

Der Name der GmbH kann aus dem Unternehmensbestand und aus der Personenbezeichnung entnommen werden. Scheidet ein Gesellschafter aus, dessen Name geführt wurde, bleibt der Name des Ausgeschiedenen dennoch der GmbH erhalten.

Es ist auch möglich, dass die GmbH Niederlassungen gründet. Allerdings muss der öffentlich bestellte und vereidigte Sachverständige stets erreichbar sein, so dass weiter Niederlassungen von der Bestellungsbehörde zu genehmigen sind. Es ist aber auch möglich, dass der Sachverständige *A* zum Beispiel bei der IHK Frankfurt, der Sachverständige *B* bei der IHK-Berlin und der Sachverständige *C* bei der IHK München jeweils zugelassen ist.

Schließen sich die Drei zu einer GmbH zusammen, können sie mit drei Niederlassungen an drei verschiedenen Orten arbeiten.

Die Ausgestaltung der **Satzung der GmbH** darf nicht mit der Berufsausübung des Sachverständigen in Widerspruch stehen. So muss der Sachverständige auch im Rahmen seiner Tätigkeit als GmbH-Gesellschafter und GmbH-Geschäftsführer folgende Grundsätze beachten:

- Er muss seine Leistung weisungsfrei, unabhängig und höchst persönlich erbringen.
- In der GmbH-Satzung muss Vorsorge dafür getroffen werden, dass durch eine Fremdgeschäftsführung und/oder auf Grund von Gesellschaftsanteilen von Nicht-Sachverständigen diese Grundsätze nicht unterhöhlt werden. Sollte dies der Fall sein, muss der öffentlich bestellte und vereidigte Sachverständige, der diesen Grundsätzen verpflichtet ist, austreten.
- Eine Sachverständigen-GmbH kann auf Grund des nachfolgenden Musters eines Gesellschaftsvertrags gegründet werden.
- Der Vertrag bedarf der **notariellen Beurkundung**. Die Gesellschaft muss im Handelsregister angemeldet werden. So müssen Stammkapital, sowie Notar- und Gerichtskosten, aufgebracht werden.

b) Möglicher Vertragsinhalt

Verhandelt zu … am …
Vor dem unterzeichnenden Notar erschienen:

1. der öffentlich bestellte und vereidigte Sachverständige *A* in …
2. der öffentlich bestellte und vereidigte Sachverständige *B* in …

Die Erschienenen erklärten:
Wir schließen zur Gründung einer Gesellschaft mit beschränkter Haftung folgenden Gesellschaftsvertrag:

§ 1 Firma und Sitz

Die Firma der Gesellschaft lautet A & B Sachverständigen-GmbH. Die Gesellschaft hat ihren Sitz in ...

§ 2 Gegenstand des Unternehmens

Gegenstand des Unternehmens ist die Erstellung von Sachverständigengutachten in den Bereichen ... (genaue Angabe der Fachbereiche).

§ 3 Stammkapital und Stammeinlagen

Das Stammkapital beträgt 25.000 Euro.
Von dem Stammkapital übernimmt der öffentlich bestellte und vereidigte Sachverständige A eine Stammeinlage von 15.000 Euro.
Der öffentlich bestellte und vereidigte Sachverständige B übernimmt eine Stammeinlage von 10.000 Euro.

Die Einlage sind in bar zu leisten und sofort fällig.

§ 4 Gesellschafter

Die Gesellschafter der GmbH dürfen nur öffentlich bestellte und vereidigte Sachverständige sein.
Die Gesellschafter dürfen Geschäftsanteile an der Sachverständigen-GmbH nicht für Rechnung dritter Personen halten.
Geht ein Anteil an der Sachverständigengesellschaft auf eine Person über, die nicht öffentlich bestellt und vereidigt ist, so ist den Bestellungsbehörden (z.B. IHK) innerhalb einer Frist von sechs Monaten nachzuweisen, dass dieser Gesellschafter aus der Sachverständigengesellschaft ausgeschieden ist.

Eine Vollmacht zur Ausübung von Gesellschaftsrechten darf nur an öffentlich bestellte und vereidigte Sachverständige erteilt werden.

Stille Einlagen sind unzulässig. Die Beteiligung dritter Personen am Umsatz und am Gewinn der Gesellschaft ist ausgeschlossen.

§ 5 Geschäftsführer

Als Geschäftsführer der Sachverständigen-GmbH dürfen nur öffentlich bestellte und vereidigte Sachverständige tätig werden. Das gleiche gilt für die Prokuristen der GmbH.
Die Geschäftsführer sind bei der Ausübung ihrer Tätigkeit nicht den Weisungen der Gesellschafter unterworfen.
Die Gesellschaft hat einen oder mehrere Geschäftsführer. Ist nur ein Geschäftsführer bestellt, so vertritt dieser die Gesellschaft allein. Sind mehrere Geschäftsführer bestellt, wird die Gesellschaft gemeinschaftlich durch zwei Geschäftsführer oder durch einen Geschäftsführer in Gemeinschaft mit einem Prokuristen vertreten. Der oder die Geschäftsführer sind jeweils von den Beschränkungen des § 181 BGB befreit. Alleinvertretungsbefugnis kann erteilt werden.

§ 6 Übertragung von Gesellschaftsanteilen

Die Übertragung von Gesellschaftsanteilen ist an die Zustimmung der Gesellschaft gebunden.

§ 7 Auskunftspflicht

Die Sachverständigen-GmbH ist uneingeschränkt auskunftspflichtig gegenüber der Bestellungsbehörde der ihr angehörenden Gesellschafter.
Die Sachverständigengesellschaft erkennt für sich die jeweilige Sachverständigenordnung der ihr angehörenden öffentlich bestellten und vereidigten Sachverständigen rechtsverbindlich an.

§ 8 Geschäftsjahr und Bekanntmachung

Geschäftsjahr ist das Kalenderjahr. Das erste Geschäftsjahr endet am 31. Dezember 20...
Die Bekanntmachungen der Gesellschaft erfolgen im Bundesanzeiger. Vorstehende Niederschrift wurde den Erschienenen von dem amtierenden Notar vorgelesen, von ihnen genehmigt und von ihnen sowie dem amtierenden Notar wie folgt unterschrieben:

… (Unterschriften)

5. Unternehmergesellschaft (haftungsbeschränkt)

Weiterhin hat der Gesetzgeber Ende 2008 eine Unternehmergesellschaft (haftungsbeschränkt) als GmbH (§ 5a GmbHG) geschaffen, um der British Limited etwas Gleichwertiges in Deutschland entgegenzusetzen.
Die neue Unternehmergesellschaft (haftungsbeschränkt) hat ein Stammkapital unterhalb der gesetzlichen 25.000 Euro (§ 5 I GmbHG). Es müssen aber für die Unternehmergesellschaft Rücklagen gebildet werden (§ 5a GmbHG).

V. Werbung des Sachverständigen

Hat der Sachverständige für seine berufliche Tätigkeit den passenden Standort gefunden, muss er auf sich aufmerksam machen um Auftraggeber zu akquirieren. Wie aber kann der Sachverständige im Zeitalter des Internets auf sich aufmerksam machen? Welche Grenzen darf er nicht überschreiten?

Hier muss zunächst eine Unterscheidung zwischen ö.b.u.v. Sachverständigen und den anderen Sachverständigen getroffen werden.

So müssen Kundmachung und Werbung des ö.b.u.v. Sachverständigen nach den Sachverständigenordnungen der besonderen Stellung und Verantwortung des öffentlich bestellten und vereidigten Sachverständigen gerecht werden.

Für die öffentlich bestellten und vereidigten Sachverständigen gibt es zwar **kein Werbeverbot**. Allerdings ist eine gewissen Zurückhaltung bei der Werbung geboten, die sich auf sachliche Information beschränken soll.

1. Gesetzlicher Rahmen

In den Mustersachverständigenverordnungen wird der Sachverständige darauf hingewiesen, dass Aufmachung und Inhalt seiner Selbstdarstellung dem Ansehen, der Funktion und der hohen Verantwortung eines öffentlich bestellten Sachverständigen gerecht werden muss. Er kann auf seine Tätigkeit hinweisen, dies darf aber nie „marktschreierisch" geschehen[1] und muss ich in den Grenzen der §§ 1, 3 UWG bewegen.

---

1 **§ 18 Richtlinien zur MSV DIHK 2001: Kundmachung; Werbung**
18.1 Der Sachverständige unterliegt bei seiner Werbung den Bestimmungen der §§ 1 und 3 UWG
18.2 Der Sachverständige hat sich bei der Kundmachung seiner Tätigkeit und bei seiner Werbung Zurückhaltung aufzuerlegen. Aufmachung und Inhalt Selbstdarstellung müssen dem Ansehen, der Funktion und der hohen Verantwortung eines öffentlich bestellten Sachverständigen gerecht werden. Zulässig ist danach eine Werbung, die lediglich hinweisenden und informierenden Charakter hat und das Leistungsangebot des Sachverständigen in der äußeren Aufmachung und der inhaltlichen Aussage objektiv darstellt. Zu unterlassen sind dagegen aufdringliche und anreißerische Werbeaussagen.
18.3 Der Sachverständige darf seine öffentliche Bestellung sowie seine Sachverständigentätigkeit in Tageszeitungen, Fachzeitschriften, Branchenfernsprechbü-

Festzuhalten ist: Für den **bestellten Sachverständigen** gilt die jeweilige Sachverständigenordnung[2] und für **alle Sachverständigen** gilt das UWG[3].

Es darf sich niemand anmaßen, mit der Bezeichnung „öffentlich bestellter und vereidigter Sachverständiger" im Rechtsverkehr aufzutreten, ohne dies tatsäch-

---

chern, Adressbüchern und im Internet bekannt geben. Solche Anzeigen dürfen nach Form und Inhalt nicht reklameartig aufgemacht sein und müssen sich auf die Bekanntgabe des Namens, der Adresse, der Sachgebietsbezeichnung, der öffentlichen Bestellung und der bestellenden Kammer beschränken.

18.4 Der Sachverständige darf in Anzeigen und auf seinen Briefbögen außer auf seine Sachverständigentätigkeit nicht auf seine sonstige berufliche oder gewerbliche Tätigkeit hinweisen, wenn dies gegen §§ 1 und 3 UWG verstößt. Dies ist jedenfalls dann der Fall, wenn der Hinweis auf die öffentliche Bestellung so in den Mittelpunkt gerückt wird, dass dem angesprochenen Dritten der Eindruck nahe liegt, der Sachverständige sei auch bei seiner sonstigen beruflichen oder gewerblichen Tätigkeit besonders qualifiziert oder vertrauenswürdig (Image-Transfer). Umgekehrt darf der Sachverständige bei Tätigkeiten auf anderen Sachgebieten als denjenigen, für die er bestellt ist, oder bei Leistungen im Rahmen seiner sonstigen beruflichen oder gewerblichen Tätigkeit auf seine öffentliche Bestellung nur dann Bezug nehmen, wenn dadurch die §§ 1 und 3 UWG nicht verletzt werden (vgl. 12 III MSVO).

18.5 Der Auftraggeber darf nach Absprache mit dem Sachverständigen auf seinen Produkten oder in der Produktbeschreibung darauf hinweisen, dass sein Produkt von dem betreffenden öffentlich bestellten Sachverständigen überprüft worden ist. Ansonsten darf der Sachverständige nicht im Zusammenhang mit den beruflichen oder gewerblichen Leistungen Dritter werben oder für sich werben lassen.

18.6 Soweit der Sachverständige standesrechtliche Regeln zur Werbung unterliegt (z.B. als Architekt, Ingenieur, Wirtschaftsprüfer oder Steuerberater), bleiben diese unberührt.

2 **MSV HWK. § 18.** Der Sachverständige darf seine öffentlich Bestellung und Vereidigung in angemessener Weise bekanntmachen. Der Sachverständige darf für seine Tätigkeit als öffentlich bestellter und vereidigter Sachverständiger sachlich informativ werben. Die Werbung muss alle in § 13 I Nr. 1 genannten Angaben enthalten und der besonderen Stellung und Verantwortung eines öffentlich bestellten und vereidigten Sachverständigen gerecht werden. Bekanntmachung und Werbung sind von der sonstigen gewerblichen Tätigkeit zu trennen.

3 **UWG. § 1.** Wer im geschäftlichen Verkehr zu Zwecken des Wettbewerbs Handlungen vornimmt, die gegen die guten Sitten verstoßen, kann auf Unterlassung und Schadensersatz in Anspruch genommen werden.
UWG. § 3. Wer im geschäftlichen Verkehr zu Zwecken des Wettbewerbs über geschäftliche Verhältnisse, insbesondere über die Beschaffenheit, den Ursprung, die Herstellungsart oder die Preisbemessung einzelner Waren oder gewerblicher Leistungen oder des gesamten Angebots, über Preislisten, über die Art des Bezugs oder die Bezugsquelle von Waren, über den Besitz von Auszeichnungen, über den Anlaß oder den Zweck des Verkaufs oder über die Menge der Vorräte irreführende Angaben macht, kann auf Unterlassung in Anspruch genommen werden.

lich zu sein. Dies gilt auch für solche Bezeichnungen, die der Bezeichnung „öffentlich bestellter und vereidigter Sachverständiger" zum verwechseln ähnlich sind. Er würde sich gem. § 132a II StGB strafbar machen.

2. Auftreten des Sachverständigen

Wie also darf der Sachverständige im Rechtsverkehr auftreten?

a) Werbemaßnahme

Grundsätzlich darf der Sachverständige über sich und seine Tätigkeit sachlich informieren. Selbstverständlich kann er nach der Bestellung durch ein Schild auf sich aufmerksam machen – ähnlich einem Arzt oder Rechtsanwalt.

Führt der Sachverständige hinter seinem Namen die Bezeichnung „öffentlich bestellt und vereidigt", so **muss das exakte Bestellungsgebiet hinterhergefügt werden**[4]. Anderenenfalls würde es sich um eine irreführende Werbung handeln[5].

Zulässige Werbung für den Sachverständigen ist:

- Anbringen eines **Büroschilde**s
- **Rundschreiben** an mutmaßliche Kunden und Auftraggebern, in denen der Sachverständige auf seine Tätigkeit sachlich hinweist.

---

4   *OLG Hamm*, WRP 1983, 309; *OLG Stuttgart*, DS 2008, 71, zur Werbung auf Bierdeckeln; hierzu auch *Ottofülling*, DS 2008, 53.
5   Damals noch *LG Tübingen*, DS 2007, 197 (nicht rechtskräfig): So kann ein „öffentlich bestellter und vereidigter Bausachverständiger" durch den Zusatz „(Maurer-, Beton- und Stahlbeton)" eingrenzen. Das Gericht führte damals noch aus: „Der einschränkende Klammerzusatz, Maurer, Beton- und Stahlbeton' weicht zwar formal von dem Sachgebiet, für das er bestellt und vereidigt worden ist, ab. Dies führt aber zu keiner erheblichen Täuschung der angesprochenen Verkehrskreise".
Die Berufung gegen dieses Urteil vor dem *OLG Stuttgart* (DS 2008, 71 m. Besprechung *Ottofülling*, ebda) *hatte Erfolg*. Das *OLG Stuttgart* führte dort nun aus „... b) Entgegen der Auffassung des *LG* erschließt sich dem durchschnittlich informierten und verständigen Verbraucher, der die beanstandete, in der Anlage K1 wiedergegebene Werbung mit situationsadäquater Aufmerksamkeit wahrnimmt, nicht mit der erforderlichen Deutlichkeit, dass die Bestellung des Bekl. zum Sachverständigen durch die Handwerkskammer für die Bereiche Maurer- und Betonbauerhandwerk erfolgt ist. Vielmehr wird ein wettbewerbsrechtlich erheblicher Teil der Angesprochenen entgegen der Ansicht des Bekl. zu Unrecht annehmen, in ihm einen in allen Fragen des Bauwesens Sachkundigen zu finden...".

- Eintrag in den **Gelben Seiten**
- Hinweis auf die Bestellung und Gutachtertätigkeit in **Adressbüchern, Fachzeitschriften und Tageszeitungen**
- Hinweis auf die Bestellung und Gutachtertätigkeit in **Fachbeiträgen, Seminaren und Vorträgen.**
- Der Sachverständige darf **Dritte**, deren Produkte er begutachtet hat, für sich werben lassen[6].
- Der Sachverständige kann sich auf seiner **Homepage** vorstellen.
- Auf dem Briefbogen kann auf die **Verbindung zu Sachverständigenorganisationen** hingewiesen werden (z.B.: „Mitglied im LVS Hessen")
- **Vergleichende Werbung**, die sich an objektiv nachprüfbaren Kriterien ausrichtet. Sie darf aber nicht irreführend sein und den Mitbewerber nicht persönlich herabsetzen und verunglimpfen (sie darf also lauten: „Ich bin der einzige ö.b.u.v. Sachverständige für....", wenn dies auch tatsächlich so zutrifft.

Problematisch sind die Fälle, in denen der Sachverständige neben seiner Sachverständigentätigkeit noch einen weiteren Beruf ausübt, etwa noch eine Autowerkstatt betreibt. Der Sachverständige darf dieses Gewerbe nicht mit seiner Sachverständigentätigkeit bewerben[7]. Die Verknüpfung der freien Sachverständigentätigkeit mit einem Gewerbe kann als irreführend bewertet werden (Trennungsgebot). Es ist nämlich möglich, dass die angesprochenen Verkehrskreise die **freie unabhängige Sachverständigentätigkeit** auch auf **die geschäftliche Tätigkeit** des Anbieters beziehen. Geschäftliche Tätigkeiten sind aber notwendig dem Markt unterworfen und nicht unabhängig.
Wohl ist es aber möglich, beide Gewerbe getrennt voneinander zu betreiben[8].

Unzulässige Werbung für den Sachverständigen ist:

- Nennung im Fernsprechbuch o.ä. als „öffentlich bestellter und vereidigter Sachverständiger" **ohne die Eingrenzung** durch das Sachgebiet.
- Nach **Erlöschen** der öffentlichen Bestellung und Vereidigung darf sich der Sachverständige nicht mehr so bezeichnen; auch eine Bezeichnung als „ehemals ö.b.u.v. Sachverständiger" ist nicht zulässig.
- Der **Hinweis auf die Zertifizierung** darf nur in Verbindung mit der entsprechenden Norm und Zertifizierungsstelle beigefügt werden.

---

6 *OLG Zweibrücken*, GRUR 1989, 771.
7 *BGH*, WRP 78, 362; *OLG Naumburg*, DS 2007, 24; *Goldbeck*, DS 2007, 12.
8 *LG Regensburg*, DS 2007, 358.

- Unzulässige **Alleinstellungswerbung** („Ich bin der Beste auf meinem Gebiet" – aber zum Beispiel möglich: „Ich bin der einzig öffentlich bestellte und vereidigte Sachverständige für ...")
- Unzulässige **vergleichende Werbung** („Ich bin besser als Peter Mustermann").
- Werbung mit **Selbstverständlichkeiten** („Ich bin unabhängig und unparteiisch)
- **Sittenwidrige** Werbung („Ich erstelle Sachverständigengutachten ganz nach Ihren Bedürfnissen)

Verstößt der öffentlich bestellte und vereidigte Sachverständige gegen diese Gebote, kann ihm die öffentliche Bestellung wegen unseriösen Verhaltens widerrufen werden[9].

Sachverständige, die nicht öffentlich bestellt und vereidigt sind, unterliegen zwar nicht der MSVO, gleichwohl aber den gesetzlichen Regelungen des UWG.

So dürfen Sie sich nicht als o.b.u.v. Sachverständige bezeichnen. Auch darf kein Stempel benutzt werden, der in der Gestaltung dem Rundstempel der ö.b.u.v. Sachverständigen angelehnt ist und mit diesem verwechselt werden kann[10].

b) Auftritt im Internet mit Muster für Impressum

Zunehmend wird sowohl der Sachverständige wie auch der Gewerbetreibende auf seiner Homepage einen Internetauftritt gestalten. Dabei müssen zum einen die oben beschriebenen Grundsätze wie auch das **Trennungsgebot**[11] von freier Sachverständigentätigkeit und sonstiger Gewerbeausübung beachtet werden. Es darf nicht der Eindruck erweckt werden, dass die Maßstäbe, die bei der Sachverständigentätigkeit gelten, übergangslos auch auf die sonstigen Dienstleistungsangebote des Sachverständigen übertragen werden können.

Zwar hatte das *OLG Naumburg*[12] bezüglich des Trennungsgebots argumentiert, dass der durchschnittliche Betrachter des Internetauftritts die beworbenen Leis-

---

9 *VG Oldenburg*, GewA 1979, 92.
10 *OLG München*, WRP 1981, 483; *OLG Stuttgart*, NJW-RR 1986, 1370.
11 *Goldbeck*, DS 2007, DS 2007, 12 (13) m. w. Nachw. zum Trennungsgebot, „wonach die Bewerbung von freier Sachverständigentätigkeit und die Bewerbung sonstiger Gewerbeausübung nicht miteinander vermengt werden darf".
12 *OLG Naumburg*, DS 2007, 24 u. hierzu *Goldbeck*, DS 2007, 12. Im Fall vor dem *OLG Naumburg* hatte der Sachverständige in seinem Internetauftritt auf seine Tätigkeit als freier Sachverständiger hingewiesen und auch seine sonstigen Kfz-typischen Dienstleistungen beworben.

tungen als Einheit wahrnimmt; „jedoch sei eine Übertragung der aus der Berufs-
bezeichnung des Sachverständigen zu folgernden besonderen Kompetenz auf die
sonstigen Dienstleistungsangebote schon deshalb nicht zu befürchten, weil der
Durchschnittsverbraucher von demjenigen, der sich Sachverständiger nennt,
‚ohne Erläuterung‘ gar keine besondere Kompetenz erwarte. Es sei daher kein
Grund ersichtlich, warum der Beklagte seine Sachverständigen- und sonstigen
Leistungen getrennt voneinander bewerben solle“[13]. Dabei wird aber vergessen,
dass von einem Sachverständigen durchaus eine „besondere fachliche Kundig-
keit“ erwartet werden muss[14]. Von jemanden, der sich als „sachverständig“ bezeichnet, ist schon per Definition eine überdurchschnittliche fachliche Kompetenz zu erwarten.

Der Sachverständige wird also durchaus weiter darauf zu achten haben, dass
durch seinen Internetauftritt nicht gleichzeitig auf andere Tätigkeitsfelder hingewiesen wird, auf die seine freie und unabhängige Tätigkeit als Sachverständiger
ausstrahlt, obwohl diese Tätigkeiten kommerziellen Gesetzen folgen.

Der Internetauftritt des Sachverständigen unterliegt aber auch dem **Teledienst-
gesetz (TDG)**. Gemäß § 6 TDG muss jedes Unternehmen, welches mit einer
Website im Internet auftritt, bestimmte Informationen angeben. Der Sachverständige muss seiner **Impressumspflicht** also genügen, indem er folgende Angaben
machen muss:

- Name und Anschrift des Anbieters
- Kontaktinformationen zur schnellen elektronischen Kontaktaufnahme
- Informationen über die Aufsichtsbehörde
- Registerangaben (Eintrag des Sachverständigen im Handelsregister oder im
  Partnerschaftsregister)
- Berufsrechtliche Angaben
- Umsatzsteuer-Identifikationsnummer.

Diese Informationen dürfen nicht versteckt, sondern müssen leicht erkennbar und
unmittelbar erreichbar und ständig verfügbar sein.

---

13 *Goldbeck*, DS 2007, 12 (13).
14 So *Goldbeck*, DS 2007, 12.

Als Muster könnte hier dienen:

Dipl.-Ing. Peter Mustermann
Öffentlich bestellter und vereidigter Sachverständiger der IHK Musterstadt,
Musterplatz 2, 33333 Musterstadt.

Anschrift: *Musterstraße 1, 11111 Musterstadt*
Telefon: *222/22 22 2–2*
Telefax: *222/22 22 2–3*
E-Mail: *muster@mustermann.de*

Registergericht: (Angabe des Registergerichtes im Falle eines Eintrags ins
Handelsregister mit Registernummer, was ausnahmsweise auch bei Sachverständigen der Fall sein kann).

Öffentlich bestellter und vereidigter Sachverständiger nach § 36 GewO.
Peter Mustermann wurde durch die IHK *Musterstadt, Musterplatz 2, 33333
Musterstadt,* für das Sachgebiet „*Schäden an Gebäuden*" öffentlich bestellt
und vereidigt. Der Sachverständige unterliegt den Bestimmungen der Sachverständigenordnung der IHK *Musterstadt.* Dies kann im Internet unter der Website der *IHK Musterstadt* unter der Rubrik Recht/Steuer mit dortigen Hinweisen zu den Sachverständigen eingesehen werden.

Die Umsatzsteuer-Identifikation gemäß § 27a Umsatzsteuergesetz lautet wie
folgt:
123456789

Werden diese Vorschriften des TDG nicht eingehalten, drohen entweder wettbe-
werbsrechtliche Abmahnungen oder Bußgelder bis zu 50.000 Euro.

VI. Gesichtspunkte bei der Abfassung von Sachverständigenverträgen mit den Auftraggebern

Hat der Sachverständige seine Akquise erfolgreich betrieben, so kommt es hoffentlich zum Auftrag. Es kommt also ein Vertrag zwischen Auftraggeber und Auftragnehmer (Sachverständigen) zu Stande.
Was aber muss bei einer Vertragsabfassung berücksichtigt werden?

1. Individualvertrag oder Formularvertrag?

Sachverständige sollten **Individualverträge** abschließen und nicht **Formularverträge** benutzen. **Individualverträge** sind im einzelnen ausgehandelte Verträge zwischen dem Sachverständigen und seinem Auftraggeber. **Formularverträge** sind im Gegensatz dazu vorformulierte Verträge mit **Allgemeinen Geschäftsbedingungen (AGB)**, die immer wieder formulargemäß verwendet werden und bei denen der Verwender nicht bereit ist, ingendwelche Abänderungen vorzunehmen[1].
Formularverträge haben den Nachteil, dass die Wirksamkeit der einzelnen AGB-Klauseln der Überprüfung der §§ 305 ff. BGB unterliegen. Dies bedeutet, dass etwa eine Vertragsklausel, die gegen eine Norm der §§ 307 ff. BGB verstößt, unwirksam ist. So kann ein Vertragsbestandteil unwirksam sein, obwohl der Verwender – etwa der Sachverständige – von dessen Wirksamkeit ausgegangen ist. Das kann dann insbesondere haftungsbegrenzende Vereinbarungen betreffen.
Weiterhin zeigt die Praxis der Sachverständigentätigkeit, dass große Auftraggeber wie Versicherungen, Banken und Großunternehmen von Allgemeinen Geschäftsbedingungen nicht begeistert sind und sich eher abgeschreckt fühlen; man will einen Sachverständigen, der für sein Gutachten auch einsteht und sich nicht hinter umfassenden Vertragsklauseln versteckt.
Deshalb sollte der Sachverständige kleine übersichtliche Vertragswerke verwenden, die Gegenstand einer **individuellen** Vereinbarung sein sollen. Es ist deshalb

---

1 Nach dem *BGH* liegen AGB's auch dann vor, wenn diese von einem Dritten für eine Vielzahl von Verträgen vorformuliert wurden und die Vertragspartei, die die Klausel stellt, sie nur in einem einzigen Vertrag verwenden will (*BGH*, NJW 1991, 843; *BGH*, NZBau 2005, 678). Sogar die Tatsache, dass ein Vertrag *teilweise individuelle* Vereinbarungen enthält, steht der Annahme von AGB's nicht entgegen (*BGH*, NJW 2004, 502).

die Aufgabe der nachstehenden Ausführungen herauszustellen, was unbedingt in einen Sachverständigenvertrag hineingehört und was als überflüssig entfallen kann.

2. Vertragsabschluss

Ein Sachverständigenvertrag, der grundsätzlich **Werkvertrag** (§ 631 BGB) ist, kann auch mündlich geschlossen werden. Es ist aber die **Schriftform** vorzuziehen; und zwar sollte das in der Weise erfolgen, dass man den individuell ausgehandelten Vertragsentwurf dem Auftraggeber zusendet, dieser ihn dann unterzeichnet und dann wieder zurückschickt. Wichtig ist dabei, dass der Auftraggeber auf die Gestaltung und den Inhalt der einzelnen Punkte nachweislich Einfluss nehmen konnte und der Sachverständige ihn hierauf ausdrücklich hinweist. Erst dann fängt man mit der Sachverständigentätigkeit an. Auf diese Weise wird verhindert, dass der Auftraggeber nachträglich den Vertragsabschluss oder Teile des Vertrags in Abrede stellt.

Der Abschluss des Vertrages kann auch in elektronischer Form erfolgen, wobei die Erfordernisse der §§ 126 a, 126 b BGB zu beachten sind; es muss also eine elektronische Signatur nach dem Signaturgesetz angebracht werden.

Weit verbreitet ist der Irrtum, dass eine Auftragsbestätigung des Sachverständigen schon ausreicht, um den Vertragsabschluss nachzuweisen. Denn das Schweigen des Auftraggebers auf die zugesandte Auftragsbestätigung führt in der Regel beim freiberuflichen Sachverständigen noch nicht zum Vertragsabschluss. Nur zwischen Kaufleuten gilt ausnahmsweise das Schweigen auf eine Auftragsbestätigung hin als vertragliche Annahme; Sachverständige sind aber in der Regel keine Kaufleute.

3. Gegenstand und Zweck des Sachverständigenvertrags

Von besonderer Bedeutung für den Sachverständigenvertrag ist das Nennen des Zweckes der Beauftragung und eine genaue Beschreibung des Leistungsumfanges.

Hierdurch kann dem möglichen Einwand der unvollständigen Sachverständigenleistung entgegengetreten werden und außerdem kann dem Missbrauch des Gutachtens für andere Zwecke entgegengewirkt werden. Es sollte möglichst genau festgelegt werden, zu welcher Fragestellung und in welchem Umfang ein Gutachten gefertigt werden soll. Auch sollte der Personenkreis, für den das Gutachten bestimmt ist, so eng wie möglich bestimmt werden, um eine Haftung gegenüber

Dritten so eng wie möglich zu halten (siehe hierzu Abschnitt 7 in diesem Kapitel).
Genauso gut kann aber bestimmt werden, was *nicht* Inhalt des Gutachtens sein soll: Etwa die Einbeziehung einer möglicherweise im Boden befindlichen Altlast.

4. Durchführung des Auftrags

Wie der Sachverständige seine Arbeit ausführt und welche Grundsätze er zu beachten hat, muss nicht Gegenstand des Sachverständigenvertrages sein. Die Arbeitsgrundsätze des Sachverständigen sind in den Sachverständigenordnungen niedergelegt und können von jedem über das Internet bezogen werden.

Es bedarf also keines besonderen Hinweises, dass der öffentlich bestellte und vereidigte Sachverständige sein Gutachten unparteiisch und nach bestem Wissen und Gewissen zu erstellen hat.

Auch hat die Rechtsprechung besonders herausgestellt, dass Gutachten **persönlich** zu erstatten sind[2]. Dies ergibt sich bereits aus der Eidesleistung nach § 36 I 2 GewO oder aus § 410 ZPO[3].

So müssen Sachverständige die von ihnen verlangten Gutachten persönlich erarbeiten und verfassen und dürfen sie nicht einfach durch Mitarbeiter erstellen lassen und lediglich unterschreiben. Gemäß § 407a II ZPO ist der Sachverständige nicht befugt, den Auftrag komplett auf einen anderen zu übertragen. Auch wesentliche Teile des gerichtlichen Auftrags darf der Sachverständige nicht einfach stillschweigend weitergeben oder die Ausarbeitung des Gutachtens einfach dritten Personen überlassen[4].

Auch die Ortstermine sind von dem Sachverständigen persönlich durchzuführen, und dürfen nicht auf Mitarbeiter übertragen werden[5].

Solche Verstöße gegen die Pflicht des Sachverständigen, sein Gutachten unmittelbar und persönlich zu erstatten[6], können zur Nichtverwertbarkeit des Gutach-

---

2 *BSG*, NJW 1985, 1422; *OLG Frankfurt a. M.*, ZSW 1983, 239; *BVerwG*, NJW 1984, 2645.
3 Vgl. Hierzu *Zimmermann*, DS 2006, 304 (309) m. w. Nachw.
4 Vgl. Hierzu *Zimmermann*, DS 2006, 304 (309) m. w. Nachw.; *Ulrich*, DS 2007, 371 m. w. Nachw.; OLG *Nürnberg*, DS 2006, 319. Soweit er sich der Mitarbeit einer anderen Person bedient, muss er diese nennen und den Umfang ihrer Tätigkeit angeben (§ 407 a II). Wenn er Hilfspersonen heranzieht, muss er darauf hinweisen. Allerdings rechtfertigt ein Verstoß gegen diese Pflicht nicht die Ablehnung des Sachverständigen wegen des Zweifels an seiner Unparteilichkeit, weil dieser Verstoß beide Parteien gleichermaßen trifft (*OLG Jena,* DS 2006, 324).
5 *OLG Jena*, DS 2006, 324.
6 *Zimmerman*, DS 2006, 304 (309).

tens, zum Verlust seines Honoraranspruchs[7] und zu Schadensersatzansprüchen führen. Denn die Mitwirkung von Hilfskräften an Vorbereitungsarbeiten zu einem Gutachten darf nicht die typische sachverständige Bewertung und Beurteilung ersetzen. Die Arbeit der Hilfskraft muss sich auf rein tatsächliche Feststellungen beschränken, die dann vom Sachverständigen ausgewertet werden.

Es erscheint auch nicht notwendig, in einem Sachverständigenvertrag aufzunehmen, dass die **Zuziehung von Sachverständigen anderer Disziplin** und **Fachrichtungen durch den Auftraggeber** erfolgt. Es sollte selbstverständlich sein, dass ein Architekt, der zum Beispiel einen Statiker oder Betontechnologen benötigt, sich diesbezüglich an seinen Auftraggeber wendet, einen Sachverständigen empfiehlt und dann die Beauftragung des empfohlenen Sachverständigen durch den Auftraggeber vornehmen lässt.

Auch bei der **Schweigepflicht** des Sachverständigen erscheint es nicht erforderlich, dass man sie gesondert vereinbart. Nach § 203 II Nr. 5 StGB unterliegt der Sachverständige einer mit Strafe bedrohten Schweigepflicht. Aber auch in den Sachverständigenordnungen der Industrie- und Handelskammern findet sich eine entsprechende Regelung. Es ist somit selbstverständlich, dass Ergebnisse der Sachverständigentätigkeit oder Tatsachen beziehungsweise Unterlagen, die dem Sachverständigen im Rahmen seiner Tätigkeit bekannt geworden sind, nicht unbefugt Dritten mitgeteilt werden dürfen. Diese Verpflichtung des Sachverständigen gilt über die Dauer eines Vertragsabschlusses hinaus. Die Pflicht zur Verschwiegenheit gilt auch für die Mitarbeiter des Sachverständigen. Sie gilt aber nicht für offenkundige Tatsachen. Objektive Erkenntnisse aus der Gutachtentätigkeit darf der Sachverständige in neutraler Form für seine berufliche Tätigkeit verwerten, wenn hierdurch nicht ein Rückschluss auf den Auftraggeber möglich ist und sonstige schützenswerte Belange des Auftraggebers nicht berührt werden. Die Schweigepflicht entfällt, wenn der Sachverständige auf Grund gesetzlicher Vorschriften verpflichtet ist auszusagen oder der Auftraggeber den Sachverständigen von der Schweigepflicht entbindet.

Weiterhin ist es eigentlich selbstverständlich, dass der Auftraggeber dem Sachverständigen **keine Anweisung** erteilen darf, die das Ergebnis seiner Tätigkeit verfälschen könnte.

Es gehört im Übrigen zu den Pflichten des Auftraggebers, dem Sachverständigen alle **Rechnungen, Zeichnungen, Berechnungen und Schriftverkehr** zur Verfügung zu stellen. Im Übrigen ist es Bestandteil des Sachverständigengutachtens aufzuzählen, welche Unterlagen man der Erstellung des Gutachtens zu Grunde gelegt hat.

---

7 *OLG Nürnberg*, DS 2006, 319; *OLG Jena*, DS 2006, 324.

Schließlich soll im Rahmen der Durchführung eines Sachverständigenauftrages noch darauf eingegangen werden, inwieweit Sachverständige bei der Erstellung ihres Gutachtens **Formulare** verwenden dürfen. Häufig werden den Sachverständigen vom Auftraggeber wie zum Beispiel Versicherungen oder Banken Formulare vorgelegt. Bedenken gegen die Benutzung von Formularen bestehen dann nicht, wenn sie äußerlich im Gutachtenkopf Name, Adresse, Sachgebiet und bestellende Kammer aufweisen und am Gutachtenende die Unterschrift des Sachverständigen und sein Rundstempel steht.

Hinsichtlich des Inhalts des Formulars darf dem Sachverständigen vom Auftraggeber keine Vorgabe gemacht worden sein. Das Gutachten muss der Sachverständige nach bestem Wissen und Gewissen erstellt haben.

5. Vergütung des Sachverständigen

Der Sachverständige ist bei einem Privatgutachten nicht an die Honorarsätze des JVEG gebunden. Fehlt eine ausdrückliche Vereinbarung mit dem privaten Auftraggeber, so wird die **übliche Vergütung** geschuldet (632 II BGB)[8].

Die Bestimmung der Höhe der üblichen Vergütung kann sehr zweifelhaft sein und richtet sich nach Ausmaß, Umfang und Schwierigkeit der Sachverständigentätigkeit. Dabei wird in der Regel im Rechtsstreit über die Honorarhöhe eine Auskunft bei der zuständigen Kammer über die Angemessenheit der Höhe des Honorars eingeholt werden. Es ist also sinnvoll, eine klare Honorarvereinbarung mit dem Auftraggeber zu treffen. Hier sollte entweder ein **Pauschalbetrag**[9] oder eine **Vergütung nach Stunden** vereinbart werden. Eine Regelung ist auch für den Zeitaufwand der Hilfskräfte zu treffen.

Die Honorarvereinbarung sollte also zum Inhalt haben:

- Die **Vergütung des Sachverständigen** (entweder nach einer Pauschale, nach dem Wert des zu begutachtenden Gegenstands, nach Schadenshöhe oder pro Stunde).
- Den **Ersatz für die Auslagen** (Reisekosten, Hilfskräfte, Kosten für die Anmietung von technischen Geräten)
- Vereinbarung der **Mehrwertsteuer**[10].

---

8   *LG Mannheim*, DS 2007, 116.
9   Vgl. hierzu das nachfolgende Muster, Fußn. 31 zu den Risiken der Vereinbarung eines Pauschalhonorars.
10 *Bleutge,* Ifs-Informationen, H. 2/2002, S. 4 (8).

Hinsichtlich der **Vorauszahlungspflicht** des Auftraggebers ist eine Vereinbarung sinnvoll, wonach der Sachverständige berechtigt ist, eine angemessene Vorauszahlung auf Vergütung und Auslagen vom Auftraggeber zu fordern. Dies ist deshalb von Bedeutung, weil der Sachverständigenvertrag in der Regel Werkvertrag ist und danach nur dann eine Vorschußzahlung gefordert werden kann, wenn bereits eine entsprechende Leistung erbracht wurde.

Wenn ein vertraglich vereinbarter Vorschuß nicht gezahlt wird, hat der Sachverständige das Recht, seine Leistung zurückzuhalten, bis Zahlung erfolgt ist.

Für außerordentlich problematisch stellt sich in der Praxis die Vereinbarung dar, wonach ein privat beauftragter Sachverständiger im Falle seiner Inanspruchnahme als Zeuge vor Gericht den **Differenzbetrag** zwischen der vereinbarten Vergütung und der gesetzlichen Zeugenentschädigung vom Auftraggeber erstattet erhält[11]. Wird in einem Prozeß eine derartige Klausel bekannt, kommt der Sachverständige in den Geruch der Käuflichkeit, wenn er als Zeuge einerseits im gerichtlichen Verfahren aussagen soll, andererseits von einer Partei eine besondere zusätzliche Vergütung für seine Aussage im Prozeß erhält[12]. Ich empfehle daher, eine solche Klausel nicht in das Vertragswerk aufzunehmen[13].

Schließlich ist in den Vereinbarungen zum Honorar noch darauf hinzuweisen, dass eine Übersendung des Gutachtens unter **gleichzeitiger Einbeziehung der Vergütung** durch Nachnahme nur dann zulässig ist, wenn eine entsprechende **Vergütungsvereinbarung** ausdrücklich getroffen wurde.

Zudem sollte der Sachverständige eine Vereinbarung treffen, wonach gegen Ansprüche des Sachverständigen der Auftraggeber nur dann aufrechnen kann, wenn die Gegenforderung des Auftraggebers unbestritten ist oder ein rechtskräftiger Titel vorliegt.

6. Urheberrecht

Auch eine Regelung des Urheberrechts erscheint mir in einem Sachverständigenvertrag nicht erforderlich. Gutachten gehören nämlich als persönliche geistige Schöpfungen i. S. von § 2 II UrhG üblicherweise zu den urheberrechtlich geschützten Werken[14]. Dieser Schutz wird auf Grund des Gesetztes automatisch gewährt. Der Verfasser des Gutachtens hat gem. § 12 UrhG das Recht zu bestim-

---

11 So etwa *Ulrich*, DS 2006, 341.
12 Näher hierzu *Volze*, DS 2007, 21.
13 Hierzu wird in einem gesonderten Abschnitt noch näher einzugehen sein.
14 *Bayerlein*, § 31 Rdnr. 17. Hier gilt es aber dennoch, Einzelfälle zu berücksichtigen. Nach *Bleutge/Bleutge* (2009), S. 46, weisen „Fließbandgutachten" (etwa aus dem Kfz-Bereich) keinen unter § 2 II UrhG fallenden kreativen Charakter auf.

men, ob und inwieweit sein Werk veröffentlicht wird. Nach § 15 UrhG hat er das alleinige Recht, sein Werk in körperlicher Form zu verwerten. Als Verwertungsrecht kennt das UrhG das Vervielfältigungsrecht, das Verbreitungsrecht und das Ausstellungsrecht.

Mit der Übergabe des Gutachtens an den Auftraggeber und die Bezahlung durch den Auftraggeber gehen die Nutzungsrechte nach § 31 ff. UrhG auf den Auftraggeber über. Allerdings darf der Auftraggeber das Gutachten nur zu dem Zweck benutzen, der im Gutachtenvertrag oder im Gutachten selbst steht. Das Urheberpersönlichkeitsrecht, zu dem auch das Recht auf Veröffentlichung gehört, bleibt nach wie vor beim Sachverständigen.

Daraus ergibt sich Folgendes:

- Das Recht auf Veröffentlichung des Gutachtens steht nur dem Sachverständigen zu.
- Der Auftraggeber darf das Gutachten nur zu dem Zweck verwenden, für das es vertraglich bestimmt ist[15].

7. Haftung

Der **gerichtlich beauftragte** Sachverständige kann keine Vereinbarung über seine Haftung treffen, da er kraft Hoheitsakt und nicht durch Vertrag tätig wird. Er haftet, wenn er vorsätzlich oder grob fahrlässig bei seiner Gutachtenerstellung gehandelt hat (§ 839a BGB) und ein falsches Gerichtsurteil darauf beruht. Für leichte und einfache Fahrlässigkeit haftet der gerichtlich beauftragte Sachverständige nicht[16].

Alle **privat beauftragten Sachverständige** sollten in jedem Fall mit dem Auftraggeber eine Vereinbarung über die Haftung treffen[17]. Grundsätzlich haftet nämlich der privat beauftragte ö.b.u.v. Sachverständige für Fehler in seinem Gutachten, auch für Fehler aus Fahrlässigkeit. Der privat beauftragte ö.b.u.v. Sachverständige sollte deshalb eine Haftungsbeschränkung individuell mit dem Auftraggeber vereinbaren, wonach er nicht für einfache Fahrlässigkeit haftet. Für Vorsatz und grobe Fahrlässigkeit haftet der ö.b.u.v. Sachverständige immer[18].

---

15 Zum Problem der Dritthaftung vgl. weiter unten.
16 Vgl. *Bayerlein*, in: *Bayerlein*, § 34 Rdnr. 35.
17 Zur Einschränkung der Haftung durch AGB's: *Bleutge*, IfS-Informationen H. 2/2002, 4 (9).
18 Vgl. § 14 MSVO und auch *Roeßner*, in: *Bayerlein*, § 32 Rdnr. 1 ff.; § 37 Rdnr. 9.

Eine andere Haftungsausschlussklausel, wonach die Haftung für leichte Fahrlässigkeit ausgeschlossen wird und im Übrigen der Höhe nach auf die Versicherungssumme begrenzt wird, ist äußerst problematisch, weil die Rechtsprechung auch beim Individualvertrag einen Haftungsausschluß und eine summenmäßige Haftungsbegrenzung für Vorsatz und grobe Fahrlässigkeit (von der Ausnahme des ungewöhnlich hohen Risikos einmal abgesehen) nicht zuläßt[19]. Deshalb könnte die ganze Klausel unwirksam sein, auch bei einem Individualvertrag.

Die Haftung für leichte Fahrlässigkeit sollte weiterhin **zeitlich begrenzt** sein auf einen Zeitraum, der in das Ermessen des Sachverständigen gestellt wird. Empfehlenswert sind drei Jahre ab Zugang des Gutachtens. Eine zeitliche Begrenzung für grobe Fahrlässigkeit dürfte eine Umgehung des § 14 MSVO sein.

Der vertragliche Schadensersatzanspruch des Auftraggebers wegen einem **Mangelfolgeschaden** aus einem mangelhaften Gutachten richtet sich nach § 634 Nr. 4 BGB[20]. Gemäß § 634a BGB unterliegt die **Verjährung** von Mängelansprüchen der regelmäßigen Verjährungsfrist von drei Jahren (§ 195 BGB). Die Verjährungsfrist beginnt mit dem Schluss des Jahres, in dem der Anspruch entstanden ist und der Gläubiger von den den Anspruch begründenden Umständen und der Person des Schuldners Kenntnis erlangt oder ohne grobe Fahrlässigkeit erlangen müsste (§ 199 BGB). Im Endergebnis kann dies dazu führen, dass die Verjährung je nach verletztem Rechtsgut 10 oder 30 Jahre betragen kann (§ 199 II BGB).

Ein besonderes haftungsrechtliches Problem stellt die **quasi-vertragliche Haftung** des Sachverständigen gegenüber **dritten Personen** dar[21].

Ein Sachverständiger haftet immer dann auch gegenüber dritten Personen, wenn er davon ausgehen muss, das sein Auftraggeber das Gutachten dazu verwendet, um Vermögensdispositionen Dritter zu erreichen, die auf die Richtigkeit des Gutachtens vertrauen[22]. Deshalb empfiehlt sich immer, dass zu Anfang des Gutach-

---

19 § 14 MSVO verbietet für den ö.b.u.v. Sachverständigen die Beschränkung der Haftung der Höhe nach für Vorsatz und grobe Fahrlässigkeit.
20 Vgl. hierzu auch mit anschaulicher tabellarischer Übersicht *Zimmermann*, DS 2007, 286 (296).
21 Vgl. *Roeßner*, in: *Bayerlein*, § 33 Rdnrn. 40 ff.
22 *OLG Frankfurt a. M.*, WM 1975, 983. Zuletzt *BGH*, DS 2004, 339; *BGH*, NJW-RR 2004,1464 = DS 2004, 343 Ls.
    In der Entscheidung *BGH*, DS 2004, 339 ging es um die Haftung gegenüber Dritten für eine fehlerhafte Grundstückswertermittlung. In dem Wertgutachten wurde vermerkt, dass es für Planungs- und Finanzierungszwecke benötigt werde. Ferner wurde im Gutachten darauf hingewiesen, dass das Gutachten nur für den Auftraggeber und für den angegebenen Zweck bestimmt sei. Dieser Hinweis schließt aber Dritte nicht automatisch aus dem Schutzbereich des Gutachtens aus. Der *BGH* führt nämlich aus, dass bei der Beantwortung der Frage, ob Anleger (also Dritte) in den Schutzbereich des Gutachtenvertrags einbezogen sind, der Hinweis in der *Gesamtbetrachtung* des

tens darauf verwiesen wird, dass **das Gutachten nicht Dritten gegenüber verwendet werden darf.** Auch in das Beauftragungsschreiben sollte aufgenommen werden, dass eine **Weiterverwendung des Gutachtens an Dritte** untersagt ist. In der Praxis macht das oft Probleme, sollte aber mit dem Auftraggeber besprochen werden.

Oft werden Gutachten für Planungs- und Finanzierungszwecke benötigt, sind also dafür bestimmt, potentiellen Kreditgebern vorgelegt zu werden. Der Sachverständige sollte sich in diesen Fällen davor schützen, womöglich gegenüber einer Vielzahl von Kreditgebern zu haften.

Um den Kreis dieser „Dritten" einzugrenzen, sollte – etwa bei einem Gutachten zu Finanzierungszwecken – der Kreis potentieller Kreditgeber eingegrenzt werden, gegebenenfalls durch eine Beschränkung auf ein oder wenige Kreditinstitute und unter Ausschluss einer Vielzahl von Kapitalanlegern. Auch kann der Verwendungszweck sachlich beschränkt werden, etwa auf die Verwendung gegenüber potentiellen Kreditgebern unter Ausschluss potentieller Käufer des Auftraggebers[23].

Schließlich ist besteht ein Haftungsproblem bei der Sachverständigentätigkeit darin, dass der gerichtlich beauftragte Sachverständige bei einem Ortstermin zum Beispiel ein Dach öffnen lässt, den Mangel der fehlenden Isolierung feststellt und dann mit den anwesenden Parteien eine Sanierung bespricht. Diese wird dann auch durchgeführt und stellt sich nachträglich als falsch heraus[24]. Haftet der Sachverständige als Privatgutachter oder als Gerichtsgutachter?

Hier spricht viel dafür, dass auch diese Tätigkeit des Sachverständigen noch unter die gerichtliche Tätigkeit fällt, mit der Haftungsbeschränkung auf Vorsatz und grobe Fahrlässigkeit des § 839a BGB.

8. Kündigung des Sachverständigenvertrages

Nach geltendem Vertragsrecht können Sachverständige und Auftraggeber jederzeit aus wichtigem Grund den Vertrag kündigen. Einer besonderen Vereinbarung bedarf es hierzu nicht.

Inhalts des Gutachtens gewertet werden muss. Es kann also nach einer Gesamtbetrachtung sein, dass – trotz des Hinweises – eine Dritthaftung gegeben ist, weil dem Sachverständigen klar sein musste, dass das Gutachten auch zur Vorlage bei Dritten zum Einsatz kommen würde. Siehe hierzu auch ausführlich *Finn*, DS 2005, 11.

23 So der Vorschlag von *Finn*, DS 2005, 11 (14).
24 *Keilholz*, BauR 1986, 377.

Wichtige Kündigungsgründe auf Seiten des **Sachverständigen** ist insbesondere die Verletzung seiner Unparteilichkeit.

Ein wichtiger Grund ist auch darin zu sehen, dass der **Auftraggeber** seine notwendige Mitwirkung verweigert oder in Vermögensverfall gerät.

Endet der Vertrag durch eine Kündigung, die der Sachverständige nicht zu vertreten hat, so behält der Sachverständige seinen Anspruch auf Vergütung abzüglich ersparter eigener Aufwendungen.

Wird der Vertrag aus wichtigem Grund gekündigt, den der Sachverständige zu vertreten hat, so steht ihm eine Vergütung für seine bisher erbrachten Leistungen zu, soweit sie der Auftraggeber verwerten kann[25].

9. Fristen und Termine

Ist die Erstellung des Sachverständigengutachtens an besondere Ablieferungsfristen gebunden, dann muss dies grundsätzlich individuell vereinbart werden. Eine vorformulierte Klausel hilft hier wenig.

Fehlt eine solche Vereinbarung, so hat der Vertragspartner einen Anspruch auf sofortige Leistung (§ 271 BGB). Das bedeutet, dass der Sachverständige zwar das Gutachten nicht sofort abgeben, aber mit seiner Ausarbeitung sofort zu beginnen hat. Falls dies jedoch auf Grund des Arbeitsanfalls nicht möglich ist, sollte der Sachverständige hier eine Vereinbarung treffen, bis zu welchem Zeitpunkt das Gutachten erstellt werden soll, also **vorzulegen** ist[26].

Der Sachverständige kommt nach allgemeinen vertragsrechtlichen Grundsätzen nur dann in **Verzug**, wenn er die Verzögerung seiner Gutachtenerstellung auch zu vertreten hat. Das ist dann aber nicht der Fall, wenn der Sachverständige zum Beispiel erkrankt oder ihm Unterlagen vom Auftraggeber nicht zugeschickt werden, die er zur Anfertigung des Gutachtens benötigt.

Wird durch ein Hindernis, das der Sachverständige nicht zu vertreten hat, seine Gutachtensausarbeitung völlig unmöglich, so wird er von seinen vertraglichen Verpflichtungen frei. Ein Schadensersatzanspruch steht dem Auftraggeber dann nicht zu.

Es kann aber sinnvoll sein zu vereinbaren, dass die festgelegte Frist überschritten werden kann, wenn nicht verschuldete Umstände die Fertigstellung des Gutachtens verzögern.

---

25 Vergütung für unverschuldet unfertiges Gutachten: *OLG Düsseldorf*, DS 2007, 317.
26 *Groß*, DS 5/2003, S. 134.

10. Gewährleistungspflichten

Da der Sachverständigenvertrag Werkvertrag ist, kann der Auftraggeber bei einem Fehler im Gutachten zunächst Nacherfüllung verlangen. Das bedeutet, dass der Sachverständige sein Gutachten unter Beseitigung des Fehlers neu erstellt. Das spielt in der Praxis kaum eine Rolle.

Der Auftraggeber kann dann weiterhin die Wandlung des Sachverständigenvertrages verlangen, also die Rückabwicklung des Vertrages: Das heißt Sachverständigenhonorar zurück und Gutachten zurück. Auch dieser Fall spielt in der Praxis nur eine geringe Rolle, ebenso wie die Minderung des Sachverständigenhonorars, wenn das Gutachten fehlerhaft ist.

Aktuell ist die Geltendmachung von Schadensersatzansprüchen, für die der Sachverständige haften soll. Insoweit ist bereits eine Vereinbarung zur Haftung mit individueller Vereinbarung empfohlen worden.

11. Verjährung

Auf den Sachverständigenvertrag als Werkvertrag finden in der Regel die gesetzlichen Vorschriften der §§ 195, 199 BGB Anwendung. Sanierungsgutachten, deren Ergebnisse sich in einem Bauwerk verkörpern, richten sich nach der fünfjährigen Verjährungsfrist gem. § 634a I BGB, die mit der Abnahme beginnt[27].

In der Regel beträgt für feststellende Gutachten die Verjährungsfrist drei Jahre und beginnt mit Ende des Jahres, in dem der Anspruch entstanden ist und der Gläubiger von den den Anspruch begründenden Umständen und der Person des Schuldners Kenntnis erlangt oder ohne grobe Fahrlässigkeit hätte erlangen müssen (§ 199 I BGB). **Ohne Rücksicht auf die Kenntnis** verjähren Schadensersatzansprüche, die auf der Verletzung des Lebens, des Körpers, der Gesundheit oder Freiheit beruhen, nach 30 Jahren (§ 199 II BGB) und sonstige Schadensersatzansprüche verjähren üblicherweise nach 10 Jahren (§ 199 III BGB).

Durch eine individuelle Vereinbarung kann sowohl der Zeitpunkt des Verjährungsbeginns bestimmt werden (etwa der Zugang des Gutachtens) wie auch die Verjährung für die Fälle einfacher und leichter Fahrlässigkeit auf eine bestimmte Zeitspanne beschränkt werden.

---

27 *BGH*, NJW 1999, 2434.

12. Gerichtstandvereinbarung und Erfüllungsort

Da der Sachverständige in der Regel kein Kaufmann ist, kann er auch keine Gerichtsstandvereinbarung gemäß § 38 ZPO treffen. Der Sachverständige kann allerdings den Erfüllungsort festlegen, weil man als Gerichtsstand im Falle der Klage auch den Erfüllungsort wählen kann (§ 29 ZPO).

13. Mögliche individuelle Vereinbarung

Individualvertrag

1. Dem Sachverständigen ... wird der Auftrag durch den Auftraggeber[28] ... hiermit erteilt.

2. Der Auftrag[29] betrifft ... (*genaue Bezeichnung des zu begutachtenden Objekts bzw. Sachverhalts*) und umfasst folgende Leistungen ... (*genaue Bezeichnung des Leistungsumfangs*).

3. Der Zweck des Gutachtens ist folgender[30]: ...

4. Folgende Unterlagen und Auskünfte sind dem Sachverständigen zur Anfertigung des Gutachtens zu überlassen: ...

---

28 Der Sachverständige sollte besonders darauf achten, dass sein Auftraggeber mit Vorname, Familienname, genauer Anschrift und nach Möglichkeit noch mit dem Geburtsdatum im Vertrag genannt wird. Hierdurch lassen sich Verwechslungen des Auftraggebers vermeiden und Nachforschungen bei einer Änderung des Wohnsitzes des Auftraggebers leichter durchführen. Ist der Auftraggeber z. B. eine GmbH, muss der gesetzliche Vertreter ebenfalls aufgeführt werden.
29 Die genaue Bezeichnung und konkrete Angabe des Gegenstands des Gutachtens schützt den Sachverständigen vor späteren Auseinandersetzungen mit dem Auftraggeber, ob das Gutachten die Aufgabenstellung erfüllt. Außerdem können haftungsmäßige Risiken durch genaue Bestimmung der gutachterlichen Tätigkeit eingeschränkt werden. Der genaue Auftragsumfang sollte in dem Gutachten selbst noch einmal enthalten sein. Hier sollte auch beschrieben werden, was nicht Gegenstand des Gutachtens sein soll – etwa eine Grundstückswertermittlung unter Berücksichtigung einer möglichen Bodenkontamination.
30 Hier sollte auch darauf hingewiesen werden, für welchen Zweck das Gutachten gebraucht wird; etwa zur Vorlage bei Gericht durch eine Partei oder auch zur Vorlage bei einer Bank zu Beleihungszwecken.

Für die Richtigkeit dieser Unterlagen steht der Sachverständige nicht ein. Eine Überprüfung dieser Unterlagen findet nur statt, wenn dem Sachverständigen konkrete Anhaltspunkte für die Unrichtigkeit mitgeteilt werden.

5. Der Auftraggeber ist mit der Hinzuziehung von Mitarbeitern und Hilfskräften durch den Sachverständigen einverstanden.

6. Das Honorar des Sachverständigen wir wie folgt netto berechnet: *(zum Beispiel:)*

Pauschal[31] mit ... Euro
Für die Sachverständigenstunde ... Euro
Für die Hilfskraftstunde ... Euro
Für Schreibkräfte ... Euro

Bei Zweifel über den in Ansatz gebrachten Zeitaufwand entscheiden für die Anzahl der Sachverständigenstunden die Aufzeichnungen im Sachverständigentagebuch, die vom Auftraggeber abgezeichnet wurden.
Entsprechendes gilt bei der Anzahl berechneter Stunden für Hilfskräfte gemäß deren abgezeichneten Arbeitsaufstellungen.

Nebenkosten wie Lichtpausen, Vervielfältigungen und Fotos sowie sonstige Nebenkosten[32] sind in der Höhe der tatsächlichen Aufwendungen zu erstatten.

Auf die vorgenannten Stundensätze und Nebenkosten wird die gesetzliche Mehrwertsteuer in Höhe von derzeit ... % erhoben.

Der Sachverständige ist jederzeit berechtigt, Vorschusszahlung[33] auf Vergütung und Auslagen vom Auftraggeber zu verlangen.

---

31 Die Vereinbarung eines Pauschalhonorars ist für einen Sachverständigen mit erheblichem Risiko verbunden. Oft ist von Anfang an das genaue Ausmaß der Sachverständigentätigkeit für keinen der Beteiligten erkennbar. Die Angabe von Schätzungen des Sachverständigenhonorars ist problematisch, da der Sachverständige an derartige Schätzungen im Wesentlichen gebunden ist. Kostenvoranschläge können um circa 10% − 15% überschritten werden. einem Auftraggeber sollte man deshalb nur voraussichtlich Kosten benennen bis zu einem arbeitsmäßigen Abschnitt, an dem man die weiteren entstehenden Kosten überblicken kann. Der Sachverständige hat grundsätzlich die Möglichkeit, nach einer Pauschale, nach Wert des zu begutachtenden Objekts, nach Schadenshöhe oder nach Zeit (Stunden) abzurechnen.
32 Nebenkosten sind auch etwa Reisekosten oder Kosten für die Anmietung technischer Geräte.

7. Schadensersatzansprüche bei leicht fahrlässigem Verschulden des Sachverständigen sind ausgeschlossen[34], soweit nicht Leben, Körper und Gesundheit verletzt werden, worauf auch im Gutachten des Sachverständigen hingewiesen werden darf.

8. Die Haftung für leichte Fahrlässigkeit des Sachverständigen ist zeitlich begrenzt auf die Dauer von ... Jahren und beginnt mit dem Zugang des Gutachtens[35].

9. Das Gutachten darf zur Vorlage an andere Personen als dem Auftraggeber ohne ausdrückliche Zustimmung des Sachverständigen nicht verwendet werden[36]. Das Gutachten soll gegenüber dritten Personen auch keine rechtliche

---

33 In dem Sachveständigenvertrag muss eine Vorauszahlung ausdrücklich vereinbart werden, da der Sachverständige nach der gesetzlichen Regelung des Werkvertragsrechts keinen Anspruch auf eine angemessene Vorauszahlung hat.

34 Der Sachverständige haftet für vorsätzliches und grob fahrlässiges Verschulden. Grundsätzlich für einfache und leichte Fahrlässigkeit kann man die Haftung durch Vereinbarung ausschließen.

35 Die regelmäßige Verjährung beträgt zwar drei Jahre (§ 195 BGB). Der Beginn ihres Ablaufs wird allerdings nicht an einem konkreten Zeitpunkt geknüpft, sondern der Zeitablauf kann sich unter Umständen über 10 oder sogar 30 Jahre erstrecken (§ 199 BGB). Hier ist es sinnvoll, den Beginn der Verjährung an einen Zeitpunkt, wie z.B. den Zugang des Gutachtens beim Auftraggeber, zu knüpfen.

36 Weiterhin ist in dem Sachverständigenvertrag aufzunehmen, dass das Gutachten nicht an dritte Personen weitergegeben wird ohne Zustimmung des Sachverständigen. Diese Vereinbarung soll so genannte quasi-vertragliche Schadensersersatzansprüche dritter Personen verhindern.
Die Rechtsprechung bejaht eine solche Dritthaftung dann, wenn die folgenden Voraussetzungen gegeben sind:
– die zu schützende Person oder Personengruppe ist objektiv abgrenzbar;
– das Gutachten ist für den betreffenden Dritten von erheblicher Bedeutung;
– das Gutachten soll von dem Dritten zur Grundlage wesentlicher Maßnahmen auf wirtschaftlichen, rechtlichen oder tatsächlichen Gebieten gemacht werden;
– diese besondere Bedeutung und Funktion des Gutachtens ist gegenüber einem Dritten für den Sachverständigen erkennbar (*BGH*, NJW 1984, 355; *BGH*, DB 1985, 1464; *OLG Frankfurt a. M.*, NJW-RR 1989, 337).
In der Entscheidung *BGH*, DS 2004, 339 ging es um die Haftung gegenüber Dritten für eine fehlerhafte Grundstückswertermittlung. Siehe hierzu ausführlich den Abschnitt über Verträge mit Schutzwirkung zu Gunsten Dritter. Um den Kreis dieser „Dritten" einzugrenzen, sollte – etwa bei einem Gutachten zu Finanzierungszwecken – der Kreis potentieller Kreditgeber gegebenenfalls durch eine Beschränkung auf ein oder wenige Kreditinstitute und unter Ausschluss einer Vielzahl von Kapitalanlegern eingegrenzt werden. Auch kann der Verwendungszweck sachlich beschränkt werden, etwa auf die Verwendung gegenüber potentiellen Kreditgebern unter Ausschluss potentieller Käufer des Auftraggebers (so der Vorschlag von *Finn*, DS 2005, 11 (14).

Verbindlichkeit entfalten, wofür der Auftraggeber durch Einhalten des Verbotes der Weitergabe an dritte Sorge trägt.
Der Sachverständige darf in seinem Gutachten auf das Verbot der Weitergabe an Dritte hinweisen.

10. Sollten einzelne Bestimmungen dieses Vertrages jetzt oder später ganz oder teilweise nicht rechtswirksam sein oder ihre Rechtswirksamkeit nachträglich verlieren, so wird hierdurch die Gültigkeit der übrigen Bestimmungen des Vertrages nicht berührt.

11. Erfüllungsort für die Gutachtertätigkeit ist der Wohnsitz des Sachverständigen, wo die schriftliche Ausarbeitung des Gutachtens erfolgt[37].

Der Auftraggeber wird gebeten, Änderungen und/oder Ergänzungen in den Vertrag einzutragen.

Änderungswünsche des Auftraggebers wie folgt: ...

Das Duplikat dieser Vereinbarung ist umgehend mit der Unterschrift des Auftraggebers zu versehen und dem Sachverständigen zurückzugeben. Nach Zugang der vom Auftraggeber unterschriebenen Vereinbarung beginnt der Sachverständige mit seiner Tätigkeit und wird seine eingangs beschriebene Leistung bis spätestens ... abliefern[38].

Ort, Datum ... gez. Auftraggeber[39]
Ort, Datum ... gez. Sachverständiger

---

37 Der Erfüllungsort sollte mit dem Wohnsitz des Sachverständigen festgelegt werden. Schadensersatzklagen können dann nur am dem Wohnsitz des Sachverständigen geltend gemacht werden.

38 Sollte der Sachverständige nicht gleich mit der Erstellung des Gutachtens beginnen können, sollte ein Termin festgelegt werden, bis zu dem der Sachverständige sein Gutachten spätestes abliefern wird. Auf die Möglichkeit einer Fristverlängerung sollte hingewiesen werden.

39 Zum Nachweis des wirksamen Abschlusses des Sachverständigenvertrages muss dieser vom Auftraggeber unterzeichnet worden sein. Erst nach Unterzeichnung des schriftlichen Auftrags sollte der Sachverständige tätig werden. Fügt der Auftraggeber zusätzliche Punkte ein, mit denen der Sachverständige nicht einverstanden ist, muss weiter ausgehandelt werden. Erst dann unterschreibt der Sachverständige.

VII. Allgemeine Geschäftsbedingungen für Sachverständige

Als Allgemeine Geschäftsbedingungen (AGB) werden Vertragstexte angesehen, die der Sachverständige immer wieder verwendet beziehungsweise verwenden will und diesen Text seinem Vertragspartner vorgibt[1].

Solche vorformulierte Verträge, die immer wieder verwendet werden und deren einzelne Klauseln nicht individuell ausgehandelt wurden[2], unterliegen der Überprüfung der §§ 305 ff. BGB. Hält eine Klausel einer Überprüfung gem. §§ 305 ff. BGB nicht stand, ist sie komplett unwirksam. Es gibt dann auch nicht etwa eine Auslegung bis hin zu Ihrer rechtlich zulässigen Form[3].

In Allgemeinen Geschäftsbedingungen kann der Sachverständige seine Haftung nicht beschränken.

Allgemeine Geschäftsbedingungen liegen aber dann **nicht** vor, *wenn wesentliche Vertragsbedingungen* – etwa der Gegenstand des zu erstattenden Gutachtens, die Vergütung des Sachverständigen und dessen Zeitaufwand für das Gutachten – *individuell* beziehungsweise gemeinsam von Auftraggeber und Auftragnehmer ausgehandelt werden[4]. Auch Vertragstexte, die mit offenen Stellen gekennzeichnet sind, können aber Allgemeine Geschäftsbedingungen darstellen[5]. Wichtig ist hierbei, ob der Vertragspartner die Ergänzungen nach seiner freien Entscheidung ausfüllen kann oder im Formular vorformulierte Entscheidungshilfen vorbereitet sind.

---

1   Nach dem *BGH* liegen AGB vor, wenn diese von einem Dritten für eine Vielzahl von Verträgen vorformuliert wurden (*BGH*, NJW 1991, 843; *BGH*, NZBau 2005, 678).

2   *OLG Celle*, BauR 1995, 715. Nach dem *BGH* liegen AGB's auch dann vor, wenn diese von einem Dritten für eine Vielzahl von Verträgen vorformuliert wurden und die Vertragspartei, die die Klausel stellt, sie nur in einem einzigen Vertrag verwenden will (*BGH*, NJW 1991, 843; *BGH*, NZBau 2005, 678). Sogar die Tatsache, dass ein Vertrag *teilweise individuelle* Vereinbarungen enthält, steht der Annahme von AGB's nicht entgegen (*BGH*, NJW 2004, 502).

3   *Groß*, DS 2003, 134 (137); *Bleutge,* IfS-Informationen H. 2/2002, 4 (10).

4   *OLG Celle*, BauR 1995, 715. Aber die Tatsache, dass ein Vertrag *teilweise individuelle* Vereinbarungen enthält, steht der Annahme von AGB's nicht entgegen (*BGH*, NJW 2004, 502).

5   BGH, NJW 1998, 1066. Vgl. auch *Palandt/Heinrichs*, BGB, § 305 Rdnr. 12.

VIII. Pflichten des öffentlichen und bestellten und vereidigten Sachverständigen

Zu einer unabhängigen Rechtspflege gehört, dass ihre Organe frei und unabhängig agieren können. Auch der öffentlich bestellte und vereidigte Sachverständige steht als „„Gehilfe des Richters' ähnlich dem Richter innerhalb des Prozesses"[1] und hat dadurch vielfältige Pflichten, die in den Sachverständigenordnungen und der Zivilprozessordnung (ZPO) nachzulesen sind[2]. Die wichtigsten Pflichten, die dem Sachverständigen dort auferlegt werden, sollen nachfolgend vorgestellt werden:

1. Unabhängig, weisungsfrei, unparteiisch

Bei der Erbringung seiner Leistung darf sich der Sachverständige keiner Einflussnahme aussetzen, die seine Vertrauenswürdigkeit und die Glaubhaftigkeit seiner Aussage gefährden könnte (**Unabhängigkeit**). Dies wird durch den von ihm geleisteten Eid (§ 410 ZPO und § 79 StPO) bekräftigt.

Der Sachverständige soll – wie der Richter (Art. 92, 97 GG) – seine Begutachtung unbeeinflusst und unabhängig von Interessen jeglicher Art durchführen. Allein so ist die Glaubhaftigkeit seiner Aussagen gewährleistet.

Insbesondere darf er nicht zu Gunsten seines Auftraggebers das Ergebnis des Gutachtens manipulieren. In einem solchen Fall würde sich der Sachverständige der Beihilfe zum Betrug strafbar machen, wenn sich der Auftraggeber des Gutachtens bedient um hieraus einen finanziellen Vorteil zu ziehen[3].

Der Sachverständige darf auch keine Verpflichtungen eingehen, die geeignet sind, seine tatsächlichen Feststellungen und Beurteilungen zu verfälschen (**Weisungsfreiheit**).

Der Sachverständige soll demnach in keinem Abhängigkeitsverhältnis stehen, dass das Ergebnis seiner Untersuchungen beeinflussen könnte. Als Abhängigkeitsverhältnis wird zum Beispiel das Verhältnis des Arbeitnehmers zu seinem Arbeitgeber gesehen. Ein Sachverständiger, der einen Schaden bei seinem Ar-

---

1 *BGH,* DS 2007, 354 (355).
2 Abgedruckt im Anhang dieses Buches.
3 *BGH,* NJW 1996, 2517= JuS 1997, 277. Siehe auch hierzu *Zimmermann,* DS 2006, 304 (310, 311).

beitgeber begutachten soll, wäre diesem gegenüber weisungsgebunden und auf Grund dessen der anderen Partei gegenüber womöglich nicht neutral. Es entspricht ständiger Rechtsprechung, dass die Besorgnis der Befangenheit gegenüber Arbeitnehmern einer Partei in der Regel berechtigt ist.

Der Sachverständige hat sein Gutachten so zu erbringen, dass keine der Parteien Zweifel an seiner **Unparteilichkeit** zu haben braucht. Anderenfalls hat diese Partei das Recht, den Sachverständigen **wegen Zweifel an seiner Unparteilichkeit** abzulehnen. Dies kann zu Folge haben, dass der Sachverständige seinen Vergütungsanspruch verliert, weil sein Gutachten nicht verwertbar ist. Der Sachverständige hat also vor Annahme des Gutachtenauftrags mögliche persönliche oder berufliche Verbindungen zu überprüfen und gegebenenfalls anzuzeigen.

Zweifel an der Unparteilichkeit des Sachverständigen können sich unter anderem etwa ergeben aus:

– **Erstellung von Gutachten in eigener Sache oder für Objekte und Leistungen seines Dienstherren oder Arbeitgebers.**
  So entspricht es ständiger Rechtsprechung, dass die Besorgnis der Befangenheit gegenüber einem Arbeitnehmer einer Partei in der Regel berechtigt ist. Aber auch der bei dem beklagten Land beschäftigte Hochschullehrer, der eine medizinische Behandlung an einer anderen Hochschule desselben Bundeslandes beurteilen soll, ist weisungsabhängig und kann sich so der Besorgnis der Befangenheit aussetzten[4] wie auch eine Kooperation des Hochschulistituts des Sachverständigen mit einer der Parteien Zweifel an der Unparteilichkeit des Sachverständigen begründen kann[5].
– **Durchführung einer Sanierung vor Abschluss des Rechtsstreits, für den der Sachverständige ein Gutachten erstellt hat.** So darf der Sachverständige nicht das begutachten, was er später selbst instandsetzen soll[6]. Allerdings besteht keine Interessenkollision, wenn der Sachverständige beide Geschäftsbereiche strikt trennt, also z.B. Sachverständigenbüro und Kfz-Werkstatt räumlich und organisatorisch voneinander getrennt betrieben werden[7].

---

4   *OLG Nürnberg*, DS 2006, 34.
5   *BGH*, DS 2006, 152.
6   *AG Nürnberg*, DS 2007, 118.
7   *LG Regensburg*, DS 2007, 358.

2. Überprüfung des eigenen Fachgebietes

Unmittelbar nach Beauftragung hat der Sachverständige auch zu überprüfen, ob der Gutachtenauftrag auch in sein **Fachgebiet**, für das er bestellt ist, fällt (§ 407a I 1 ZPO). Sollte dies nicht der Fall sein, muss er dies sofort anzeigen[8]. Der öffentlich bestellte und vereidigte Sachverständige ist verpflichtet, für Gerichte und Verwaltungsbehörden Gutachten zu erstatten, soweit der Auftrag in seine Fachkompetenz fällt; der Sachverständige muss dementsprechend auch umgehend prüfen, ob durch den Auftrag die eigenen Fachgrenzen **überschritten** werden. Sollte Dies der Fall sein, muss der Sachverständige auch dies umgehend anzeigen (407a I 1 ZPO).

3. Überprüfung der entstehenden Kosten

a) Kostenüberschreitung

Der Sachverständige muss überprüfen, ob der eingezahlte Kostenvorschuss ausreicht. Ist das nicht der Fall und ist abzusehen, dass die Sachverständigenvergütung den bislang eingezahlten Kostenvorschuss **erheblich** übersteigt, muss der Sachverständige dies dem Gericht mitteilen (§ 407a II 2 ZPO).

So kann sich eine Kostensteigerung etwa dann ergeben, wenn sich die Begutachtung als komplizierter und damit zeitaufwändiger als zunächst gedacht erweist oder auch wenn sich herausstellt, dass noch eine zusätzliche Hilfskraft zur Begutachtung hinzugezogen werden muss.

Wann eine solche **Kostensteigerung** aber als „erheblich" angesehen wird, ist von der Rechtsprechung ganz unterschiedlich bewertet worden[9]. So bewegen sich die ausgeurteilten Toleranzen in einer Spanne zwischen 20 – 100% vom ursprünglich angesetzten Kostenvorschuss[10]. Hierbei wird aber die Toleranzgrenze von 100% wohl ein Einzelfall sein. Üblich ist die Tolerierung einer Überschreitung um 20 – 25%.

Ist eine solche Kostensteigerung demnach abzusehen, muss der Sachverständige dies **rechtzeitig** dem Gericht mitteilen. So soll gewährleistet sein, dass die Par-

---

8   Dies ergibt sich aus § 407a I 1 ZPO.
9   S. zum Streitstand ausführlich *Bleutge*, DS 2007, 59.
10 *Bleutge*, DS 2007, 59 unter Hinweis auf *LG Coburg*, JurBüro 1990,529. Aber üblich als noch vertretbare Überschreitung: *OLG Celle*, NJW-RR 1997, 1295: 20–25%; *OLG Düsseldorf*, DS 2005, 305: 20–25%; OLG Stuttgart, DS 2008, 78: 20–25%. Darüber hinaus wird dann gekappt.

teien am Ende nicht vor unliebsamen Überraschungen stehen, weil sie die Kosten des Rechtsstreits ganz aus den Augen verloren haben.

Die durch den Rechtsstreit entstehenden Kosten werden so den Parteien immer vor Augen geführt.

b) Mißverhältnis des Honorars zum Streitwert

Sobald der Sachverständige merkt, dass durch die Gutachtenerstellung Kosten entstehen, die im **Missverhältnis** zu dem Streitwert stehen, ist er ebenfalls verpflichtet, dies gem. § 407a III 2 ZPO dem Gericht rechtzeitig mitzuteilen[11]. Ein Missverhältnis ist etwa dann anzunehmen, wenn die Gutachtenkosten den Streitwert erreichen oder sogar übersteigen[12].

Bei komplizierten Rechtsstreitigkeiten kann es mitunter aber sehr schwierig sein, dies abzuschätzen. Ob und wann der Sachverständige dieses Missverhältnis erkennen konnte, hängt dann von dem jeweiligen Einzelfall ab.

c) Folgen: Kürzung der Vergütung

Unterlässt es der Sachverständige, auf die Kostensteigerung hinzuweisen, so kann es ihm passieren, dass er lediglich die im Beweisbeschluss vorgesehene Vergütung erhält zuzüglich eines Toleranzbetrags. Er hat dann seinen Auftrag überschritten und kann hierfür keine Vergütung verlangen[13].

Voraussetzung ist allerdings, dass seine unterlassene Mitteilung für die entstandenen höheren Kosten **ursächlich** war und er **schuldhaft** gehandelt hat.

Sein Unterlassen ist nur dann **ursächlich**, wenn nachgewiesen werden kann, dass die Parteien bei erfolgtem Hinweis auf eine Gutachtenerstattung verzichtet hätten. Dagegen kann eine Kürzung des Vergütung dann nicht erfolgen, wenn es Anhaltspunkte dafür gibt, dass die Parteien auch unter Berücksichtigung einer Kostensteigerung ein Gutachten gewollt hätten[14].

Selbst wenn die Parteien wegen der kostenintensiveren Voraussetzungen aber **kein** Gutachten gewünscht hätten, so müsste der Sachverständige aber seine Hinweispflicht auch noch **schuldhaft** verletzt haben. Dies ist etwa dann der Fall,

---

11 *Zimmermann*, DS 2006, 304 (307).
12 *Bleutge*, DS 2007, 59 (60) m. w. Nachw.
13 *OLG Frankfurt a. M.*, Beschl. v. 21.8.1981 – 20 W 472/81; *OLG Hamburg*, JurBüro 1977, 1750; *OLG München*, Rpfleger 1979, 158.
14 *Bleutge,* DS 2007, 59 (60) m. w. Nachw. Wie z.B. *LSG Stuttgart*, DS 2004, 270; *OLG Celle*, DS 2008, 77.

wenn der Sachverständige weiß, dass der eingezahlte Vorschuss nicht ausreichen würde und er nicht davon ausgehen konnte, dass die Parteien und das Gericht die Erweiterung der von ihm erwarteten Leistung ohne weiteres hinnehmen würden, weil im Hinblick auf das Verhältnis von Vorschussbetrag und tatsächlich entstandenen Kosten ein auffälliges Missverhältnis besteht[15].

In jedem Fall muss der Sachverständige dem Gericht bei einer voraussichtlichen Überschreitung der von ihm als Vorschuss angeforderten Geldsumme unverzüglich Mitteilung machen und dem Bescheid des Gerichtes abwarten.

4. Persönliche Aufgabenerfüllung und persönliche Gutachtenerstattung (§ 407a II ZPO)

Grundsätzlich muss der Sachverständige sein Gutachten **eigenverantwortlich** erstellen und für das Gutachten auf Grund seiner eigenen Urteilsbildung die Verantwortung übernehmen[16]. Dies kann er nicht, wenn er die vollständige Begutachtung durch einen Dritten vornehmen lässt[17]. Dementsprechend hat der Sachverständige die Verpflichtung, diejenigen Gegenstände, die im Rahmen der Sachverständigentätigkeit zu begutachten sind, **persönlich** in Augenschein zu nehmen[18]. Allein so ist auch gewährleistet, dass der Sachverständige im Falle von Nachfragen das Gutachten auch ergänzen und erläutern kann. Rügt eine der Parteien einen solchen Verstoß, ist das Gutachten nicht verwertbar; lassen sich die Parteien allerdings auf das Gutachten ein, kann es im Prozess verwertet werden[19].

---

15 *OLG Frankfurt a. M.*, Beschl. v. 21.8.1981 – 20 W 472/81.

16 *BGH*, NJW 1985, 1399 (1400); *OLG Koblenz*, VersR 200, 339.

17 *KG*, DS 2005, 152 = INGLetter 2006, 14; anders im medizinischen Bereich, wo durchaus üblich: *OLG München*, DS 2007, 387.

18 Aus dieser Pflicht ergibt sich auch die Überlegung, dass der Sachverständige nicht verpflichtet sein kann, bei der Bestimmung eines Kfz-Restwertes auch die Angebote der Internet-Restwertbörse einzubeziehen. Die Kaufangebote der Online-Sondermärkte erfolgen auf Grund von Fotos, die dem jeweiligen Anbieter im Sondermarkt zur Verfügung gestellt werden. Der Sachverständige kann also nicht unmittelbar nachvollziehen, wie es zu diesem Kaufangebot gekommen ist. Es dürfte sich demnach für den öffentlich bestellten und vereidigten Sachverständigen schon aus diesem Grund verbieten, dass er die für ihn nicht persönlich nachvollziehbaren Angebote in Sondermärkten in sein Gutachten mit aufnimmt (s. hierzu ausführlich *Volze*, DS 2005, 98 (99).

19 *OLG Zweibrücken*, Urt. v. 27.10.1998 – 5 U 5/98 = Ifs-Informationen 2004 H. 3, S. 10.

Es steht grundsätzlich im Belieben der Parteien, ob sie es zulassen wollen, ob das Gericht Beweisstoff, der verfahrensfehlerhaft beschafft wurde, verwertet[20].

Allerdings kann ein beauftragter Sachverständiger die Befundaufnahme (z.B. eine ärztliche Untersuchung und Dokumentation des Krankheitsbildes) von einer kompetenten Hilfskraft (z.B. einen Kollegen) vornehmen lassen – das muss dann aber im Gutachten vermerkt sein und es muss auch der beauftragte Sachverständige sein, der die entscheidenden Schlussfolgerungen und Erwägungen anstellt[21] (zum Komplex der Hilfskraft siehe weiter unten).

Ein Sachverständiger ist aber nicht befugt, den ihm erteilten Auftrag einfach an einen anderen Kollegen **weiterzugeben** (§ 407 a II ZPO). Selbst wenn sich der Sachverständige nur der *Mitarbeit* dieses Kollegen bedient, muss er dies zum Ausdruck bringen, indem er den Kollegen nennt und den Umfang seiner Tätigkeit angibt. Etwas anderes gilt nur, wenn es sich um Hilfsdienste von untergeordneter Bedeutung handelt[22].

Unterlässt der Sachverständige einen solchen Hinweis, dass er sich bei der Gutachtenerstellung der Mitarbeit anderer Personen bedient hat, so können sich Bedenken gegen die Eignung des Sachverständigen ergeben. Da aber diese Ungeeignetheit beide Parteien gleichermaßen betrifft, rechtfertigt ein Verstoß gegen § 407 a II ZPO nicht seine Ablehnung[23].

Sollte der Sachverständige also erkennen, dass der ihm angetragene Gutachtenauftrag seine Kompetenzen überschreitet, so hat er dies unverzüglich anzuzeigen[24] – keinesfalls darf er den Auftrag einfach an einen Fachkollegen „weiterreichen"[25].

5. Überwachung und Kenntlichmachung der Mitarbeit der Hilfskräfte

Gemäß den Sachverständigenordnungen ist Hilfskraft, wer den Sachverständigen bei der Erbringung seiner Leistung nach dessen Weisungen auf dem Sachgebiet unterstützt.

---

20 *OLG Zweibrücken*, Urt. v. 27.10.1998 – 5 U 5/98 = Ifs-Informationen 2004 H. 3, S. 10.
21 OLG München, DS 2007, 387.
22 *OLG Zweibrücken*, Urt. v. 27.10.1998 – 5 U 5/98 = Ifs-Informationen 2004 H. 3, S. 10.
23 *OLG Jena*, DS 2006, 324.
24 Dies ergibt sich aus § 407a I 1 ZPO.
25 Gem. § 407a I 1 ZPO hat der Sachverständige nämlich auch die Pflicht, die Überschreitung der eigenen Fachgrenzen unverzüglich anzuzeigen (*Zimmermann*, DS 2006, 304 [306]).

Hiervon umfasst sind Leistungen, die keine fachliche Ausfüllung von Erfahrungssätzen, Beurteilungsspielräumen oder Ermessensentscheidungen erfordern[26]. Gemeint sind also untergeordnete Tätigkeiten, zum Beispiel die Auflistung oder Dokumentation von Daten, die Demontage eines zu begutachtenden Gegenstandes usw., um so die eigentliche Arbeit des Sachverständigen vorzubereiten und zu unterstützen[27]. Tätigkeiten, die bereits einen auswertenden Charakter haben, gehören nicht dazu und sind vom Sachverständigen selbst vorzunehmen. Der Sachverständige muss sein persönliches Wissen und seine eigene Erkenntnis- und Beurteilunsfähigkeit einsetzen. Diese Pflicht ist dann verletzt, wenn er dies überhaupt nicht oder nur teilweise tut[28].

Gerade im medizinischen Bereich ist es aber üblich, dass z.B. Chefärzte in die Gutachtensaufträge Oberärzte oder Assistenten einbinden. Diese unterschreiben dann ebenfalls das Gutachten, was zur Transparenz dient[29].

6. Kennzeichnung der gemeinschaftlichen Leistung

Erstellen mehrere Sachverständige ein Gutachten gemeinschaftlich, so muss auch dies ausdrücklich benannt sein. Es muss zweifelsfrei zu erkennen sein, welcher Sachverständige für welche Teile verantwortlich ist. Leistungen in schriftlicher oder elektronischer Form müssen von allen Beteiligten unterschrieben oder elektronisch gekennzeichnet sein.

Eine solche gemeinsame Erstellung eines Sachverständigengutachtens ist aber nur möglich, wenn dies mit dem Auftraggeber abgesprochen ist. Dies kann sich entweder daraus ergeben, dass der ursprünglich beauftragte Sachverständige erkannte, dass die Beantwortung einiger Fragen über sein Fachgebiet hinausgeht und er auf Grund dessen – nach Abklärung mit dem Auftraggeber – die Beantwortung dieser Fragen an einen Kollegen weiterleitet und dies im Gutachten offengelegt wird[30].

7. Gewissenhaftigkeit

Der Sachverständige hat das Gutachten unter Berücksichtigung des aktuellen Stands von Wissenschaft, Technik und Erfahrung **sorgfältig nach bestem Wis-**

---

26 § 9 Nr. 9.6.2 Richtlinie zur MSVO DIHT.
27 *Zimmermann*, DS 2006, 304 (310).
28 *Roeßner*, in: *Bayerlein*, § 10 Rdnr. 19.
29 *OLG München*, DS 2007, 387.
30 *OLG München*, DS 2007, 387.

sen und Gewissen zu erstatten. Hierzu gehört, dass der Sachverständige die tatsächlichen Grundlagen seiner fachlichen Beurteilungen sorgfältig ermitteln muss, wie es in den Sachverständigenordnungen vorgesehen ist.

Es sind die in den Sachverständigenordnungen herausgegebenen Mindestanforderungen an Gutachten zu beachten.

Wird dem Sachverständigen vom Gericht ein bestimmter Geschehensablauf vorgegeben, hat der Sachverständige von diesem auch zwingend auszugehen[31].

8. Nachvollziehbare Begründung

Der Sachverständige muss die Ergebnisse seines Gutachtens **nachvollziehbar begründen**. Er muss insbesondere auch daran denken, dass sich sein Gutachten an ein Publikum richtet, das selbst mit der Materie fachlich nicht vertraut ist. Es sollte deshalb ein Fachjargon vermieden und eine allgemeine Verständlichkeit herbeigeführt werden.

Den Sachverständigen trifft die Pflicht, die Ergebnisse seines Gutachtens zu **belegen**, also nachvollziehbar darzulegen. Das Ergebnis eines Gutachtens darf nicht willkürlich zu Stande gekommen sein.

9. Einhaltung von Fristen

Der Sachverständige muss prüfen, ob der Auftrag innerhalb der gesetzten oder vereinbarten Frist oder in angemessener Zeit durchgeführt werden kann. Ist das nicht möglich, muss der Sachverständige dies seinem Auftraggeber (Gericht) mitteilen.

10. Bezeichnung als „öffentlich bestellter und vereidigter Sachverständiger"

Der Sachverständige hat bei der Erstattung von Gutachten und anderen Sachverständigenleistungen in schriftlicher Form (wie Beratungen, Überwachungen, Prüfungen, Erteilung von Bescheinigungen sowie schiedsgutachterliche und schiedsrichterliche Tätigkeiten) auf dem Sachgebiet, für das er öffentlich bestellt ist, die Bezeichnung „von der ... (Angabe der Bestellungskörperschaft, z.B. Industrie-

---

31 *OLG Nürnberg*, DS 2006, 321. Zu den Anforderungen gehört auch, dass der Sachverständige den Gutachtenauftrag strikt einzuhalten hat, *LG Mönchengladbach*, DS 2006, 327.

und Handelskammer) ... öffentlich bestellter und vereidigter Sachverständiger für..." zu führen und seinen Rundstempel zu verwenden. Bei Leistungen in elektronischer Form hat er die qualifizierte Signatur zu verwenden. Der ö.b.u.v. Sachverständige ist also verpflichtet, Gutachten, die er innerhalb seines Sachgebiets erstellt, mit einem Rundstempel zu versehen. Dies kann auch dann der Fall sein, wenn das Gutachten unter Mithilfe von Hilfskräften zustande kam und dies gekennzeichnet wurde[32].

11. Schweigepflicht

Gem. 203 II Nr. 5 StGB und § 353 d Nr. 2 StGB ist der Sachverständige verpflichtet, über Kenntnisse, die er bei seiner Tätigkeit erlangt hat, Verschwiegenheit zu bewahren. Diese Kenntnis darf er nicht an unbefugte Dritte weitergeben[33]. Hierunter fallen auch Kenntnisse, die er auf Grund eines Ortstermins erlangt hat[34].

Allerdings kann der Auftraggeber den Sachverständigen von dieser Pflicht ganz oder teilweise befreien. Eine Befreiung ist nicht bereits darin zu sehen, dass der Auftraggeber selbst das Gutachten weitergibt. Oft sind die Umstände der Weitergabe des Gutachtens an dritte Personen dem Sachverständigen nicht bekannt. Hinzu kommt, dass die mögliche Kenntnis des Sachverständigen über Betriebsgeheimnisse, die im Gutachten keinen Niederschlag gefunden haben, auch weiterhin möglicherweise der Schweigepflicht unterliegen.

Die Schweigepflicht besteht nicht uneingeschränkt. Das ist immer dann der Fall, wenn eigene berechtigte Interessen des Sachverständigen der Schweigepflicht entgegenstehen, zum Beispiel in Honorarprozessen oder wenn die Staatsanwaltschaft ermittelt[35].

Einzelproblem: Offenlegung der benutzten Unterlagen

Grundsätzlich hat der Sachverständige alle Unterlagen, die er benutzt, offen zu legen[36].

---

32 *LG Koblenz*, DS 2007, 36.
33 Vgl. auch *Zimmermann*, DS 2006, 304 (314).
34 *Bleutge*, Die Ortsbesichtigung durch Sachverständige, IfS, 6. Aufl. (2006), S. 12, Rdnr. 2.8.
35 *Bock*, in: *Bayerlein*, § 3 Rdnr. 29.
36 *OLG Saarbrücken*, DS 2007, 28 – Befangenheit wegen fehlender Angabe der im Gutachten benutzten Unterlagen.

Hieraus folgt, dass der Sachverständige keine vertraulichen Angaben in seinem Gutachten benutzen darf, die einer objektiven Nachprüfung entzogen wären. Er darf auch keine einseitig ihm von einer Partei zugänglich gemachten Informationen in sein Gutachten einbeziehen, ohne dies kenntlich zu machen. Ohne eine Kenntlichmachung versieht der Sachverständige diese Information nämlich mit der eigenen Autorität[37] – und das ist unzulässig.

Der Sachverständige hat seinem Gutachten nur Tatsachen zu Grunde zu legen, die für jeden nachvollziehbar sind. Dagegen sind vertraulich gewonnene Erkenntnisse auf unzulässigem Weg erlangt worden und dürfen in einem Gutachten nicht verwendet werden[38].

Ehemals trat dieser Konflikt zwischen der Pflicht zur Offenlegung aller benutzten Informationen und der Schweigepflicht des Sachverständigen im Zusammenhang mit **Mietwertgutachten** besonders deutlich auf. Denn zur Ermittlung der ortsüblichen Miete wird üblicherweise auf Vergleichsobjekte zurückgegriffen.

Das *OLG Frankfurt*[39] entschied schließlich, dass sich der Sachverständige nicht auf Vergleichsobjekte beziehen darf, wenn er diese nicht konkret benennen möchte, weil er diese Angaben unter Zusicherung der Vertraulichkeit erlangt hatte.

Zwar können vom Sachverständigen keine konkreten Angaben gefordert werden, deren vertrauliche Behandlung er versprochen hatte – gleichfalls ist aber sein Gutachten, in welchem er solche nicht überprüfbare Erkenntnisse verwendet – nicht verwertbar.

So müssen bei der Ermittlung der ortsüblichen Miete die Vergleichsobjekte so konkret angegeben werden, dass sie von den Parteien und dem Gericht überprüft werden können[40].

Gleichwohl hat das *BVerfG* dem Sachverständigen aber die Möglichkeit eingeräumt, zunächst die Vergleichsobjekte in seinem Gutachten nicht konkret zu benennen, hat ihm aber bei Rückfragen die Verpflichtung auferlegt, dann die Vergleichsobjekte konkret anzugeben.

12. Aufzeichnungs- und Aufbewahrungspflicht

Jede Aufzeichnung über eine beim Sachverständigen angeforderte Leistung muss dieser mindestens zehn Jahre aufbewahren

---

37 *KG*, DS 2008, 75.
38 *OLG Frankfurt a. M*, Beschl. v. 29.10.1986 – 19 W 21/86.
39 *OLG Frankfurt a. M*, Beschl. v. 29.10.1986 – 19 W 21/86.
40 *BVerfG*, NJW 1995, 40; *BGH*, NJW 1994, 2829. Ausführlich *Börstinghaus*, DS 2008, 245; 286; 326.

Zimmermann leitet von dieser Pflicht ab, dass dem Sachverständigen für die so erstellte Gutachtenkopie ein Ersatz für besondere Aufwendungen i. S. des § 12 I 2 Nr. 1 JVEG zustehe, denn nach dieser Vorschrift werden die notwendigen besonderen Kosten gesondert ersetzt, die der von einem Gericht herangezogene Sachverständige für die Erstattung des Gutachtens aufwendet [41].

13. Checkliste

Aus all dem lassen sich folgende Eckpunkte ableiten, die bei jedem Auftrag zur Erstellung eines Gutachtens oder einer ähnlichen Leistung geprüft werden sollten:

1.	Bestehen/Bestanden Kontakte zu einer der Parteien und können diese Kontakte Zweifel an der eigenen Unparteilichkeit verursachen?
2.	Fällt der Gutachtenauftrag in das eigene Fachgebiet?
3.	Welchen Kosten können während der Gutachtenerstellung auftreten und stehen diese außer Verhältnis zum Streitgegenstand?
4.	Die Begutachtung muss persönlich vorgenommen werden. Nur ausnahmsweise kann die Befunderhebung durch eine besonders qualifizierte Fachkraft vorgenommen werden; diese muss im Gutachten mit dem Umfang Ihrer Tätigkeit genannt sein.
5.	Bei mehreren Gutachtern müssen die von Ihnen bearbeiteten Teilbereiche klar zuzuordnen sein.
6.	Tätigkeiten von Hilfskräften müssen deutlich gemacht werden.
7.	Das Gutachten selbst muss gewissenhaft erstellt werden.
8.	Informationen, die der Sachverständige im Zusammenhang mit der Gutachtenerstellung erfahren hat, dürfen nicht weitererzählt werden.
9.	Das Gutachten muss nachvollziehbar begründet werden.
10.	Fristen zur Erstattung des Gutachtens sind einzuhalten.
11.	Ein Zweitexemplar des Gutachtens muss aufbewahrt werden.

---

41 *Zimmermann*, DS 2006, 126.

IX. Hinzuziehung von Hilfskräften

Der öffentlich bestellte und vereidigte Sachverständige hat die Pflicht, das Gutachten **höchstpersönlich** zu erstatten. Gleichwohl hat er aber die Möglichkeit, Hilfskräfte hinzuzuziehen[1], wie oben bereits dargelegt wurde.

1. Heranziehung von Mitarbeitern und Hilfskräften

Wen darf der Sachverständige also **in welcher Form** heranziehen?
Der gerichtlich beauftragte Sachverständige muss die ihm zur Hand gehenden Mitarbeiter und Hilfskräfte **sorgfältig auswählen.** Der gerichtlich bestellte Sachverständige hat seine Hilfskräfte auf **Pflichten hinzuweisen**, die ihnen unter Umständen nicht unbedingt bekannt sein können, obwohl sie dem Sachverständigen als selbstverständlich erscheinen mögen.
So sind die Hilfskräfte ebenso wie der Sachverständige zur Verschwiegenheit verpflichtet; der Sachverständige muss seine Hilfskräfte hierauf hinweisen.
Unterlaufen der Hilfskraft Fehler und entsteht hierdurch ein Schaden, muss der Sachverständige sich diese Fehler unter Umständen **zurechnen** lassen (§§ 839a; 831 BGB) und für die Schäden einstehen.

2. Wozu darf sich der Sachverständige der Unterstützung Dritter bedienen?

Grundsätzlich obliegt es dem beauftragen Sachverständigen zu beurteilen, ob er sich der Mithilfe geeigneter Personen bedienen möchte[2]. Kommt der Sachverständige zu diesem Ergebnis, muss er Rücksprache mit seinem Auftraggeber nehmen.

---

1 Zu dieser Problematik vgl. eingehend *Ulrich*, DS 2007, 371.
2 *OLG Frankfurt a. M.*, OLG-Report 2003, 111.

Beispiele:

- Oft hat der Sachverständige gar keine andere Möglichkeit, als sich der Mithilfe dritter Personen zu bedienen. So sind bestimmte Begutachtungen im Alleingang gar nicht durchführbar und der Sachverständige benötigt Hilfe, etwa bei der Durchführung von **Messarbeiten.**
- Innerhalb des anzufertigenden Gutachtens kann es notwendig werden, dass **Einzelfragen vorab von einem Spezialisten** einer anderen Fachrichtung geklärt werden, bevor der eigentliche Gutachtenauftrag angegangen werden kann.

  In einem solchen Fall hat der beauftragte Sachverständige die Möglichkeit, diese Vorfrage von einem Spezialisten klären zu lassen[3]. Selbstverständlich muss dies im Gutachten kenntlich gemacht werden. Das eigentliche Gutachten darf durch die Stellungnahme nicht den Charakter einer persönlichen Stellungnahme des gerichtlich beauftragten Gutachters verlieren[4].
- Im medizinischen Bereiche ist es oft Gang und gebe, dass der Chefarzt den Oberarzt und Assistenten zur Begutachtung hinzuzieht. Wichtig ist, dass im Gutachten hierauf hingewiesen wird[5].

3. Kennzeichnungspflicht gem. § 407a II ZPO und qualifizierter Zusatz

Der Sachverständige hat in solchen Fällen die Hilfskräfte zu benennen und den Umfang Ihrer Tätigkeit im Gutachten zu kennzeichnen[6].

Im medizinischen Bereich ist es durchaus üblich, dass der gerichtlich beauftragte Sachverständige das von einem ärztlichen Mitarbeiter erstellte Gutachten durch einen **qualifizierten Zusatz** versieht. Ein solcher Zusatz kann etwa lauten „mit Befund und Beurteilung einverstanden"[7] oder „einverstanden auf Grund eigener Untersuchung und Urteilsfindung"[8]. Der gerichtlich beauftragte Sachverständige darf sich aber das Gutachten erst auf Grund einer **eingehenden persönlichen** Untersuchung zu Eigen machen.

---

3 *OLG Frankfurt a. M.,* MDR 1983, 849; *BGH,* NJW 1980, 1850 = DRiZ1980, 312.
4 *Ulrich,* DS 2007, 371 [372].
5 *OLG München,* DS 2007, 387 zur Gutachtenerstellung unter Mithilfe Dritter im medizinischen Bereich.
6 *OLG München,* DS 2007, 387.
7 *OLG Zweibrücken,* VersR 2000, 605; *OLG München,* DS2007, 387.
8 OLG *Koblenz,* NVersZ 2002, 315.

4. Mündliche Anhörung

Beantragt eine Partei die mündliche Erläuterung des Gutachtens oder wird eine solche von Amts wegen angeordnet, muss der Sachverständige das Gutachten in der mündlichen Anhörung erläutern[9].

Der unterzeichnende ärztliche Sachverständige kann sich nicht von dem die Diagnose durchgeführten Assistenten mit der Begründung vertreten lassen, dass dieser die Untersuchung durchgeführt habe. Durch den qualifizierten Zusatz hat er die Gewähr dafür geliefert, dass er die Untersuchung persönlich und eingehend nachvollzogen hat[10] und jederzeit eine Erläuterung abgeben kann.

5. Kosten

Der Sachverständige bekommt die notwendigen Aufwendungen, die Ihm durch die Hinzuziehung der Hilfskräfte entstanden sind, erstattet (§ 12 I 2 Nr. 1 JVEG)[11]. Er erhält demnach den von ihm an die Hilfskraft bezahlten Geldbetrag zuzüglich eines 15%igen Aufschlags erstattet.

---

9   Vgl. *Ulrich*, DS 2007, 371 [373]). *Ders.* auch zur Erläuterung des Gutachtens des verstorbenen Sachverständigen durch den involvierten sachverständigen Sohn, *OLG Düsseldorf*, DS 2007, 386.

10 *Ulrich*, DS 2007, 371 (373).

11 Hier gilt das *Erstattung*sprinzip und nicht das *Vergütung*sprinzip.

X. Ablehnung wegen Befangenheit

Gibt es objektive und vernünftige Gründe, die aus dem Blickpunkt einer Partei Zweifel an seiner Unparteilichkeit rechtfertigen können, so kann diese Partei den Sachverständigen ablehnen[1] (§ 406 ZPO).

1. Verfahren

Der Sachverständige hat seine Tätigkeit objektiv und neutral zu erfüllen, wie es in § 410 ZPO und den Sachverständigenordnungen zum Ausdruck kommt.

Gibt es Zweifel an der Unvoreingenommenheit der **Person des Sachverständigen** (etwa weil er mit einer der Parteien befreundet ist oder früher selbst bei der Partei beschäftigt war[2]), steht den Prozessbeteiligten das Recht zur Ablehnung des Sachverständigen wegen der Besorgnis seiner Befangenheit zu (§ 406 ZPO).

Ob der Sachverständige dabei **tatsächlich** voreingenommen ist, ist dabei für den Erfolg des Ablehnungsantrags ohne Relevanz. Es reicht nämlich aus, wenn Tatsachen gegeben sind, die vernünftige Zweifel an seiner Unvorgenommenheit begründen können.

Der Ablehnungsantrag ist bei dem Gericht anzubringen, das dem Sachverständigen ernannt hat. Der Antrag ist spätestens **binnen zwei Wochen** (406 II ZPO) nach Verkündung oder Zustellung des Beschlusses über die Ernennung des Sachverständigen zu stellen.

Zu einem späteren Zeitpunkt ist die Ablehnung des Sachverständigen nur noch zulässig, wenn der Antragsteller glaubhaft macht, dass er ohne sein Verschulden verhindert war, den Ablehnungsgrund früher geltend zu machen (§ 406 II 2 ZPO).

Verhandelt eine Partei zur Sache, obwohl sie den Ablehnungsgrund kennt, dann geht das Ablehnungsrecht verloren.

---

1 *Pleines*, DS 2006, 298; *Bleutge*, Ablehnung wegen Besorgnis der Befangenheit, S. 11; *Wittmann*, DS 2009, 138.

2 Keine Befangenheit wegen ehemaliger Beschäftigung bei der Konkurrenz: *BGH*, DS 2008, 146; Keine Befangenheit wegen nebenberuflicherm Lehrauftrag des Sachverständigen an derselben Universität wie der Beklagte: *OLG Oldenburg*, DS 2008, 147; Befangenheit wegen Beschäftigung am Lehrkrankenhaus der beklagten Universität: *BGH*, DS 2008, 146.

Ein Ablehnungsantrag, der sich auf das **Gutachten** stützt (etwa, weil es in sich unschlüssig ist oder wichtige Aspekte unberücksichtigt lässt), muss **unverzüglich** nach Kenntniserlangung erhoben werden; anderenfalls ist er als verspätet und unzulässig zurückzuweisen. Problematisch ist die Frage, ob die 2-Wochen-Frist auch eingehalten werden muss, wenn sich der Ablehnungsgrund erst aus dem Inhalt des Gutachtens ergibt und das Gericht eine verlängerte Frist zur Äußerung gesetzt hat. Maßgeblich soll die verlängerte Frist zur Stellungnahme sein[3].

Der Ablehnungsantrag ist **glaubhaft** zu machen. Zur Versicherung an Eides statt ist der Antragsteller nicht zugelassen (§ 406 ZPO).

Wird der Sachverständige aufgefordert, zu dem Ablehnungsantrag Stellung zu nehmen, so hat er dies zu tun, erhält aber für diese Tätigkeit keine Vergütung. Ausnahmsweise kann er aber eine Entschädigung als Zeuge erhalten, etwa wenn zur Entscheidung über den Ablehnungsantrag seine Anhörung (als Zeuge) notwendig war[4].

2. Ablehnungsgründe

Ablehnungsgründe können grob in folgende Gruppen unterteilt werden: Entweder liegt der Grund in der **Person** des Sachverständigen, seinem **Verhalten** oder in **der Art seiner Gutachtenerstellung**. Konkretisieren lässt sich dies in folgenden Sachverhalten[5]:

Person:

1. Verwandtschaft oder persönliche Freundschaften des Sachverständigen mit einer Partei des Rechtsstreits oder ihres Prozessbevollmächtigten[6].

---

3   Vgl. hierzu *Kroier*, DS 2009, 64 und *Wittmann*, DS 2009, 138 (144). Nach *BGH*, DS 2005, 232, ist die (verlängerte) Frist zur Stellungnahme zum Gutachten maßgeblich (auch *OLG Nürnberg*, DS 2009, 74).
4   *OLG Stuttgart*, DS 2008, 31.
5   Vgl. hierzu auch *Pleines*, DS 2006, 298.
6   *OLG Köln*, VersR 1989, 210. Anrede einer Partei mit „Du": *OLG Celle*, DS 2006, 232; Verbundenheit mit Anwalt einer Prozesspartei: *BGH*, DS 2007, 384.

Verhalten:

2. Unsachliche Äußerungen oder Beschimpfungen[7].
3. Fortlaufende berufliche Zusammenarbeit des Sachverständigen mit einer Partei[8].
4. Gewerbliches Konkurrenzverhältnis des Sachverständigen zu einer Partei[9]
5. Beratende, vorprozessuale Tätigkeit des Sachverständigen für eine Partei[10].
6. Vorprossessuale allgemeine anwaltliche Beratung des Sachverständigen durch einen Anwalt seines Berufsverbandes, der im Prozess eine Partei vertritt[11].

Art der Gutachtenerstellung

7. Einseitiger Kontakt des Sachverständigen während des Rechtsstreites mit einer Partei[12].
8. Fahrt des Sachverständigen mit einer Partei zum Ortstermin[13].
9. Streitige Behauptungen werden als „bewiesen"[14] im Gutachten angegeben.

---

7 Bezeichnung einer Auffassung als unseriös: DS 2005, 190. *LG Bochum*, DS 2004, 350: „dumm", „läppisch". Aber auf Grund einer Provokation darf der Sachverständige noch mit angemessener Schärfe reagieren: *OLG München*, DS 2007, 151.
8 *LG Mönchengladbach*, NJW 1976, 1642, *OLG Hamm*, BauR 1989, 366; Verbundenheit mit dem Prozessbevollmächtigten: *BGH*, DS 2007, 384. Befangenheit des Sachverständigen wegen Kooperation seiner Hochschule, *BGH*, DS 2006, 151. Keine Befangenheit wegen ehemaliger Beschäftigung bei der Konkurrenz: *BGH*, DS 2008, 146; Keine Befangenheit wegen nebenberuflicherm Lehrauftrag des Sachverständigen an derselben Universität wie der Beklagte, *OLG Oldenburg*, DS 2008, 147; Befangenheit wegen Beschäftigung am Lehrkrankenhaus der beklagten Universität: *BGH*, DS 2008, 146; Befangenheit wegen Anstellungsverhältnis in einem von einer Partei mitfinanzierten Institut: *OLG Saarbrücken*, MDR 2007, 1393.
9 Entgeltliches Tätigwerden für eine Partei: *OLG Düsseldorf*, DS 2006, 187.
10 *OLG Hamm*, BauR 1989, 366. Tätigwerden für eine Partei: *OLG Düsseldorf*, DS 2006, 187. Keine Befangenheit des gerichtlichen Sachverständigen wegen eines länger zurückliegenden Mandantsverhältnis zwischen Sachverständigen und Anwalt einer der Prozessparteien: *BGH*, DS 2008, 27.
11 *AG Frankfurt*, 33 C 2115/92–27; Verbundenheit des Sachverständigen mit dem Prozessbevollmächtigten einer Partei: *BGH*, DS 2007, 384.
12 *OLG Hamm*, MDR 1973, 144; Keine Ablehnung wegen unterlassener Benachrichtigung vom Ortstermin *beider* Parteien: *OLG Nürnberg*, DS 2007, 152.
13 *OLG Frankfurt a. M.*, NJW 1960, 1622.
14 *OLG Saarbrücken*, DS 2007, 353.

10. Durchführung eines Ortstermins mit *nur einer Partei* ohne vorherige Ladung der Prozessparteien[15].
11. Weigerung einer erneuten Durchführung eines Ortstermins[16].
12. Fehlende Angabe der benutzten Unterlagen[17].
13. Hinwirken auf Mängelbeseitigung anstatt Mängelfeststellung[18].
14. Äußerungen des Sachverständigen zu Rechtsfragen oder zu technischen Fragen, die nicht Gegenstand des Beweisbeschlusses sind[19].
15. Eigenmächtige Überschreitung des Beweisbeschlusses[20].

Auch wenn sich der Ablehnungsgrund erst nach Ernennung zum Sachverständigen ergibt, hat der gerichtliche Sachverständige die Pflicht, unverzüglich darauf hinzuweisen[21].

Problematisch ist, ob der Sachverständige wegen in der Person der von ihm hinzugezogenen **Hilfskraft** liegender Gründe abgelehnt werden kann. *Ulrich* verneint dies[22].

Allerdings kann die Ablehnung eines derartigen Untersachverständigen eines benachbarten Fachgebiets dann in Frage kommen, wenn der gerichtlich bestellte Sachverständige sich die gutachterlichen Ausführungen des Untersachverständigen nicht zu Eigen gemacht hat, sondern diese nur an das Gericht weitergeleitet hat. Zwar kann dieser Untersachverständige nicht direkt abgelehnt werden, allerdings dürfen seine gutachterlichen Feststellungen nicht verwertet werden[23].

Der beauftrage Sachverständige hat immer die Pflicht, seine Hilfskräfte, Mitarbeiter und von ihm beauftragte Untersachverständige darauf hinzuweisen, auf

---

15 *BGH*, NJW 1975, 1363. Aber: Keine Ablehnung bei unterlassener Benachrichtigung *beider* Parteien: *OLG Nürnberg*, DS 2007, 152.
16 *OLG Celle*, DS 2007, 149.
17 *OLG Saarbrücken*, DS 2007, 28.
18 *OLG Celle*, 2007, 389.
19 *OLG Saarbrücken*, DS 2007, 28; s. ausführlich *Bleutge*, Ablehnung wegen Besorgnis des Befangenheit.
20 *OLG Oldenburg*, DS 2007, 232; Anregung auf Erweiterung des Beweisbeschlusses *LG Karlsruhe*, DS 2008, 151.
21 *OLG Düsseldorf*, DS 2007, 355.
22 *Ulrich*, Der gerichtliche Sachverständige, S. 115, Rdnr. 196: „Wegen in der Person der hinzugezogenen Hilfskräfte liegender Umstände kann der Sachverständige selbst dann nicht abgelehnt werden, wenn er die Grenzen seiner Delegierungsbefugnis überschritten hat".
23 *OLG Düsseldorf*, DS 2008, 187 = BauR 2007, 2108.

eventuelle Befangenheitsgründe, die etwa in ihrer Person liegen können, hinzu-weisen[24].

Wird die Ablehnung des Sachverständigen durch Beschluss für begründet erklärt, so kann dieser Beschluss mit der sofortigen Beschwerde **nicht** angefochten werden. Nur ein Beschluss, durch den die Ablehnung eines Sachverständigen für un-begründet erklärt wurde, kann gem. § 406 V ZPO angegriffen werden[25].

3. Rechtsfolgen

Mit der erfolgreichen Ablehnung des Sachverständigen endet sein Gutachten-auftrag. Sein Gutachten darf im gerichtlichen Verfahren nicht mehr nicht mehr verwertet werden.

Über von ihm festgestellte Tatsachen darf er nur noch als Zeuge gehört werden.

Für die erbrachten Leistungen bis zur erfolgreichen Ablehnung ist der Sachver-ständige zu vergüten; es sei denn, er hat seine Befangenheit **grob fahrlässig** her-beigeführt, etwa indem er sein Gutachten nicht auf Grund eigener Feststellungen, sondern auf Grund eines Informationsschreibens einer Partei gefertigt hat[26].

4. Befangenheitsablehnung nach Streitverkündung

Der *BGH* hat entschieden, dass die Streitverkündung gegenüber einem gerichtli-chen Sachverständigen unzulässig ist, wenn sie den Zweck verfolgt, den Sachver-ständigen anschließend wegen Befangenheit abzulehnen[27].

Wurde dem Sachverständigen auf diese Weise unzulässigerweise der Streit ver-kündet und er als befangen abgelehnt, so ist sein Gutachten dennoch im weiteren Verfahren verwertbar[28].

---

24 *OLG Celle*, BauR 2008, 134.

25 *OLG Düsseldorf*, DS 2007, 391; *KG*, DS 2007, 385; *Wittmann*, DS 2009, 139 (145).

26 *OLG Frankfurt a.M.*, DS 2005, 118: Keine Vergütung bei grob fahrlässiger herbeige-führter Unverwertbarkeit des Gutachtens durch polemische Äußerungen. Aber: Be-rücksichtigung der Individualität des Sachverständigen; *OLG Hamburg*, MDR 1965, 755.

27 *BGH*, DS 2006, 107 m. Anm. *Volze*; *BGH*, DS 2007, 268; *BGH*, DS 2007, 354 m. Anm. *Ulrich. Rickert*, DS 2005, 214; *Volze*, DS 2005, 14.

28 *BGH*, DS 2007, 268.

XI. Der Ortstermin des Sachverständigen

1. Der Ortstermin

Zur Begutachtung eines Schadens ist es meist unabdingbar, den Schaden vor Ort zu besichtigen. Meist wird das Gericht einen Beweisbeschluss erlassen, mit dem es den Sachverständigen ausdrücklich auffordern wird, eine Ortsbesichtigung vorzunehmen[1]. Eine Beauftragung zur Durchführung eines Ortstermins kann sich auch aus den **Umständen** ergeben, wenn die Beweisfragen nur nach einer Ortsbesichtigung zu beantworten wären. Sollten jedoch Unklarheiten bestehen, hat der Sachverständige bei Gericht nachzufragen, ob und in welchem Umfang die Ortsbesichtigung abgehalten werden soll. Oft wird es sinnvoll sein, sich direkt mit dem Gericht in Verbindung zu setzen, um so die Details klären zu können.

Dies ist insbesondere dann der Fall, wenn bezüglich **einzelner Beweisfragen Unklarheiten** auftreten. Der Sachverständige ist verpflichtet, sich streng an die Fragen aus dem Beweisbeschluss zu halten.

Der Sachverständige muss überschlagen, welche **Kosten entstehen** werden. Die Höhe muss er dem Gericht mitteilen, damit dieses die beweisbelastete Partei auffordern kann, den Kostenvorschuss einzuzahlen. Sollte sich im Laufe der Begutachtung herausstellen, dass die Kostenschätzung zu niedrig war, muss der Sachverständige dies dem Gericht unverzüglich mitteilen – anderenfalls läuft er Gefahr, die Mehrkosten nicht erstattet zu erhalten.

Grundsätzlich hat der Sachverständige die Pflicht, die Ortsbesichtigung **persönlich durchzuführen**. Sein Gutachten ist auf diese persönliche Begutachtungen aufgebaut und er muss auch später zu Erläuterungen seines Gutachtens in der Lage sein.

Der Sachverständige kann nach vorheriger Mitteilung an das Gericht und die Parteien eine **Fremdfirma** beauftragen, die zum Beispiel zur Ermöglichung der Besichtigung ein Gerüst aufstellen soll.

Bei der Ortsbesichtigung haben beide Parteien und die Streithelfer das **Recht zur Anwesenheit**. Das bedeutet, dass der Sachverständige verpflichtet ist, die Parteien und deren Prozessvertretern von der Ortsbesichtigung circa zwei Wochen vor

---

1   Ausführlich: *Bleutge*, Die Ortsbesichtigung durch Sachverständige, IfS, 6. Aufl. (2006)., S. 11; *Staudt/Ansorge*, S. 99 mit Hinweisen zur praktischen Durchführung; *Ulrich/Zielbauer*, DS 2008, 12; *Dötsch*, DS 2008, 20.

dem Termin schriftlich zu unterrichten und ihnen damit Gelegenheit zur Teilnahme zu geben. Dies drängt sich insbesondere dann auf, wenn der zu begutachtende Gegenstand etwa im Eigentum einer der Parteien steht.

Zwar kann der Eigentümer einer Partei oder eines von ihr bevollmächtigten Vertreters den Zutritt zum Grundstück verwehren; darin kann jedoch eine Beweisvereitelung zu sehen sein, denn der Sachverständige konnte den Ortstermin nicht durchführen.

Wird die Ortsbesichtigung abgebrochen und wird das Gutachten daher nicht erstellt, führt dies zu dem Ergebnis, dass die eine Partei hinsichtlich der ihr obliegenden Beweisführung beweisfällig bleibt und die Partei, die den Ortstermin verhinderte, den Beweis vereitelt hat[2].

Unterlässt der Sachverständige die Ladung **einer** Partei, kann er wegen Zweifel an seiner Unparteilichkeit abgelehnt werden.

Der Sachverständige sollte zudem das Gericht von dem anberaumten Ortstermin unterrichten um auch ihm Gelegenheit zur Teilnahme oder Weisung zu geben.

Die Parteien sollen Gelegenheit haben, den Sachverständigen auf Umstände hinzuweisen, die ihnen bedeutsam erscheinen.

2. Ein Sonderproblem: bauteilzerstörende Eingriffe

Oft wird der Sachverständige damit konfrontiert sein, zum Zweck der Begutachtung bauteilzerstörende Eingriffe vorzunehmen. Wie soll sich der Sachverständige hier verhalten, damit er sich hiermit nicht einem erhöhten Haftungsrisiko aussetzt, weil in Folge der Bauteilöffnung Schäden entstehen können?

Die Frage, ob ein Gericht den Sachverständigen überhaupt anweisen darf, einen zerstörenden Eingriff in die Bausubstanz vorzunehmen und ob der Sachverständige einer solchen gerichtlichen Aufforderung folgen muss, ist heftig umstritten[3]:

Einerseits wird die Ansicht vertreten, dass die bloße Vorbereitung zur eigentlichen Gutachtätigkeit nicht zu den Pflichten des Sachverständigen zählt. Vielmehr sei es Aufgabe der beweisbelasteten Partei, die notwendigen Vorbereitun-

---

2   *OLG München*, Urt. v. 3.11.1983 – 24 U 185/83.
3   Siehe hierzu ausführlich *Bayerlein*, in: *Bayerlein*, § 15 Rdnrn. 75a ff.; *Kainz*, IfS-Informationen 2/2006, S. 10 ff.; *Bleutge*, Die Ortsbesichtigung durch Sachverständige, IfS, 6. Aufl. (2006), S. 20 Rdnrn 5.1 ff.; *Ulrich/Zielbauer*, DS 2008, *12; Dötsch*, DS 2008, 20; *Volze*, DS 2008, 24; *Luz*, DS 2008, 30;

gen für die von ihm beantragte Begutachtung zu treffen[4]. Das Gericht kann danach keine Bauteilöffnung dem Sachverständigen anweisen[5]. Das Sachverständigengutachten ist nach der ZPO ein Beweismittel. Er soll mit seinem Sachverstand überprüfen, ob Verstöße gegen die Regeln der Technik vorliegen. Es ist die *Sachkunde*, die vom Gericht abgefordert wird. Das Ausführen von Bauarbeiten wie Bauteilöffnungen gehört nicht zu den Pflichten des Sachverständigen. Es gibt auch keine ausdrückliche entsprechende gesetzliche Regelung.

Im Gegensatz dazu aber wird die Ansicht vertreten, dass es gerade zur ureigensten Aufgabe des Sachverständigen gehöre, derlei Vorbereitungen zu treffen. Das Gericht könne sehr wohl eine Bauteilöffnung anweisen[6].

Unabhängig von der Frage, ob vorbereitende Maßnahmen zur Begutachtung bereits zum Pflichtenkreis des Sachverständigen gehören oder nicht, bleibt festzuhalten, dass allein den gesetzlichen Regelungen der ZPO nicht zu entnehmen ist, inwieweit ein Weisungsrecht des Gerichts besteht, dem Sachverständigen einen solchen zerstörenden Eingriff in die Bausubstanz aufzugeben. Aber ein *Ausschluss* dieser Befugnis findet sich im Gesetz auch nicht.
Zu bedenken ist aber, dass ein bauteilzerstörender Eingriff immerhin eine Sachbeschädigung ist, die allein durch die Einwilligung des über das Eigentum Verfügungsberechtigten gerechtfertigt sein kann. Das Gericht kann demnach eine Bauteilöffnung nur anweisen, wenn der Eigentümer dem Eingriff in die Substanz zustimmt[7].
Der Eigentümer hat das Recht, einer solchen Substanzverletzung an seinem Eigentum nicht zuzustimmen. In der Verweigerung seiner Einwilligung muss nicht unbedingt eine Beweisvereitelung liegen. Zerstörende Eingriffe in ein Bauwerk sind dem Eigentümer nämlich dann nicht zuzumuten, wenn etwa nicht sichergestellt ist, dass der Eingriff nachträglich wieder rückgängig gemacht werden kann

---

4   *LG Limburg,* BauR 2005, 1670 = ING-*Letter* 12 /2005, 15; *OLG Brandenburg,* BauR 1996. 432, *OLG Bamberg,* BauR 2002, 829; *OLG Celle,* BauR 2005, 1358. Eingehend *Dötsch,* DS 2008, 20.
5   *Luz,* DS 2008, 30 m. w. Nachw. Auch *LG Limburg,* DS 2008, 192.
6   *OLG Jena,* DS 2008, 29 m. abl. Anm. *Luz,* DS 2008, 30; *OLG Celle,* BauR 1998, 1281 m. abl. Anm. *Kamphausen,* BauR 1999, 436; *OLG Celle,* BauR 2005, 1358; *OLG Stuttgart,* Beschl. v. 13.9.2005 – 13 W 43/05; *OLG Frankfurt a. M.,* BauR 1998, 1052 = Ifs-Informationen 4/1998, S. 28.
7   *OLG Celle,* BauR 2005, 1358.

– etwa weil keine Sicherheit für die Beseitigungskosten sämtlicher Schäden geleistet wurde[8].

Der Sachverständige sollte also den Eigentümer – oder den Verfügungsberechtigten – eingehend über die Folgen des Eingriffs informieren und diese Belehrung dokumentieren und unterzeichnen lassen. Ist unklar, ob die Belehrung verstanden wurde, sollte der Sachverständige von einer Bauteilöffnung absehen und das Gericht hierüber informieren[9].

Liegt aber zweifelsfrei eine Einwilligung des Eigentümers vor, sollte der Sachverständige auch darauf achten, dass durch die Bauteilöffnung auch kein Eigentum Dritter (etwa des Nachbarn) in Mitleidenschaft gezogen werden kann. Besteht hierfür Gefahr, darf der Sachverständige vom Gericht meines Erachtens nicht zu einer solchen Maßnahme gezwungen werden[10].

Eine Verpflichtung zur Bauteilöffnung entfällt auch dann, wenn vor Beginn der Maßnahme die beweisbelastete Partei keinen ausreichenden Kostenvorschuss eingezahlt hat[11].

Nimmt der Sachverständige die Bauteilöffnung aber schließlich vor, sollte er seinen Versicherungsschutz überprüfen.

3. Der fehlende Versicherungsschutz bei Bauteilöffnungen

Es ist darüber hinaus fraglich, ob die Tätigkeit der Bauteilöffnung überhaupt vom Berufshaftlichtversicherungsvertrag des Sachverständigen gedeckt ist.

Bekanntlich sind vom Versicherungsschutz auch nur solche Tätigkeiten umfasst, mit denen man üblicherweise rechnen muss. Führt der Sachverständige, der Architekt oder Ingenieur etwa große Bauteilöffnungen selbst durch, ohne sich hierfür eines Bauhandwerkers zu bedienen, so ist diese handwerkliche Tätigkeit des Versicherungsnehmers nicht vom Berufsbild erfasst. Der Architekt genießt daher

---

8   *OLG Braunschweig*, Urt. v. 29.1.2004 – 8 U 173/99 u. hierzu Anm. *Groß*, IBR 2004, 474.
    Allerdings trifft die beweisführende Partei auch eine Beibringungspflicht. Steht das zu begutachtende Objekt in ihrem Eigentum, obliegt es ihr, die für eine Begutachtung erforderliche Vorarbeit zu veranlassen. Das zuständige Gericht kann ihr gem. § 356 ZPO eine Beibringungsfrist bestimmen. Der Sachverständige kann vom Gericht nicht zur Begutachtung gezwungen werden, *LG Schwerin*, BauR 2005, 592.
9   Siehe hierzu ausführlich *Kainz*, IfS-Informationen 2/2006, S. 10 (14) m. w. Nachw.
10   Siehe hierzu ausführlich *Kainz*, IfS-Informationen 2/2006, S. 10 (14).
11   Siehe hierzu ausführlich *Kainz*, IfS-Informationen 2/2006, S. 10 (15).

grundsätzlich *keinen* Versicherungsschutz, wenn er zur Beurteilung der Betonqualität selbst eine Kernbohrung vornimmt und hierbei eine Stromleitung beschädigt. Das Gleiche gilt für den Fall, dass der Architekt eine Ausschachtung von Teilen des Gebäudes selbst durchführt, um die Qualität der Bauwerksabdichtung zu untersuchen. Stürzt beim Betreten der Baugrube das Erdreich ein und wird hierdurch ein Dritter verletzt, so ist der hierdurch entstehende Schadensersatzanspruch gegenüber dem Architekten nicht vom Versicherungsschutz gedeckt.

Kleinere Arbeiten, wie etwa das nehmen einer Probe oder das Abkratzen eines Putzes, werden allerdings vom Berufsbild erfasst. Der Architekt beziehungsweise Ingenieur, der im Rahmen seiner Sachverständigentätigkeit Bauteilöffnungen vornehmen will, sollte dies daher mit dem Versicherer abstimmen, um gegebenenfalls einen klarstellenden Einschluss in den Versicherungsvertrag zu vereinbaren[12].

Es ist also höchst fraglich, ob die Bauteilöffnung versicherungsrechtlich überhaupt als sachverständige Tätigkeit angesehen wird. Ist das nicht der Fall, entfällt ein Versicherungsschutz.

Darüber hinaus kann der Versicherungsschutz bereits dadurch entfallen, dass der Versicherungsnehmer vorsätzlich Pflichten verletzt und den Schadensfall herbeiführt.

Ist dem Bausachverständigen etwa bekannt, dass die Bauteilöffnung dazu führen wird, dass der ursprüngliche Zustand nicht wieder hergestellt werden kann und somit ein Bauschaden entstehen wird, dürfte der Sachverständige Gefahr laufen, seinen Versicherungsschutz zu verlieren.

4. Kosten

Innerhalb seiner Kostenabrechnung nach Einreichung des erstellten Gutachtens wird er Sachverständige die Kosten geltend machen, die ihm für seine Tätigkeit nach dem JVEG zustehen werden: So kann er für die Vorbereitung und Durchführung der Ortsbesichtigung gem. § 8 II JVEG eine Zeitvergütung und Auslagenersatz nach §§ 5, 6, 7,12 JVEG geltend machen.

---

12 *Schmalzl/Krause-Allenstein,* Berufshaftpflichtversicherung des Architekten und des Bauunternehmers, 2. Aufl. (2006), Rdnr. 461.

XII. Die Ermittlung des technischen Minderwerts

Das Prinzip der Bemessung des Minderwertes eines Baumangels geht grundsätzlich davon aus, den Wertunterschied zwischen dem beabsichtigten Soll-Zustand und dem beeinträchtigten Ist-Zustand zu ermitteln.
Nach der **Differenzmethode** des *BGH* orientiert man sich hier an den **Mängelbehebungskosten** oder Kosten einer **Ersatzmaßnahme**[1].
Bei der Einschätzung eines Minderungsbetrags einer **Werklohnforderung** lehnt sich die Wertminderung üblicherweise an den Geldbetrag an, der aufgewendet werden muss, um die bei der Abnahme vorhandenen Mängel zu beheben. Problematisch kann es dabei werden, wenn es hierbei um eine relativ geringfügige Wertminderung geht, deren vollständige Beseitigung mit erheblichem Kostenaufwand verbunden ist.

Beispiel: Die Innenwand eines Gebäudes verläuft geringfügig schief. Die Beseitigungskosten sind erheblich. Diese Kosten kann man nicht als Grundlage für einen technischen Wertminderungsbetrag ansetzen.

Der *BGH* nimmt zwischenzeitlich eine sehr restriktive Haltung zum technischen Minderwert ein. So muss sich der Bauherr nicht ohne weiteres darauf verweisen lassen, dass der durch eine nicht vertragsgemäße Bauleistung verbleibende Minderwert durch einen Minderbetrag einfach abgegolten wird. Die Unverhältnismäßigkeit einer Mängelbeseitigung nach § 251 II 1 BGB kommt nur in Ausnahmefällen in Betracht[2].
Geeignet erscheint in einer Vielzahl von Fällen die so genannte **Zielbaummethode** nach *Aurnhammer*[3]. Sie beruht auch auf Schätzungen, aber die Vielzahl der Schätzungen führt letztlich im Ergebnis zu einem zutreffenden Ergebnis[4].

---

1 *BGH,* NJW-RR 1997, 688.
2 *BGH,* NJW-RR 2003, 1021 = NZBau 2003, 433.
3 *Aurnhammer,* BauR 1978, 356 ff.
4 Überblick von *Aurnhammer,* in: *Bayerlein,* § 46 Rdnr. 64 ff.

XIII. Anhaltspunkte zur Ermittlung eines merkantilen Minderwertes bei Gebäuden

Von einem merkantilen Minderwert spricht man dann, wenn der Verkaufswert (zum Beispiel einer Immobilie) gemindert wird, obwohl ein technischer Mangel vollständig beseitigt wurde, aber bei einem möglichen Kaufinteressenten dennoch der Verdacht besteht, dass verborgene Mängel vorhanden sein könnten[1].

Für den hochqualifizierten technischen Sachverständigen ist diese Auffassung der Rechtsprechung nur schwer verständlich, da es für ihn nur die Frage gibt, ob der Mangel nach den Regeln der Technik beseitigt ist oder nicht.

Zum besseren Verständnis nachfolgender Beispielsfall, der sowohl Landgericht wie auch Oberlandesgericht beschäftigte:

Das angebaute Nachbarhaus des Klägers war auf Grund einer Gasexplosion zerstört worden. Die Medien hatten sich mit diesem Schadensfall intensiv beschäftigt. Der Schaden am Haus des Klägers war vollständig ersetzt worden mit Ausnahme eines merkantilen Minderwertes.

Das *LG* hatte zur Ermittlung dieses merkantilen Minderwertes einen öffentlich bestellten und vereidigten Sachverständigen aus dem Bereich der Architektur und Baustatik beauftragt. Dieser hochqualifizierte Sachverständige kam zu dem Ergebnis, dass ein technischer Mangel nach seiner Einschätzung nicht mehr vorhanden sei, nachdem das Haus instand gesetzt worden ist.

Erst in der zweiten Instanz gelang es, auf Grund des Gutachtens eines öffentlich bestellten und vereidigten Sachverständigen aus dem Bereich des Maklerwesens herauszuarbeiten, dass allein auf Grund der Vielzahl der Presseveröffentlichungen über den Schadensfall jeder mögliche Erwerber dieses Gebäudes sich die Frage stellen wird, ob nicht doch die gewaltige Explosion – zum Beispiel im Bereich der Fundamente – Beeinträchtigungen herbeigeführt haben könnte, die derzeit nicht feststellbar sind. Es bleibt bei einem möglichen Kaufinteressenten bei einem derart schweren Explosionsschaden einfach ein naturwissenschaftlich nicht faßbares Unbehagen zurück, das möglicherweise vom Kauf abhält oder sich jedenfalls in einer Kaufpreisreduzierung niederschlagen kann.

Hier spricht man dann von einem **merkantilen Minderwert**.

Die Bestimmung diese merkantilen Minderwertes ist zwar mit subjektiven Wertungen verbunden, muss aber nachvollziehbar und nachprüfbar sein.

---

1   *BGH,* BauR 1979, 158; *BGH,* BauR 1995, 388 (389 ff.).

Dabei sind folgende Gesichtspunkte zu berücksichtigen:

- Zunächst muss sich der Sachverständige die Frage stellen, ob der beseitigte Gebäudeschaden überhaupt Anlass gibt, über einen merkantilen Minderwert nachzudenken. Dies ist zum Beispiel dann nicht der Fall, wenn durch einen Sturmschaden ein Dach abgedeckt und ein neues Dach errichtet wurde. Unabhängig von den ganz erheblichen Kosten für die Dacheindeckung ist hier nicht von einem merkantilen Minderwert auszugehen. Ein Kaufinteressent wird vielmehr das neu eingedeckte Dach sogar als eine Wertsteigerung des Gebäudes ansehen.
Der Fall liegt allerdings dann anders, wenn das Gebäude einen Hausschwamm hatte, der vollständig beseitigt wurde, bei dem Erwerber aber das Unbehagen belässt, dass dieser Hausschwamm möglicherweise doch in vielen Jahren erneut auftreten könnte[2].
Es ist also nur dann ein merkantiler Minderwert zu berücksichtigen, wenn **trotz der vollständigen Mängelbeseitigung** ein **naturwissenschaftlich nicht näher fassbares Unbehagen** bei dem Kaufinteressenten verbleibt, dass der Schaden nicht vollständig beseitigt ist.
Weiterhin ist bei der Ermittlung des merkantilen Minderwertes zu berücksichtigen, inwieweit der Gebäudeschaden in Presse und Medien behandelt wurde. Das gilt auch dann, wenn ein Gebäude mit derart vielen Baumängeln bereits bei seiner Errichtung behaftet ist, dass es zum Tagesgespräch der Örtlichkeit geworden ist.

- Weiterhin ist von ganz entscheidender Bedeutung die Ermittlung der Schadenshöhe der **möglichen Beseitigungskosten einer Sanierung bei einem möglichen Wiederauftreten** des Schadens.
Liegen die möglichen Beseitigungskosten unter 10 % des Verkehrswertes eines mangelfreien Gebäudes, dürfte ein merkantiler Minderwert bei einem Gebäude zu verneinen sein[3].

- Zu berücksichtigen ist weiterhin die subjektive Minderbewertung, die allein darauf beruht, dass ein möglicher Käufer es für **denkbar** hält, dass die Sanierungsmaßnahme erfolglos gewesen sein könnte.

---

2 *Volze*, Ermittlung des merkantilen Minderwertes bei schwammbefallenen Gebäuden, DS 3/2000, 29 ff.
3 In Anlehnung an *KG*, VersR 1975, 664.

Hier muss der Sachverständige den Markt erforschen – gegebenenfalls auch beim Makler nachfragen – inwieweit dieses Unbehagen eines Kaufinteressenten sich auf den Kaufpreis niederschlägt.

– Unter Berücksichtigung des **Alters** des Gebäudes dürfte mit Ablauf der üblicherweise angenommenen Lebensdauer eines Gebäudes mit zum Beispiel 80 Jahren ein merkantiler Minderwert entfallen[4].

Aber auch hier gilt zu berücksichtigen, ob es sich um ein wertvolles denkmalgeschütztes Gebäude mit mehr als 120 Jahren Alter handelt, oder um einen zweckmäßigen Bürobau, der mehr als 80 Jahre alt ist.

Im Falle des **denkmalgeschützten Gebäudes** muss man gegebenenfalls ausnahmsweise über einen merkantilen Minderwert in diesem Fall nachdenken, nicht aber bei dem Bürogebäude, das seine Lebensdauer überschritten hat.

Unter Abwägung der vorgenannten Gesichtspunkte wird man eine Bandbreite für einen merkantilen Minderwert annehmen, den man dann der nachfolgenden beispielhaften Tabelle zu Grunde legt. Im nachfolgenden Fall ist von einer Bandbreite von 3 % bis 7 % ausgegangen worden. In der nachfolgenden Tabelle ist dann die jeweils anwendbare Prozentzahl aus der Höhe der Reparaturkosten im Verhältnis zum Gebäudeverkehrswert unter Berücksichtigung des Alters des Gebäudes errechnet worden.

Lebensdauer (80 Jahre)	1/3 des mangelfreien Gebäudewerts als Reparaturkosten	2/3 des mangelfreien Gebäudewerts als Reparaturkosten	3/3 des mangelfreien Gebäudewerts als Reparaturkosten
20 Jahre	5%	6%	7%
40 Jahre	4%	5%	6%
60 Jahre	3%	4%	5%
80 Jahre	–	–	–

Rechenbeispiel:

Mangelfreier Gebäudeverkehrswert: 600.000 Euro
Beseitigungskosten des Hausschwammes: 200.000 Euro
Lebensdauer des Gebäudes: 20 Jahre
Ergibt nach vorgenannter Tabelle 5 % des Gebäudeverkehrswertes als merkantile Wertminderung.

Anhand der vorgenannten Anhaltspunkte läßt sich nachvollziehen, wie der Sachverständige den merkantilen Minderwert errechnet hat.

---

4   In Anlehnung an *LG Frankfurt a. M.*, DAR 1984, 319.

Die vorgenannten Ausführungen können als Anhaltspunkte für eine juristische Überprüfung dienen. Dabei sind die besonderen Umstände des Einzelfalls immer zu berücksichtigen. Dies kann auch zu erheblichen Abweichungen von dem vorgenannten Schema führen. Die Forderung nach Ersatz des merkantilen Minderwertes rechtfertigt sich auch aus nachfolgenden zwei Überlegungen: Grundsätzlich hat der Verkäufer gegenüber dem Käufer eine Mitteilungspflicht für vorangegangene schwerwiegende Bauschäden[5]. So sind jedenfalls frühere Schwammschäden einem Kaufinteressenten mitzuteilen. Weiterhin ist zu beachten, daß die Rechtsprechung bereits dann eine arglistige Täuschung annimmt, wenn der offenbarungspflichtige Verkäufer das Vorliegen eines Mangels nur für möglich hält, diesen aber in Kauf nimmt und gegenüber dem Käufer nicht offenbart[6]. Schließlich ist abschließend in diesem Zusammenhang darauf hinzuweisen, dass ein Sachverständiger sich schadenersatzpflichtig macht, wenn er nachlässig ermittelt oder gar ins Blaue hinein Angaben in sein Gutachten aufnimmt[7]. Der Sachverständige, dessen Gutachten nicht nachvollziehbar ist, läuft Gefahr, dass sein Gutachten als unverwertbar angesehen wird und er seine Vergütung verliert[8]. Dies gilt auch für die Ermittlung eines merkantilen Minderwertes.

---

5 *BGH*, NJW 1965, 34 (35).
6 *BGH*, WM 1983, 990.
7 *OLG Köln,* VersR 1994, 611 ff.
8 *OLG Hamburg*, Entsch. v. 4.4.2002 = IfS-Informationen H. 2/2003, 23.

XIV. Das selbstständige Beweisverfahren

Das selbstständige Beweisverfahren soll helfen, **Klarheit** über eine Schadensursache, Schadenshergang oder Schadensumfang zu gewinnen. Es soll helfen, den Rechtsstreit zu **beschleunigen** und den Prozess zu **vermeiden**. Das selbstständige Beweisverfahren soll auch dazu dienen, gefährdete Beweismittel für einen späteren Prozess zu **sichern**. Es ist immer dann zulässig, wenn eine der Parteien ein rechtliches Interesse an der gerichtlichen Feststellung hat oder aber zu besorgen ist, dass das Beweismittel verloren gehen könnte (§ 485 ZPO)[1].

Der Antragsteller muss ein rechtliches Interesse an der Durchführung eines selbstständigen Beweisverfahrens haben. Dafür ist es schon ausreichend, dass die beantragte Feststellung der Vermeidung eines Rechtsstreits dienen kann[2]. Dies wird lediglich in den seltensten Fällen von der Hand zu weisen sein.

Ist noch kein Rechtsstreit anhängig, ist dasjenige Gericht zuständig, das nach dem Vortrag des Antragstellers zur Entscheidung in der Hauptsache berufen wäre (§ 486 ZPO). Bei Bauprozessen dürfte dies in der Regel im Hinblick auf die erheblichen Streitwerte das Landgericht sein. Nur in dringenden Fällen ist das Amtsgericht zuständig (§ 486 III ZPO).

Die Auswahl des Sachverständigen obliegt gem. §§ 492 und 404 ZPO dem Gericht. Der Antragsteller hat aber die Möglichkeit, dem Gericht einen Sachverständigen vorzuschlagen.

Der gerichtlich beauftragte Sachverständige nimmt dann die Maßnahmen vor, die zur Begutachtung notwendig sind.

Das Gericht kann die Parteien zur mündlichen Erörterung laden und einen Vergleich protokollieren (§ 492 ZPO).

Kann ein solcher Vergleich nicht abgeschlossen werden, hat das Gericht auf Antrag anzuordnen, dass der Antragsteller innerhalb einer zu bestimmenden Frist Klage zur Hauptsache erhebt (494a ZPO). Tut er das nicht, hat ihm das Gericht auf Antrag die Kosten des selbstständigen Beweisverfahrens gem. § 494a II ZPO aufzuerlegen[3].

---

1   Ausführlich *Ulrich*, DS 2007, 184; *Keldungs/Arbeiter*, S. 83 ff.
2   *Wellmann/Weidhaas/Walterscheidt*, S. 56, Rdnr. 98.
3   Siehe *Ulrich*, DS 2007, 248 (251).

Auch ist es schon im selbstständigen Beweisverfahren möglich, den Gutachter mündlich anzuhören[4]. So können Verständnisfragen schnell geklärt werden, ohne ein Ergänzungsgutachten einholen zu müssen.

Ein neues, weiteres Gutachten muss aber dann eingeholt werden, wenn sich das bereits erstattete Gutachten als ungeeignet herausgestellt hat[5].

Kommt es aber zum Hauptprozess, wird das Ergebnis des selbstständigen Beweisverfahrens so behandelt wie eine Beweisaufnahme vor dem Prozessgericht (§ 492 ZPO).

Wie im Hauptprozess, ist die **Ablehnung des Sachverständigen** auch im selbstständigen Beweisverfahren zulässig und erforderlich. Die Ablehnung kann im eventuellen späteren Hauptprozess nicht nachgeholt werden[6]. Ausnahmsweise ist eine Ablehnung des Sachverständigen aber dann unzulässig, wenn die Beweissicherung durch den Ablehnungsantrag praktisch vereitelt wird[7].

Das selbstständige Beweisverfahren ist mit dem Zugang des Sachverständigengutachtens an die Prozessparteien beendet, sofern diese innerhalb eines **angemessenen** Zeitraums nach Erhalt keine Ergänzungsfragen stellen[8]. Die Angemessenheit dieses Zeitraumes richtet sich nach dem Umfang und der Schwierigkeit der Prüfung des vorgelegten Gutachtens[9].

---

4   *BGH*, DS 2006, 28 = NZBau 2005, 688; NJW Spezial 2006, 25.
5   *OLG Frankfurt*, Beschl. v. 5.5.2006 – 19 W 17/06 = DS 2006, 2007, 27; *Ulrich*, IBR 2006, 478.
6   *OLG Köln*, NJW-RR 1993, 63; *OLG München*, BauR 1993, 636.
7   *OLG Bamberg*, BauR 1991, 656.
8   *Keldungs/Arbeiter*, S. 88.
9   *OLG Celle*, MDR 2001, 108; *OLG Düsseldorf*, NJW-RR 2001, 141 = NZBau 2000, 385.

XV. Der Sachverständige als Schiedsgutachter

1. Grundzüge

Schiedsgutachten können dazu beitragen, streitige, sachverständig zu beurteilende Sachverhalte rechtsverbindlich zu lösen[1]. Gegenstand solcher Gutachten können der Verkehrswert eines Grundstücks, der Wert eines Gesellschaftsanteils oder auch der Wert eines Unternehmens sein. Häufig wird auch in Miet- und Pachtverträgen ein Schiedsgutachten vereinbart um nach Ablauf bestimmter Zeitspannen den neuen Miet- oder Pachtzins festzulegen. **Das Schiedsgutachten soll technische Gegebenheiten festlegen, aber keine rechtliche Klärung bieten**[2].

Ein Schieds**gutachter**vertrag ist also auf die **Feststellung** einzelner Tatbestandsmerkmale gerichtet und **nicht** – wie der Schiedsvertrag – auf die **Entscheidung** eines Rechtsstreits. Das Schiedsgutachten trifft auf Grund einer vertraglicher Abrede zweier oder mehrerer Parteien eine verbindliche Feststellung. Es gestaltet somit ein materielles Rechtsverhältnis abschließend[3].

Die Vereinbarung der Parteien, dass ein für sie rechtlich verbindliches Schiedsgutachten durch einen Sachverständigen erstellt wird, beurteilt sich nach den §§ 317 ff BGB. Dort ist geregelt, dass der Sachverständige nach billigem Ermessen und nicht nach freiem Belieben sein Schiedsgutachten zu erstellen hat. Das Schiedsgutachten bindet die Parteien gem. § 319 BGB dann nicht, wenn das Ergebnis des Gutachtens offenbar unbillig ist.

2. Der Verfahrensgang

Zwischen den Parteien wird die Vereinbarung getroffen, dass bestimmte Streitigkeiten durch Schiedsgutachten geklärt werden sollen. Hier spricht man von einer

---

1   Ausführlich hierzu: *Klocke*, Der Sachverständige und sein Auftraggeber; *Bock* in: *Bayerlein*, § 26 Rdnrn. 1 ff.
2   *Ulrich*, DS 2008, 91 (93).
3   *Palandt/Heinrichs*, BGB, 66. Aufl. (2007), § 317 Rdnr. 8. Vgl. auch *BGH*, NJW 1955, 665. Der Schiedsrichter kann demnach Tatsachen *feststellen*, die dann für eine rechtliche Einordnung notwendig sind. Ein Schiedsgutachten *gestaltet* so ein materielles Rechtsverhältnis, vgl. *Bock*, in: *Bayerlein*, § 26 Rdnr. 4.

Schiedsgutachtenabrede beziehungsweise Schiedsgutachterklausel im Vertrag zwischen den beiden Parteien.

Eine Vereinbarung könnte wie folgt aussehen:

Bei zwischen den Parteien auftretenden Uneinigkeiten bezüglich … *(Streitgegenstand eingrenzen: z.B. „der Mängelerledigung")* wird folgendes Vorgehen vereinbart:

1. Der Auftraggeber setzt dem Auftragnehmer bei Uneinigkeit bezüglich der *Mängelerledigung* eine Frist von zwei Wochen. Kommt es innerhalb dieser Frist zu keiner Einigung, wird ein Schiedsgutachten in Auftrag gegeben.

2. Die Parteien erkennen das Schiedsgutachten als neutrales Gutachten auch für den Fall einer Beurteilung durch ein Schiedsgericht oder ein ordentliches Gericht an.

3. Die Verteilung der Kosten für die Mängelbehebung wie auch für das Schiedsgutachten kann durch den Gutachter festgesetzt werden.

4. Wird die vom Schiedsgutachter vorgeschlagene Kostenverteilung aus juristischen Gründen von mindestens einer Partei angefochten, beurteilt als nächst höhere Instanz das zuständige Schiedsgericht oder das ordentliche Gericht den Fall abschließend.

5. Bei Streitigkeiten aus diesem Vertrag ist vor Beschreitung des Rechtswegs in gegenseitigem Einvernehmen ein unabhängiger, vereidigter Sachverständiger zu bestellen. Dieser Gutachter hat ausschließlich über die strittigen Punkte zu befinden. Die gutachterliche Stellungnahme soll auch in einem Gerichtsverfahren bindend gelten. Die Kosten des Sachverständigen sind – gemessen am Entscheid – nach dessen Quotelung von den Parteien zu tragen.

Wenn dann tatsächlich Unklarheiten auftreten, werden die Parteien mit einem Sachverständigen einen Vertrag über die Erstellung eines Schiedsgutachtens schließen. Der angesprochene Sachverständige muss bereit sein, den Auftrag zu übernehmen. Hier muss seitens des Sachverständigen stets präzise geklärt werden, was von ihm an Arbeitsleistung erwartet wird. Hierüber muss von Anfang an Einvernehmen erzielt werden. Auch muss Einvernehmen über die Hauptpunkte eines solchen Vertrages getroffen werden – also über die Frage nach der Honorarzahlung, einem Vorschuss, der Haftung des Sachverständigen und dem Zeitpunkt, bis zu dem das Gutachten erstellt sein soll. In Ausführung seines Auftrags wird der Sachverständige dann die zu klärenden Tatsachen feststellen und ein Schiedsgutachten erstellen.

Bei der Ausführung der Arbeit ist er oft auf die Mithilfe der Parteien angewiesen – oft benötigt er Unterlagen oder ihm muss einfach nur Zutritt gewährt werden. Hierzu sind die Parteien auch verpflichtet, denn sie haben sich durch ihre Schiedsgutachtervereinbarung wechselseitig – also gegenüber der anderen Partei – dazu verpflichtet, die Tätigkeit des Schiedsgutachters zu fördern.

Weigert sich eine Partei gegenüber der anderen zur Mithilfe, kann die andere Partei Klage vor einem Gericht auf Mitwirkung gegenüber der anderen Partei erheben. Der Schiedsgutachter kann das nicht. Die wechselseitige Verpflichtung der Parteien zur Unterstützung des Schiedsgutachters wirkt nämlich nur im Verhältnis zwischen den Parteien – nicht aber direkt gegenüber dem Schiedsgutachter. Der Schiedsgutachter selbst hat also keine Zwangsmittel, die Parteien zu einer Mitarbeit zu bewegen.

Kann der Sachverständige seinen Auftrag aber nicht ausführen, da ihn die Parteien daran hindern und ihm die nötige Unterstützung nicht gewähren, kann er den Schiedsgutachtensvertrag aber aus wichtigem Grund kündigen.

Die Ablehnung eines Sachverständigen im schiedsgutachterlichen Verfahren wegen Befangenheit ist nach prozessrechtlichen Grundsätzen nur dann anwendbar, wenn sich die Parteien in der Schiedsgutachtenvereinbarung ein solches Ablehnungsrecht vorbehalten haben[4]. Eine derartige Vereinbarung ist aber nicht empfehlenswert, da sie das Schiedsgutachtenverfahren erschwert.

Die Parteien haben aber die Möglichkeit, sich vor Beauftragung des Sachverständigen über dessen Person ein Bild zu machen und entsprechend zu einigen.

Außerdem kann der Schiedsgutachter wegen grober Unsachlichkeit, übler Beschimpfung und gleich gelagerter schwerer Entgleisungen von einer Partei abgelehnt werden.

Im Übrigen können sich die Parteien jederzeit darauf einigen, den Schiedsgutachter von seinem Auftrag zu entbinden.

Für die Erstellung des Gutachtens gilt selbstverständlich auch hier, dass das Schiedsgutachten objektiv, unparteilich und sorgfältig erstellt werden muss.

Das Gutachten muss schriftlich abgefasst werden. Zwar ist die Form des Schiedsgutachtens nicht gesetzlich geregelt, aber die Schriftform sollte vertraglich vereinbart werden.

Gem. § 318 I BGB muss das Schiedsgutachten gegenüber einer der Parteien erklärt werden – damit wird es wird rechtswirksam[5].

---

4 *BGH*, NJW 1972, 827.
5 *BGH*, WM 1986, 1384.

Wurde von den Parteien in der Schiedsgutachtervereinbarung eine besondere Form der Zustellung des Gutachtens festgelegt, muss der Sachverständige diese Form unbedingt einhalten.

Nach dem Zugehen des Gutachtens bei einer der Parteien wird das Gutachten Inhalt des zwischen den Parteien bestehenden Rechtsgeschäfts und ist unwiderruflich[6]. Es kann nur noch mit Zustimmung beider Parteien geändert werden[7]. Aber auch hier gilt, dass bei offensichtlichen Unrichtigkeiten das Gutachten gem. § 318 II BGB angefochten werden kann. Das ist etwa bei Schreibfehlern, Rechenfehlern oder ähnlichen offenbaren Unrichtigkeiten der Fall. Solche Fehler kann der Sachverständige auch aus eigenem Antrieb berichtigen.

Eine Nachbesserung oder Ergänzung des Schiedsgutachtens können nur beide Parteien gemeinsam von dem Sachverständigen verlangen. Die gilt zum Beispiel dann, wenn der Sachverständige für eine technische Messung eine veraltete Methode angewendet hat.

3. Bindung der Parteien an das Schiedsgutachten

Das Schiedsgutachten ist für die beteiligten Parteien eine bindende Feststellung. Hat zum Beispiel der Schiedsgutachten den marktüblichen Kaufpreis für ein Gebrauchtfahrzeug auf 4.400 Euro festgesetzt und zahlt der Käufer nur 2.000 Euro, so kann der Verkäufer die restlichen 2.400 Euro unter Bezug auf das Schiedsgutachten einklagen.

Will der Verkäufer jedoch mehr als 4.400 Euro einklagen, so kann der Käufer die Mehrforderung unter Bezugnahme auf das Schiedsgutachten verweigern.

Die Voraussetzung für die Bindung an das Schiedsgutachten ist, dass dieses vertragsgerecht erstattet wurde und dass die ihm zu Grunde liegende Vereinbarung auch rechtswirksam ist.

So kann die Schiedsgutachtenabrede von einer Partei wegen Gesetzeswidrigkeit, Sittenwidrigkeit oder Treuwidrigkeit (§§ 134, 138, 242 BGB) angegriffen oder wegen Irrtums, Drohung oder Täuschung (§§ 117 f., 142, 318 II BGB) wirksam angefochten werden[8]. Pauschale Einwendungen gegen das Gutachten genügen jedoch nicht[9].

---

6 *Palandt/Heinrichs*, BGB, 66. Aufl. (2007), § 318 Rdnr. 1.
7 *BGH*, WM 1986, 1384.
8 Hieran ist insbesondere dann zu denken, wenn das Schiedsgutachten Mängel am falschen Objekt festgestellt hat oder die Beauftragung neben der Sache liegt.
9 *OLG Düsseldorf*, Urt. v. 21.12.2006 – 6 U 228/05 u. hierzu Anm. *Lembcke*, IBR-Online 2008, 2709

Auch wenn das erstellte Gutachten offenbar unrichtig und unbillig ist, kann sich eine Partei über das Schiedsgutachten hinwegsetzen[10] und ist nicht daran gebunden. Die offenbare Fehlerhaftigkeit eines Schiedsgutachtens wird von der Rechtsprechung des *BGH* dadurch erschwert, indem der *BGH* erst dann einen offenbaren beziehungsweise unbilligen Fehler annimmt, wenn er sich einem möglicherweise sachkundigen Beobachter erst nach eingehender Überprüfung aufdrängt[11].

Ein Schiedsgutachten ist also erst dann offenbar unrichtig, wenn sich Fehler, die das Gesamtergebnis verfälschen, einem sachkundigen und unbefangenen Beobachter – wenn auch möglicherweise erst nach eingehender Prüfung – aufdrängen[12].

Die offenbare Unrichtigkeit beziehungsweise Unbilligkeit eines Schiedsgutachtens kann sich auch erst durch das Hinzuziehen eines gerichtlichen Sachverständigen herausstellen[13].

Bei den Angriffen gegen das Schiedsgutachten genügt es nicht, unsubstantiiert zu behaupten, das Schiedsgutachten sei offenbar unrichtig, sondern es müssen mit

---

10 *Keine* offenbare Fehlerhaftigkeit des Schiedsgutachtens, wenn rechtliches Gehör nur ungenügend gewährt wird (B*GH*, NJW 1952, 1296; auch *OLG Düsseldorf*, Urt. v. 21.12.2006 – 6 U 228/05 u. hierzu Anm. *Lembcke*, IBR-Online 2008, 2709): Der Schiedsgutachter muss kein rechtliches Gehör bei seinen Feststellungen gewähren; bei einer anfechtbaren Begründung eines aber ansonsten vertretbaren Ergebnisses bezüglich einer eigenwilligen Beurteilung der Zumutbarkeit von Ersatzbeschaffung bei der Miete von Gerüstmaterial im Baugewerbe (*BGH*, NJW 1958, 2067); bei methodischem Fehler bei der Anpassung der Miete-, Pacht- oder Erbbauzinsberechnung (*BGH*, WM 1968, 617); bei Verwertung von Eigendaten bei Mietzinsbestimmung (*BGH*, NZM 1998, 196); keine besondere Veranschlagung des Bewuchses bei der Grundstücksbewertung (*BGH*, NJW 1983, 2244) – der *BGH* betont in diesem Urteil, dass nicht jeder Fehler zur offenbaren Unrichtigkeit des Gutachtens führt.
Die neuere Rechtsprechung neigt hingegen dazu, die Kontrollmaßstäbe zu verschärfen. So hat der *BGH* Miet-, Pacht- und Erbbauzinsanpassung für unverbindlich angesehen, weil der Schiedsgutachter sich an einer „ungesunden" Steigerung der Bodenpreise orientierte (*BGH*, NJW 1973, 142). Ebenso hat der *BGH* ein Schiedsgutachten als offenbar fehlerhaft angesehen, weil der Sachverständige für Vergleichsmieten keine konkreten Vergleichsobjekte benannte (*BGH*, NJW 1977, 801). Der *BGH* wertete eine Schiedsgutachten als offenbar fehlerhaft, weil der Sachverständige bei seinen Indexzahlen auf Jahres-Indizes anstatt auf Monatswerte abstellte (*BGH*, NJW 1983, 2252).
Ebenso offenbare Fehlerhaftigkeit: Sachverständiger bringt bei einem umfangreichen Wasserschaden die Koordinierung und Überwachung der Sanierungsmaßnahmen kostenmäßig nicht in Ansatz (*BGH*, VersR 1986, 482).
11 *BGH*, BB 1973, 65: Fehlerhafte Bedienung einer technischen Anlage.
12 *Bock*, in: *Bayerlein*, § 26, Rdnr. 41.
13 *BGH*, NJW 1979, 1885 – Patentrechtsstreitigkeit.

den Angriffen Tatsachen vorgetragen werden, aus denen sich dem Sachkundigen die Erkenntnis einer offenbaren Unrichtigkeit aufdrängt[14].

4. Vereinbarung eines Obergutachters

Allerdings können die Parteien bereits in der Schiedsgutachtenabrede die Vereinbarung treffen, dass eine Partei – sofern sie Zweifel an der Richtigkeit des Gutachtens hat – das Recht hat, einen Obergutachter zu beauftragen. Die Bindungswirkung des ersten Schiedsgutachtens wird dann durch die endgültige Bindungswirkung des Obergutachtens ersetzt. Aber auch nachträglich kann das Einholen eines Obergutachtens zwischen den Parteien vereinbart werden.

5. Vereinbarung der Unwirksamkeit

Die Unwirksamkeit eines Gutachtens kann auch vereinbart werden. Wenn beide Parteien mit einem Schiedsgutachten nicht einverstanden sind, können sie vereinbaren, dass es unwirksam sein soll. Dann kann ein anderes Schiedsgutachten in Auftrag gegeben werden. Hiergegen kann sich der Schiedsgutachter nicht wehren; gleichwohl behält er aber selbstverständlich seinen Honoraranspruch.

6. Möglicher Inhalt eines Schiedsgutachtervertrags[15]

(*Anmerkung*: Die einzelnen Punkte sollten jeweils individuell ausgehandelt und formuliert werden.)

Vertrag

Zwischen dem Auftragnehmer – öffentlich bestellte(r) und vereidigte(r) Sachverständige(r) ... *(Name und Anschrift)* als Schiedsgutachter

und

a) Auftraggeber 1 ... *(Name und Anschrift)*
b) Auftraggeber 2 ... *(Name und Anschrift)*

---

14 *BGH*, NJW 1984, 43.
15 Siehe einen Mustervorschlag über die Neufestsetzung der Pacht für ein Gaststättenobjekt auch *Bock*, in: *Bayerlein*, § 26 Rdnr. 16.

Wird folgender Vertrag abgeschlossen:

1. Die unterzeichnenden Auftraggeber beauftragen den öffentlich bestellten und vereidigten Sachverständigen (Auftragnehmer), über folgende Fragen schiedsgutachterliche Feststellungen zu treffen:

   ...

2. Die Auftraggeber 1 und 2 werden dem/der Schiedsgutachter/in bis zum ... *(Frist)* folgende Unterlagen zur Verfügung stellen: ....

3. Auf Einladung der/des Schiedsgutachter/in findet mit den Auftraggebern eine Ortsbesichtigung sowie eine gesonderte Unterredung zwecks Erörterung der vorgelegten Unterlagen statt.

4. Das schriftlich ausgearbeitete Schiedsgutachten übersendet der/die Schiedsgutachter/in bis spätestens ... *(Frist)* an die Auftraggeber.

5. Die Auftraggeber erkennen die Feststellungen des/der Schiedsgutachter/in (Auftragnehmer/in öffentlich bestellte(r) und vereidige(r) Sachverständige(r)) als rechtsverbindlich an.

6. Die gesetzlichen Vorschriften der §§ 317 bis 319 BGB finden auf diesen Vertrag Anwendung.

7. Der/Die Schiedsgutachter/in erhält für seine/ihre Tätigkeit ein Honorar wie folgt (entweder Option a, b oder c besprechen):
   a) Es wird ein Pauschalhonorar vereinbart in Höhe von ... Euro zuzüglich 19% MwSt.
   b) Das Honorar des/der Sachverständigen wird wie folgt netto berechnet:
      für die Sachverständigenstunde ... Euro
      für die Hilfskraftstunde ... Euro
      Nebenkosten wie Lichtpausen, Vervielfältigungen und Fotos sowie sonstige Nebenkosten sind in Höhe der tatsächlichen Aufwendungen zu erstatten. Auf die vorgenannten Stunden und Nebenkosten wird die gesetzliche Mehrwertsteuer erhoben.
   c) Abrechnung nach HOAI, soweit die Schiedsgutachtentätigkeit in Leistungsbilder der HOAI fällt.

8. Die Auftraggeber haften für das Schiedsgutachtenhonorar einschließlich Auslagen als Gesamtschuldner.

9. Der/Die Schiedsgutachter/in (Auftragnehmer) ist berechtigt, von jeder der Parteien jederzeit Kostenvorschüsse anzufordern.

10. Die Kosten des Schiedsgutachtens trägt diejenige Partei, die in dem Streitfall unterliegt. Bei teilweisem Unterliegen werden die Kosten von dem/der Schiedsgutachter/in nach Billigkeit auf die beiden Auftraggeber verteilt.

11. Das Gutachten wird nur für den unter Nr. 1 beschriebenen Zweck und ausschließlich für die Auftraggeber in Gemeinschaft erstellt. Eine weitergehende Verwendung ist ausgeschlossen und nur mit ausdrücklicher Zustimmung des/der Schiedsgutachters/rin zulässig.

12. Unbeschadet einer Kündigung aus wichtigem Grund kann der/die Schiedsgutachter/in diesen Vertrag ohne Frist kündigen, wenn die Auftraggeber die zur Ausführung des Auftrags erforderlichen Unterlagen nicht oder nicht fristgemäß zur Verfügung stellen und/oder die nach Nr. 9 angeforderten Kostenvorschüsse nicht entrichten.

... (Ort), den ... (Datum)

..., öffentlich bestellte(r) und vereidige(r) Sachverständige(r) (Auftragnehmer)

..., Auftraggeber 1

..., Auftraggeber 2

XVI. Das schiedsrichterliche Verfahren

Dem Sachverständigen kann auf Grund seiner fachlichen Qualifikation das Schiedsrichteramt angetragen werden. Das schiedsrichterliche Verfahren ist in den §§ 1025 ff. ZPO gesetzlich geregelt. Diese Vorschriften ermöglichen die Ausübung privater Gerichtsbarkeit **neben** beziehungsweise **an Stelle** der staatlichen Gerichtsbarkeit.

Der besondere Vorteil des schiedsrichterlichen Verfahrens besteht darin, schnell und kostengünstig streitige sachverständig zu beurteilende Sachverhalte rechtsverbindlich zwischen den streitenden Parteien zu klären. Dabei kann es sowohl um die Klärung bestehender wie auch zukünftiger Streitigkeiten gehen. Am Ende eines derartigen Verfahrens steht dann der Schiedsspruch oder ein Schiedsvergleich. Aus beiden kann die Zwangsvollstreckung betrieben werden.

Gegenüber dem Schiedsgutachten hat das Schiedsgerichtsverfahren den Vorteil, dass der Schiedsspruch inhaltlich nicht durch die Gerichte überprüfbar ist. Der Schiedsspruch ist definitiv verbindlich. Mit ihm kann aus einer Vollstreckbarkeitserklärung des Oberlandesgerichts vollstreckt werden[1].

1. Grundzüge

Die Voraussetzung eines schiedsrichterlichen Verfahrens ist eine schriftliche Vereinbarung darüber, dass die Parteien Meinungsverschiedenheiten durch ein **Schiedsgericht** entscheiden lassen wollen (siehe das folgende Muster einer Schiedsvereinbarung). Wird eine solche Vereinbarung (Schiedsabrede/-klausel, § 1029 ZPO) getroffen, kann vor dem staatlichen Gericht keine Klage durchgeführt werden, wenn die beklagte Partei die Einrede die Schiedsvereinbarung erhebt.

Weiterhin ist dann ein Vertrag zwischen den Parteien und den vereinbarten Schiedsrichtern zu treffen. Erst dann können diese tätig werden (siehe Muster Schiedsrichtervertrag).

Das schiedsrichterliche Verfahren ist nach rechtsstaatlichen Grundsätzen unter Berücksichtigung der §§ 1025 ff. ZPO durchzuführen:

---

1   *Bock,* in: *Bayerlein,* § 26 Rdnr. 7.

Die Parteien können die Anzahl der Schiedsrichter vereinbaren (§ 1034 ZPO). Ein Schiedsgericht besteht oft aus drei Personen. Der Vorsitzende sollte Volljurist sein und aus der Anwaltschaft oder Richterschaft kommen. Dies ist schon deshalb sinnvoll, weil eine Vielzahl zivilprozessualer Verfahrensvorschriften (§§ 1025 ff. ZPO) zwingend einzuhalten sind.

Liegt keine abweichende Vereinbarung vor, benennt jede Partei innerhalb einer festgelegten Frist jeweils einen Schiedsrichter, die sich dann ihrerseits auf den Vorsitzenden des Schiedsgerichtes einigen (§ 1035 III ZPO).

Kommt eine Zusammensetzung des Schiedsgerichts nicht zu Stande, so kann jede Partei bei Gericht beantragen, es möge die erforderlichen Maßnahmen, die mit der Schiedsvereinbarung getroffen wurden, anordnen (§ 1035 IV ZPO).

Will eine der Parteien einen der Schiedsrichter ablehnen (§ 1037 ZPO), so muss sie innerhalb von zwei Wochen, nachdem ihr die Zusammensetzung des Schiedsgerichts oder ein Umstand i. S. des § 1036 II ZPO bekannt geworden ist, dem Schiedsgericht die Ablehnungsgründe schriftlich darlegen. Tritt der abgelehnte Schiedsrichter von seinem Amt nicht zurück oder stimmt die andere Partei der Ablehnung nicht zu, so entscheidet das Schiedsgericht ohne den abgelehnten Schiedsrichter über die Ablehnung. Bleibt die Ablehnung erfolglos, so kann die ablehnende Partei innerhalb eines Monats, nachdem sie von der Entscheidung Kenntnis erlangt hat, bei dem ordentlichen Gericht eine Entscheidung über die Ablehnung beantragen. Während ein solcher Antrag anhängig ist, kann das Schiedsgericht einschließlich des abgelehnten Schiedsrichters das schiedsgerichtliche Verfahren fortsetzen und einen Schiedsspruch erlassen (§ 1037 III ZPO).

2. Der Verfahrensgang

Das Gesetz lässt dem Schiedsgericht weitgehend freie Hand bei der Verfahrensgestaltung (§ 1042 ZPO). Das Schiedsgericht sollte sich aber am staatlichen Gerichtsverfahren orientieren[2]. Dieses sieht in seinen Grundzügen wie folgt aus:

- Einreichen der Klageschrift.
- Vorlegen der Klageerwiderung.
- Verfahrensförderung des Schiedsgerichts durch rechtliche Hinweise, Auflagen und andere sachdienliche Maßnahmen (§ 273 ZPO).
- Anberaumung eines Verhandlungstermins.
- Der Vorsitzende führt in der Schiedsgerichtsverhandlung in den Sach- und Streitstand ein. Das Schiedsgericht nimmt präsente erforderliche Beweisan-

---

2 *Wellmann/Weidhaas*, S. 134.

gebote entgegen; gegebenenfalls wird auch ein weiterer Beweisaufnahmetermin angesetzt, zu dem auch Sachverständige geladen werden können. Mit Hilfe staatlicher Gerichte kann man auch Zeugen zwangsweise vorführen lassen (§ 1050 ZPO).

- Schiedsvergleich oder Schiedsspruch schließen das Verfahren ab.
- Der Schiedsspruch entspricht einem Urteil des staatlichen Gerichtes und wird den Parteien zugestellt[3].

In dem Schiedsspruch ist auch über die Verfahrenskosten zu entscheiden.

3. Rechtsbehelfe gegen den Schiedsspruch

Ein Schiedsspruch kann unter den in § 1059 ZPO aufgeführten Voraussetzungen aufgehoben werden. Das ist in folgenden Fällen gegeben:

- Die Schiedsvereinbarung durfte nicht deutschem Recht unterstellt werden.
- Die Partei hatte keine ausreichende Kenntnis über die Bestellung des Schiedsgerichtes und das schiedsgerichtliche Verfahren.
- Der Schiedsspruch betrifft einen Problembereich, der von der Schiedsvereinbarung nicht betroffen ist.
- Die Bildung des Schiedsgerichts widerspricht rechtsstaatlichen Grundsätzen und dem § 1025 ZPO.
- Die Anerkennung oder Vollstreckbarkeit des Schiedsspruches würde zu einem Ergebnis führen, das der öffentlichen Ordnung widerspricht.

Die Frist des Aufhebungsantrages zu den vorgenannten Fragen läuft drei Monate ab Zustellung des Schiedsspruches an den jeweiligen Antragsteller.
Das zuständige Oberlandesgericht (§ 1062 ZPO) kann den Schiedsspruch aufheben und zur erneuten Entscheidung an das Schiedsgericht zurückverweisen. Im Zweifelsfall lebt das Schiedsgerichtsverfahren wieder auf.

4. Anerkennung und Vollstreckbarkeit von Schiedssprüchen

Die Zwangsvollstreckung findet statt, wenn der Schiedsspruch für vollstreckbar erklärt worden ist und kein Grund vorliegt, der eine Aufhebung nach § 1059 ZPO rechtfertigt.

---

3 *Klocke*, S. 130.

5. Bindung der Parteien an den Schiedsspruch

Der Schiedsspruch hat zwischen den Parteien die Wirkung eines rechtskräftigen staatlichen Gerichtsurteils. Aus dem Schiedsspruch kann mit einer Vollstreckbarkeitserklärung des zuständigen Oberlandesgerichts vollstreckt werden.

6. Die Haftung des Sachverständigen vor dem Schiedsgericht

Es ist möglich, dass ein Sachverständiger als Gutachter vor einem Schiedsgericht ein Gutachten erstellen muss. Er ist dann ein Schiedsgerichtsgutachter.
Der Sachverständige tritt gegenüber dem Schiedsgericht in kein öffentlich-rechtliches Verhältnis ein, sondern er wird für das Schiedsgericht auf der Grundlage eines **Werkvertrages** tätig.
Der *BGH* hat jedoch die Auffassung vertreten, dass nach stillschweigender Vereinbarung der Schiedsparteien der Sachverständige nicht weitergehend haften soll, als bei seiner Tätigkeit vor dem ordentlichen Gericht[4]. § 839a BGB ist anwendbar[5], soweit die Parteien mit dem Sachverständigen keine andere Vereinbarung getroffen haben[6]

7. Möglicher Inhalt einer Schiedsvereinbarung, § 1029 ZPO

1. Über Streitigkeiten im Zusammenhang mit diesem Vertrag vom ... *(Ort/Datum)* und seiner Durchführung soll unter Ausschluss des ordentlichen Rechtsweges gemäß den §§ 1025 ff. ZPO ein Schiedsgericht entscheiden.
2. Das aus drei Personen bestehende Schiedsgericht wird vom 1. Vorsitzenden des LVS ... *(Landesverband der Sachverständigen)* bestimmt. Der Vorsitzende des Schiedsgerichtes soll ein Volljurist sein, der aus der Anwaltschaft oder Richterschaft kommt. Die beiden Beisitzer sollen öffentlich bestellte und vereidigte Sachverständige sein.
3. Das Schiedsgericht hat sein Verfahren im Rahmen der rechtsstaatlichen Grundsätze und nach den §§ 1025 ff ZPO durchzuführen.

---

4 *BGH*, NJW 1965, 298. Zur Haftung vor dem ordentlichen Gericht vgl. den entsprechenden Abschnitt in diesem Buch.
5 BGH, NJW 1965, 298; abl. *Wagner*, NJW 2002, 2049 (2063) und *Palandt/Sprau*, § 839a Rdnr. 1.
6 *Roeßner*, in: *Bayerlein*, § 35 Rdnr. 2.

4. Das Schiedsgericht hat seinen Sitz in ... *(Ort)*. Für eventuell erforderliche gerichtliche Entscheidungen und eventuell notwendige Tätigkeiten eines staatlichen Gerichts ist das ... *(Oberlandesgericht des Ortes)* zuständig.
5. Das Schiedsgericht kann bindend über die Gültigkeit dieser Schiedsgerichtsvereinbarung entscheiden.

... (Ort, Datum Unterschrift der Vertragsparteien des Vertrages, über dessen mögliche Streitfragen durch das Schiedsbericht entschieden werden soll).

8. Möglicher Inhalt eines Schiedsrichtervertrags

1. Zwischen den Vertragsparteien *(Herrn A und Herrn B)* bestehen Meinungsverschiedenheiten über die Frage ... *(genaue Bezeichnung der Frage)*. Auf Grund der Schiedsvereinbarung vom ... *(Datum)* soll hierüber das Schiedsgericht nach rechtsstaatlichen Grundsätzen und gemäß den §§ 1025 ff ZPO und gemäß den anerkannten Regeln der Technik entscheiden.
2. Die Parteien werden dem Schiedsgericht die benötigten Informationen und Unterlagen zur Verfügung stellen. Außerdem werden die Parteien das Schiedsgericht nach besten Kräften unterstützen. Das Schiedsgericht kann Unterlagen auch unmittelbar von Dritten anfordern.
3. Das Schiedsgericht wird das Verfahren sorgfältig und zügig bearbeiten. Es haftet wie ein staatliches Gericht.
4. Die Tätigkeit der Schiedsrichter wird entsprechend des Rechtsanwaltsgebührengesetz (RVG) mit 1,3 der Gebühren x 2 für die Beisitzer und mit 2,0 der Gebühren x 2 für den Vorsitzenden erstattet.
5. Jede Partei zahlt bis zum ... *(Datum)* einen Kostenvorschuss von ... Euro an das Schiedsgericht zu Händen des Vorsitzenden.
6. Beide Parteien haften für das Honorar des Schiedsgerichtes in jedem Fall als Gesamtschuldner.
7. Das Schiedsgericht hat Stillschweigen über alles zu bewahren, was mit diesem Verfahren in Zusammenhang steht.

... (Ort, Datum, Unterschrift der Parteien, Herr A und Herr B)
... (Unterschrift der drei Schiedsrichter)

XVII. Das Sachverständigenverfahren in der Sachversicherung

Mit Ausnahme der Haftpflichtversicherung findet sich in fast allen Zweigen der Schadensversicherung die Regelung, dass bei Meinungsverschiedenheiten zwischen Versicherungsgesellschaft und Versicherungsnehmer das Sachverständigenverfahren zur Anwendung gebracht werden kann (so z. B. in § 15 Allgemeine Feuerversicherungsbedingungen [AFB]). Einigen sich Versicherungsgesellschaft und Versicherungsnehmer auf ein Sachverständigenverfahren, so bedeutet dies, dass der Sachverständige mit verbindlicher Wirkung **Tatsachen feststellen** soll, die für die Rechtsbeziehung zwischen Versicherungsgesellschaft und Versicherungsnehmer von Bedeutung sind[1].

Sollten tatsächlich Meinungsverschiedenheiten zwischen Versicherungsgesellschaft und Versicherungsnehmer auftreten und haben sich die Parteien auf das Sachverständigenverfahren geeinigt, dann beruft jede der Parteien den Sachverständigen ihres Vertrauens. Sachverständige, die in einem Beschäftigungsverhältnis zu einer der Parteien stehen, bieten allerdings keine Gewähr für eine neutrale Begutachtung und können daher von ihr nicht zum Sachverständigen berufen werden [2].

Jede Partei schließt mit ihrem Sachverständigen einen Vertrag[3].

Üblicherweise werden die Sachverständigen den Sachverhalt **unabhängig voneinander** ermitteln. Weichen ihre Feststellungen jedoch voneinander ab, muss ein **Obmann** entscheiden, auf den sich die ernannten Sachverständigen zuvor geeinigt haben[4]. Können die beiden von den Parteien ernannten Sachverständigen kein übereinstimmendes Ergebnis treffen, so muss der Obmann mit den Parteien einen Sachverständigenvertrag schließen und dann innerhalb der Meinungsunterschiede abschließend entscheiden[5].

---

1 Ausführlich zum Sachverständigenverfahren in der Sachversicherung vgl. *Volze*, VersR 2006, 627.

2 *Voit/Knappmann*, in: *Prölss/Martin*, § 64 VVG Rdnr. 20; *OLG Schleswig*, VersR 1954, 506; *Engels*, VP 1980, 7; offenlassend: *BGHZ* 1957,122.

3 *Wussow*, Feuerversicherung, § 15 AFB, Anm. 3 J.

4 *BGH*, VersR 1989, 910.

5 Das Honorar des Sachverständigen ist gegenüber seinem Auftraggeber geltend zu machen. Das Honorar des Obmanns ist von beiden Parteien gesamtschuldnerisch zu tragen.

Ein **gemeinsames** Gutachten der von den Parteien ernannten Sachverständigen reicht nur dann aus, wenn dies dem Willen der Parteien entspricht und die Feststellungen übereinstimmen[6].

Die Aufgabe des Sachverständigen ist es, die Grundlage zur Bezifferung eines der Höhe nach noch unbestimmten Anspruchs zu schaffen. Es ist **nicht** seine Aufgabe, über einen geltend gemachten Anspruch zu entscheiden; der Sachverständige ist Schieds**gutachter** und nicht Schieds**richter**[7].

Oft ist Gegenstand der Feststellungen des Sachverständigen nicht die gesamte Höhe des Versicherungsschadens, sondern nur bestimmte Teile des Schadens wie zum Beispiel die Bewertung eines einzelnen Gebäudes oder einzelner Maschinen, über die sich die Partner nicht einigen können. Für mehrere Teile des Schadens, deren Feststellung verschiedene Sachkunde erfordert, sind mehrere Sachverständigenverfahren erforderlich.

Das Sachverständigenverfahren kann auf **weitergehende Feststellungen** ausgedehnt werden, wenn vorher von den Parteien eine entsprechende Vereinbarung getroffen wurde[8]. Oft sind neben der Schadenshöhe die tatsächlichen Voraussetzungen des versicherungsrechtlichen Entschädigungsanspruchs streitig. Auch diese Voraussetzungen können zum Gegenstand des Sachverständigenverfahrens gemacht werden.

Der Sachverständige kann **Zeugen** anhören[9]. Auch im Schiedsverfahren ist dies möglich. Ob aber die Regelungen der §§ 1042 ff ZPO über das Schiedsverfahren ohne weiteres analog auch auf das **Sachverständigenverfahren** angewandt werden dürfen[10], ist zweifelhaft. Der Sachverständige ist im Sachverständigenverfahren kein Schiedsrichter, sondern er trifft seine Feststellungen zu einzelnen **Tatsachenfragen,** die zwischen den Parteien streitig geblieben sind, Der Schiedsrichter entscheidet hingegen den Fall sachlich und rechtlich komplett [11].

---

6 *Reiser*, Feuerversicherungsrecht, § 16 AFB Rdnr. 29; a. A. *LG Bremen*, r+s 1984, 63; *Bruck/Möller*, Bd. III, Anm. H. 236; stillschweigendes Einverständnis: *BGH*, VersR 1987, 601.

7 *BGH*, VersR 1976, 82 (823).

8 *Voit/Knappmann*, in: *Prölss/Martin*, § 64 VVG Rdnr. 6.

9 *Voit/Knappmann*, in: *Prölss/Martin*, § 64 VVG Rdnr. 28, weisen darauf hin, dass die unmittelbare Befragung von „Zeugen" (Auskunftspersonen) durch einen einzelnen Sachverständigen unterbleiben sollte und durch schriftliche, von den Beteiligten zu beschaffende Erklärungen, ersetzt werden sollte.

10 So *Heinrich*, S. 194 ff.

11 *BGH*, VersR 1976, 821 (823).

Das Gutachten muss **schriftlich** niedergelegt werden. Zwar ist die Schriftform nicht gesetzlich vorgesehen. Aber dies lässt sich aus den Formulierungen in den Allgemeinen Versicherungsbedingungen entnehmen[12].

Der Sachverständige hat sein Gutachten beiden Parteien bekannt zu geben[13].

Der Sachverständige als Verfasser des Gutachtens hat dann keine Möglichkeit mehr, nachträglich das einmal erstattete Gutachten zu widerrufen[14]. Der Sachverständige kann auch nicht einen erkannten Fehler nachträglich korrigieren[15]. Lediglich Schreib- und Rechenfehler kann der Sachverständige – wie auch der Richter gem. § 319 ZPO – nachträglich berichtigen.

Auch nachdem den Parteien ein **neues** Gutachten zugestellt wird, weil sich die Fehlerhaftigkeit das alten Gutachtens herausgestellt hat, bleibt die erste Begutachtung im Sachverständigenverfahren rechtlich verbindlich[16]. Diese Auffassung erklärt sich damit, dass das Sachverständigenverfahren dem Schiedsgerichtsverfahren verwandt ist. Auch ein Schiedsrichter kann sein einmal gefundenes Urteil nicht wieder nachträglich abändern.

Allerdings gilt das zweite Gutachten mit dem korrigierten Fehler dann aber möglicherweise als Nachweis für eine **offenbare Unrichtigkeit** des ersten Gutachtens. In solchen Fällen werden die Parteien einvernehmlich die Bindewirkung des **zweiten** Gutachtens zwischen ihnen anerkennen[17].

Wird ein lediglich **unvollständiges Gutachten** erstattet, so hat die jeweilige Partei einen Anspruch auf Wiederaufnahme des Sachverständigenverfahrens zum Zwecke der Ergänzung des Gutachtens[18].

Unterbleibt die geforderte Ergänzung, dann ist das Sachverständigenverfahren gescheitert; es sei denn, die Parteien einigen sich auf die Einbeziehung eines neuen Sachverständigen, der mit der Gutachtenergänzung beauftragt wird.

Ein Gutachten kann im Sachverständigenverfahren nicht gem. § 318 II BGB analog angefochten werden[19]. Denn § 318 II BGB gilt für die Anfechtung von Leis-

---

12 So ist in § 15 IV der AFB geregelt, dass die Sachverständigen ihre Feststellungen gleichzeitig dem Versicherer und dem Versicherungsnehmer einreichen. Dies ist nicht anders als in schriftlicher Form möglich. So auch *Bruck/Möller*, Bd. III, Anm. H 237.
13 Siehe z.B. § 15 AFB 87.
14 *Sieg*, VersR 1965, S. 634 mit analoger Anwendung des § 318 ZPO. So auch *Voit/Knappmann*, in: *Prölss/Martin*, § 64 VVG Rdnr. 33.
15 *Heinrichs*, in: *Palandt*, 66. Aufl. (2007), § 318 Rdnr. 2.
16 Es gibt aber die Möglichkeit, das Gutachten anzufechten. Hierzu müssen allerdings die Voraussetzungen gem. §§ 119, 123 BGB gegeben sein. *So Voit/Knappmann*, in: *Prölss/Martin*, § 64 VVG Rdnr. 33.
17 *Voit/Knappmann*, in: *Prölss/Martin*, § 64 VVG Rdnr. 35
18 *BGH*, VersR 1995, 332; vgl. auch *Voit/Knappmann*, in: *Prölss/Martin*, § 64 VVG Rdnrn. 31, 32.
19 *Sieg*, VersR 1965, 629 (635); a. A. *Döberneiner*, VersR 1983, 713.

tungsbestimmungen. Der Sachverständige gibt seinem Gutachten aber keine rechtsgestaltende Erklärungen ab, sondern er stellt zwischen den Parteien streitige Tatsachen fest. Im Übrigen ist ein fehlerhaftes Gutachten offenbar unrichtig, so dass die Parteien an das Gutachten nicht **gebunden** sind. Eine Anfechtbarkeit ist somit nicht erforderlich.

Das Gutachten ist immer dann **unverbindlich,** wenn
- die Sachverständigen ihre vertraglich vorgegebenen Feststellungen überschreiten[20] und der Obmann die Grenzen der Feststellungen seiner Vorgutachten nicht einhält[21];
- eine Rechtsfrage entschieden wurde, denn zu Rechtsfragen darf der Gutachter sich nicht äußern. Er ist Schieds*gutachter* und nicht Schieds*richter*;
- wenn die Sachverständigen offenbar von der wirklichen Sachlage erheblich abweichen[22]. Allerdings führt nicht jede Abweichung zur Nichtigkeit des Gutachtens[23];
- Sachverständigenfeststellungen sind unwirksam, wenn der Sachverständige wegen Befangenheit nachträglich erfolgreich abgelehnt wurde[24].

---

20 *Voit/Knappmann,* in: *Prölss/Martin,* § 64 VVG Rdnr. 48
21 *BGH,* VersR 1967, 1141
22 Siehe §§ 64 I Nr.1, 184 I Nr. l VVG. *Voit/Knappmann,* in: *Prölss/Martin,* § 64 VVG Rdnr. 35
23 Zur Konkretisierung der Abweichung orientiert man sich gern an Prozentsätzen. Die Rechtsprechung bietet hier jedoch kein einheitliches Bild *(Voit/Knappmann,* in: *Prölss/Martin,* § 64 VVG Rdnrn. 39 ff.). Früher wurde vom *BGH* bereits eine Abweichung von weniger als 10 % für erheblich angesehen *(BGH,* VersR 1957, 122 [123]); später sind Abweichungen von 13,2 % als unerheblich bezeichnet worden *(BGH,* VersR 1986, 482 [483]). Nach Entscheidungen von Oberlandesgerichten sollen Abweichungen erst bei über 20 % beachtlich sein *(OLG München,* VersR 1959, 1017; *OLG Braunschweig,* VersR 1976, 329). Nunmehr führt der *BGH* (VersR 1987, 602) zu Recht aus, dass schematische Mindestgrenzen für unzulässige Abweichungen in Gutachten nicht möglich sind. Statt dessen weist der *BGH* darauf hin, dass ein Gutachten erheblich außerhalb der üblichen Toleranzen liegen muss, wenn es unverbindlich sein soll *(BGH,* VersR 1987, 602). Allerdings sei es im Interesse der weitgehenden Gleichbehandlung des Versicherungsnehmers angemessen, von einem Prozentsatz als Richtschnur auszugehen. Wenn die Abweichung zwischen Gutachten und Wirklichkeit um weniger als 15 % unterschritten werde, soll die Abweichung unerheblich sein *(Voit/Knappmann,* in: *Prölss/Martin,* § 64 VVG Rdnr. 40. Abweichungen von mehr als 20 % als erheblich: *BGH,* VersR 1987, 601; *OLG Köln,* r+s 1994, 384).
24 Im Gegensatz zu den von den Parteien ernannten Sachverständigen, denen in der Praxis eine aus ihrer Ernennung gewisse Befangenheit zugebilligt wird, ist von dem Obmann strikte Neutralität zu fordern *(Voit/Knappmann,* in: *Prölss/Martin,* § 64 VVG Rdnrn 49, 52; *LG Hamburg,* Zfs 1987, 27). Diese Auffassung ist nicht unproblematisch, da bekanntlich die von den Parteien ernannten Sachverständigen die

Insbesondere darf ein Sachverständiger, der öffentlich bestellt und vereidigt ist und nach der Sachverständigenordnung der Industrie- und Handelskammern zur Neutralität verpflichtet sind, nicht parteiisch sein. Kennt eine Partei die Befangenheit des Sachverständigen, so muss sie der Ernennung unverzüglich widersprechen. Die Frage der Befangenheit und der rechtzeitigen Ablehnung ist dann Gegenstand des späteren gerichtlichen Verfahrens über die Berechtigung und die Höhe der versicherungrechtlichen Entschädigung.

- Das Gutachten wird außerdem unverbindlich, wenn das Verfahren unter schweren Mängeln leidet, wenn der Sachverständige zum Beispiel nicht die erforderlichen Ermittlungen vorgenommen hat; das zu begutachtende Gebäude wird etwa überhaupt nicht besichtigt.

Die Unverbindlichkeit des Gutachtens hat zur Folge, dass die Bindewirkung der Sachverständigenfeststellungen insgesamt rückwirkend entfällt.

Hat der Sachverständige durch sein Verschulden die Unverbindlichkeit des Gutachtens herbeigeführt, dann entfällt sein Honoraranspruch. Sein Gutachten ist nicht verwertbar.

Kommen die Sachverständigen zu unterschiedlichen Ergebnissen, sind die Gutachten dem Obmann vorzulegen. Der Obmann entscheidet dann über die streitig gebliebenen Punkte innerhalb der beiden vorliegenden Gutachten. Es müssen diejenigen Einzelfeststellungen, in denen die Sachverständigen übereinstimmen, als gegeben zu Grunde gelegt werden; soweit er davon abweicht, ist sein Gutachten unverbindlich, weil es aus dem Rahmen der Zuständigkeit fällt: Sind also die Sachverständigen, die über die Schäden an zehn Maschinen zu entscheiden haben, über acht Maschinen einig geworden, nicht aber über zwei Maschinen, dann darf der Obmann sich nur mit diesen beiden Maschinen innerhalb des Rahmens der unterschiedlichen Feststellungen der Sachverständigen befassen.

Der Obmann ist nicht verpflichtet, mit dem Sachverständigen vor der Abgabe seines Gutachtens zu verhandeln. Er kann und soll die Sachverständigen aber befragen, wenn der Inhalt des Gutachtens es erforderlich macht. Eine Befangenheit des Obmanns ergibt sich daraus aber nicht.

Auch ist darauf hinzuweisen, dass die Unverbindlichkeit der Gutachten der von den Parteien ernannten Sachverständigen auch das Gutachten des Obmanns hinfällig machen kann. Das Gutachten des Obmanns beruht nämlich auf den Gutachten der Sachverständigen der Parteien.

Grenzen der Feststellungen für den Obmann setzen. Siehe hierzu *Volze*, VersR 1985, 223 ff.

Scheitert das Sachverständigenverfahren, müssen die erforderlichen Feststellungen durch das Gericht getroffen werden[25].

Das Sachverständigenverfahren ist dann gescheitert, wenn die Sachverständigen ihr Gutachten nicht erstellen können oder wollen oder verzögern. Sind also die Sachverständigen ernannt und erstellen das Gutachten nicht, so kann keine Partei verlangen, dass ein anderer Sachverständiger gewählt wird. Das Sachverständigenverfahren ist gem. § 64 I VVG gescheitert.

Allerdings können sich Parteien über die Durchführung eines neuen Sachverständigenverfahrens einigen.

Erhebt der Versicherungsnehmer Klage auf Zahlung von Entschädigung, bevor das Sachverständigenverfahren abgeschlossen ist, steht der materielle Einwand der fehlenden Fälligkeit entgegen, das dass die Klage als unbegründet abzuweisen wäre[26].

Die **Kosten des Sachverständigenverfahrens** trägt der Versicherer nach § 66 II VVG, wenn er das Sachverständigenverfahren verlangt und keine anderweitige Regelung zwischen den Parteien getroffen wurde[27]. Schließen Versicherer und Versicherungsnehmer das Sachverständigenverfahren einvernehmlich, so regeln sich die Kosten nach den Versicherungsbedingungen[28]. Ist aber in den Versicherungsbedingungen nur geregelt, dass die Parteien eine entsprechende Vereinbarung über die Kosten tragen und sieht diese formularmäßige Vereinbarung eine Kostenteilung vor, dann hält der *BGH* diese Vereinbarung für unwirksam[29]. Die Vereinbarung ist nur dann rechtswirksam, wenn der Versicherungsnehmer vor Unterzeichnung der Vereinbarung darauf hingewiesen wurde, dass er zu einer Kostenübernahme nicht verpflichtet ist[30].

Die **Haftung** des Sachverständigen orientiert sich in erster Linie an dem Vertrag mit seinem Auftraggeber, beziehungsweise beim Obmann mit seinen Auftraggebern[31], wonach der Sachverständige sowohl gegenüber der Versicherungsgesellschaft wie auch dem Versicherungsnehmer haften soll.

Gegen den Schiedsgutachter können aber nur dann Schadensersatzansprüche geltend gemacht werden, wenn seine Pflichtverletzungen dazu führen, dass sein

---

25 Vgl. *§ 64 I 2 VVG* – Die Feststellung erfolgt in diesem Falle durch Urteil. *Voit/Knappmann*, in: *Prölss/Martin*, § 64 VVG Rdnr. 58.
26 *OLG Frankfurt a.M.*, VersR 1959, 593.
27 *BGH*, VersR 1982, 482.
28 *Knappmann*, in *Prölss/Martin*, § 66 VVG Rdnr. 6.
29 *BGH*, VersR 1988, 682.
30 *BGH*, VersR 1988, 682.
31 *Wussow*, Feuerversicherung, § 15 AFB, Anm. 3; a. A. *Bruck/Möller*, Bd. II, § 64 Anm. 29).

Gutachten wegen offenbarer Unrichtigkeit nicht verbindlich und damit wertlos ist[32].

---

32 *BGH,* NJW 1965, 1524.

XVIII. Vergütung des gerichtlichen Sachverständigen

Der gerichtliche Sachverständige hat für seine erbrachte Leistung einen Anspruch auf Vergütung[1]. Mit Einführung des JVEG im Jahre 2004 wurde das Entschädigungsprinzip vom nunmehr geltenden **Vergütungsprinzip** abgelöst. Gem. § 9 I JVEG ist die Leistung des Sachverständigen einer Honorargruppe zuzuordnen, nach der sich dann die Höhe seines Honorars (50–85 Euro) richtet[2]. Die Honorargruppen sind in Anlage 1 zu § 9 JVEG aufgelistet. Ist die Zuordnung der Leistung zu einem der aufgelisteten Sachgebiete nicht eindeutig möglich, so muss die Leistung nach **billigem Ermessen zugeordnet** werden (§ 9 I 3 JVEG). Hier hat sich schon nach kurzer Zeit eine differenzierte Rechtsprechung herausgebildet, die immer neu angepasst wird und in den aktuellen Kommentaren jeweils aktuell nachzuschlagen ist[3].

1. Vergütungsvereinbarungen

Es ist aber auch möglich, dass Vergütungsvereinbarungen getroffen werden. So kann etwa eine **Pauschalvergütung** oder auch eine **Besondere Vergütung** vereinbart werden.

a) § 14 JVEG, Vereinbarung der Vergütung

Gem. § 14 JVEG ist es möglich, dass mit Sachverständigen, die häufiger herangezogen werden, eine Vereinbarung über die zu gewährende Vergütung getroffen wird. Die Höhe darf aber die nach dem JVEG vorgesehene Vergütung nicht überschreiten.

---

1   Siehe Ausführlich *Bleutge*, DS 2006, 345. Ein anschaulicher Überblick findet sich in *Staudt/Ansorge*, S. 143 ff.
2   Zur Kürzung der Vergütung bei Überschreitung des Kostenvorschusses vgl. *Bleutge*, DS 2007, 59.
3   Zum Stand 2006 vgl. *Bund*, DS 2006, 233; 264 (267).

Durch eine Festlegung einer solchen **Pauschalvergütung** soll eine vereinfachte Honorarabrechnung ermöglicht werden[4]. Von dieser wären dann die **Leistungsvergütung** als auch alle **Aufwendungen** und **Auslagen** umfasst[5].

b) § 13 JVEG, Besondere Vergütung

Im JVEG gibt es für den Sachverständigen die Möglichkeit, in einem Verfahren gem. § 4 JVEG (Gerichtliche Festsetzung) sich im Einverständnis der Parteien oder im Einverständnis einer der Parteien mit dem Gericht eine höhere Vergütung auszahlen zu lassen, als dies nach JVEG vorgesehen ist[6]. Der Sachverständige muss hierzu gem. § 4 JVEG einen Antrag auf besondere Vergütung stellen.

§ 13 I JVEG besagt hierzu:

§ 13 JVEG. *Besondere Vergütung.* (1) Sind die Gerichtskosten nach der jeweiligen Verfahrensordnung in jedem Fall den Parteien oder den Beteiligten aufzuerlegen und haben sich diese dem Gericht gegenüber mit einer bestimmten oder abweichend von der gesetzlichen Regelung zu bemessenden Vergütung einverstanden erklärt, wird der Sachverständige, Dolmetscher oder Übersetzer unter Gewährung dieser Vergütung erst herangezogen, wenn ein ausreichender Betrag für die gesamte Vergütung an die Staatskasse gezahlt ist.

Das Einverständnis der Parteien muss nicht ausdrücklich[7], aber bis zur gerichtlichen Festsetzung erklärt werden. Die Heranziehung des Sachverständigen erfolgt erst dann, wenn der ausreichende Kostenvorschuss eingezahlt wurde.

2. Nach den gesetzlichen Regeln bemessene Vergütung

Im Normalfall findet jedoch eine nach den gesetzlichen Regelungen zu bemessende Vergütung statt. Hier kann der Sachverständige neben dem Honorar für seine Leistung (§ 9 JVEG) auch seine Unkosten verlangen, die ihm auf Grund des Auftrags entstanden sind. Hierzu zählen etwa die Reisekosten, die Kosten für die beigezogenen Hilfskräfte oder auch die Büro- und Kopierunkosten.

---

4   *Meyer/Höver/Bach*, JVEG, § 14 Rdnr. 14.3.
5   *Meyer/Höver/Bach*, JVEG, § 14 Rdnr. 14.6.
6   Vgl. auch kritisch *Bleutge*, DS 2007, 91 (94/94).
7   *Binz/Dörndorfer/Petzold/Zimmermann*, GKG, JVEG 2007, § 13 JVEG Rdnr. 10. Zum analogen Antrag auf Festsetzung des Stundensatzes vgl. *OLG Oldenburg*, DS 2007, 115.

Der Sachverständige erhält gem. *§ 5 JVEG* die Auslagen, die er für die **Fahrt** aufwandte, ersetzt[8].

§ 6 JVEG gewährt eine Entschädigung für den Aufwand der Terminswahrnehmung; also ein **Tagegeld** und ein **Übernachtungsgeld**[9].

Gem. *§ 7 JVEG* erhält der Sachverständige seine **sonstigen Aufwendungen** ersetzt.
Hier ist besonders die Anfertigung für **Kopien für die Handakte** problematisch. Während einige Gerichte einen Aufwendungsersatz für die eigene Handakte des Sachverständigen strikt ablehnen, weil diese Aufwendungen durch den pauschalen Aufwendungsersatz gem. § 12 I 1 JVEG abgegolten seien[10], halten andere Gerichte einen Ersatz der Kopien für die Handakte für gerechtfertigt, weil ansonsten der Sachverständige im Falle einer mündlichen Erläuterung des Gutachtens dieses erneut bei Gericht anfordern müsste und hierdurch ein unnötiger Mehraufwand entstünde[11].
Zimmermann[12] weist zudem darauf hin, dass der Sachverständige zur Archivierung der Gutachten berufsrechtlich verpflichtet ist und schon aus diesem Grund ein Mehrexemplar als besonderer Aufwand gem. § 12 I 2 Nr.1 JVEG erstattungsfähig sei. Andererseits wird darauf hingewiesen, dass eine elektronische Aufbewahrung (Abspeicherung) ausreichend sei[13].

Letztlich ist jedoch zu empfehlen, dass der Sachverständige bereits im Vorfeld dem Gericht darlegt, dass eine Anfertigung der Kopie für die Handakte des Sachverständigen **sachdienlich** ist und nicht zuletzt zu einer raschen Bearbeitung möglicher Ergänzungsfragen beiträgt. Denn wenn das Gericht deshalb den Sachverständigen zur Anfertigung der Handaktenkopien **auffordert**, erhält dieser die Kosten hierfür gem. § 7 II 3 JVEG ersetzt.

---

8   Siehe hierzu ausführlich *Bund, DS* 2006, 68
9   Siehe hierzu ausführlich *Bund, DS* 2006, 68
10 Z. B. *OLG München, DS* 2006, 32; *OLG Dresden, DS* 2008, 34 [36] m. w. Nachw.
11 *OLG Stuttgart, DS* 2005, 388.
12 *Zimmermann, DS* 2006, 126.
13 *OLG Dresden, DS* 2008, 34 (36).

§ 12 JVEG gewährt einen Ersatz für besondere Aufwendungen. Hierunter fallen u. a.
- die notwendigen Aufwendungen für Hilfskräfte wie auch die für eine Untersuchung verbrauchten Stoffe und Werkzeuge (§ 12 I 2 Nr. 1, II).
- Weiterhin werden für die Vorbereitung und Erstattung des Gutachtens erforderliche Lichtbilder beziehungsweise Farbausdrucke ersetzt (§ 12 I 2 Nr. 2).
- Weiter erhält der Sachverständige einen Geldersatz für die Erstellung des Gutachtens gemessen am Umfang seines Gutachtens (Anzahl der Anschläge), § 12 I 2 Nr. 3.
- Zudem wird die auf die Vergütung entfallende Umsatzsteuer ersetzt (§ 12 I 2 Nr. 4).

3. Geltendmachung des Anspruchs und Verjährung

Der Sachverständige muss gem. *§ 2 JVEG* seinen Vergütungsanspruch binnen **drei Monaten** bei der Stelle geltend machen, die ihn herangezogen hat.
Die Frist beginnt
- im Fall der **schriftlichen Begutachtung** mit dem Eingang des Gutachtens bei der beauftragenden Stelle,
- im Fall der **Vernehmung als Sachverständiger** mit der Beendigung der Vernehmung.

Problematisch kann hier also der Fristbeginn sein. Oft ist nicht absehbar, ob nach der Ablieferung des Gutachtens noch ein Ergänzungsgutachten oder mündliche Erläuterungen durch den Sachverständigen nötig werden.
In solchen Fällen beginnt die Dreimonatsfrist für die Geltendmachung des Anspruchs auf die Vergütung des Gutachtens mit dessen Vorlage, unabhängig von einer eventuellen späteren mündlichen Erläuterung.
Die Dreimonatsfrist für die Geltendmachung des Anspruchs auf Vergütung der mündlichen Erläuterung (Vernehmung) beginnt mit dem Ende der Vernehmung[14].
Die Dreimonatsfrist kann unter Umständen aber auch auf Antrag des Sachverständigen **verlängert** werden (§ 2 I 3 JVEG). Hierzu muss ein **berechtigtes Interesse auf Fristverlängerung** nachgewiesen werden; dies ist etwa dann der Fall, wenn sich der Sachverständige bei der Verfertigung des Gutachtens einer Hilfskraft bedient hat und diese gegenüber dem Sachverständigen noch nicht ab-

---

14 *Meyer/Höver/Bach*, JVEG, § 2 Rdnr. 2.3.

gerechnet hat, so dass der Sachverständige noch nicht in der Lage ist, dem Gericht die ihm entstandenen Unkosten anzugeben[15].

Macht der Sachverständige den Vergütungsanspruch nicht rechtzeitig geltend, erlischt der Anspruch.

4. Rückforderung

Die Frage, ob und unter welchen sachlichen und zeitlichen Voraussetzungen eine von der Gerichtskasse zu Unrecht an den Sachverständigen ausgezahlte Vergütung durch die Gerichtskasse zurückgefordert werden kann, ist im JVEG nicht geregelt.

Wohl ist aber geregelt, dass der Anspruch auf Erstattung zu viel gezahlter Vergütung oder Entschädigung in drei Jahren nach Ablauf des Kalenderjahrs, in dem die Zahlung erfolgt ist, verjährt *(§ 2 IV JVEG)*.

§ 2 IV JVEG verweist auf § 5 III GKG. Somit ist die Verjährung auf Einrede des Berechtigten zu berücksichtigen. Wenn also der Sachverständige zur Rückerstattung aufgefordert wird, ist seine Widersetzung der Zahlungsleistung bereits als Verjährungseinrede zu werten, die dann von Amts wegen zu berücksichtigen wäre[16].

Ist die Zahlung erfolgt, Verjähren die Ansprüche auf Rückerstattung drei Jahre nach Ablauf des Kalenderjahres, in dem die Zahlung erfolgte (§ 2 IV JVEG).

Wird ein Sachverständiger innerhalb des Ablehnungsverfahren angehört, um über seine Ablehnung entscheiden zu können, erhält er keine Vergütung, wohl aber eine Entschädigung als Zeuge[17].

5. Möglicher Inhalt einer Sachverständigenrechnung[18]

Die Musterrechnung eines Kfz-Sachverständigen, dessen Leistung gemäß Anlage 1 zu § 9 I JVEG der Honorargruppe 6 zuzuordnen ist und der demnach gem. § 9 JVEG 75 Euro für jede Stunde erhält, kann wie das nachstehende Muster aussehen.

In dem Beispielsfall begutachtet ein Sachverständiger einen Unfallwagen an einem 59,5 km entfernten Standort. Hin- und Rückfahrt betragen demnach 119 km.

---

15 *Meyer/Höver/Bach*, JVEG, § 2 Rdnr. 2.4.
16 *OLG München*, NJW-RR 2000, 143.
17 *OLG Stuttgart*, DS 2008, 31.
18 Vgl. Rechnungsbeispiele bei *Roeßner*, in: *Bayerlein*, § 41 Rdnr. 107; DS 2004, Beilage zu Heft 5, S. 11 ff.

Er macht vor Ort 10 Fotografien und lässt das 30-seitige Gutachten von seiner Sekretärin schreiben und auftragsgemäß viermal kopieren.

An das Landgericht
Postfach
12312 Musterstadt

Kostenrechnung Nr. .../... vom ...

In dem Rechtsstreit .../... vor dem Landgericht ...
Az.: ...
wegen ...

erlaube ich mir wie folgt zu berechnen:

§ JVEG	Leistung	Einheit	€/Einheit	€ gesamt
9 JVEG	**Zeitaufwand gem. Honorargruppe 6**		75,00 €	
	Außerhalb der Erstellung des Sachverstän-digengutachtens:			
	Sachverständiger	7 Stunden	75,00 €	525,00 €
	Zur Erstellung des Gutachtens:			
	Sachverständiger	30 Stunden	75,00 €	2.250 €
7 JVEG	**Ersatz sonstiger Leistungen (Fotokopien)**			
	Gutachten	120 Stück		
	Sonstige	25 Stück		
	Insgesamt gefertigte Kopien	145 Stück		
	davon	50 Stück	à 0,50 €	25,00 €
	Rest	95 Stück	à 0,15 €	14,25 €
	Farbkopien	4 Stück	à 2,00 €	8,00 €
5 JVEG	**Fahrtkosten**	119 km	à 0,30 €	35,70 €
12 JVEG	**Ersatz für besondere Aufwendungen**			
12 I 2 Nr. 1	Hilfskraft	8 Stunden	à 20,00 €	160,00 €
12 I 2 Nr. 2	Lichtbilder	10 Stück	à 2,00 €	20,00 €
	Lichtbildabzüge	40 Stück	à 0,50 €	20,00 €
	Gutachten je Seite ca. 2100 Zeichen inkl. Leerzeichen (Anschläge), 30 Seiten	63.000 Zeichen je 1000 Zeichen → 63	à 0,75 €	47,25 €
7 JVEG	**Auslagen, Telefon, Porto**			23,00 €
	Gesamt ohne Mehrwertsteuer			3.128,20 €
12 JVEG	**Mehrwertsteuer gem. § 12 I 2 Nr. 4**		19 %	594,35 €
	Gesamtbetrag			**3.722,55 €**

131

XIX. Erstattungsfähigkeit der Kosten für ein Privatgutachten

Kosten für ein **vorprozessual** eingeholtes Sachverständigengutachten sind dann erstattungsfähig, wenn es zur **zweckentsprechenden Rechtsverteidigung** notwendig ist. Das ist bereits dann der Fall, wenn der Geschädigte über keine eigene Sachkunde verfügt und sich ohne ein Gutachten unter Umständen nicht sachgemäß verteidigen kann[1].

In der Folge von Verkehrsunfällen ist es oft üblich, dass eine Begutachtung des Fahrzeugschadens durch den Versicherer des Schädigers organisiert und vorgenommen wird.

Lässt der Geschädigte seinerseits den Schaden durch ein Zweitgutachten begutachten, kann er Ersatz der Kosten verlangen, die ihm hierdurch entstanden sind. Denn der Geschädigte ist für die von ihm geltend gemachten Ansprüche beweispflichtig und hat das Recht, einen Sachverständigen seiner Wahl zu beauftragen (er ist „Herr des Restitutionsverfahrens). Der Geschädigte muss sich seine Beweisobliegenheiten also nicht abnehmen lassen.

Allerdings darf die Einholung eines solchen Zweitgutachtens nicht überflüssig sein, sie muss zur zweckentsprechenden Rechtsverfolgung **notwendig** sein. Das ist insbesondere dann der Fall, wenn die Beschädigung nicht bloß einen Bagatellcharakter hat.

Wird ein Privatgutachten **während des Verfahrens** eingeholt, sind die Kosten dann erstattungsfähig, wenn die Partei zur Überprüfung und Widerlegung des vom Gericht eingeholten Gutachtens auf eine zusätzliche sachverständige Äußerung angewiesen ist[2].

Die gelegentlich geäußerte Auffassung, dass eine Prozesspartei kein Privatgutachten benötige, da es die Aufgabe des Gerichts sei, ein gerichtliches Gutachten einzuholen und die entstandenen Fragen zur klären, übersieht, dass eine Prozesspartei zumindest den Anspruch darauf hat zu wissen, wo sie im Hinblick auf das Privatgutachten der anderen Partei steht. Hinzu kommt, dass man zu einer angemessenen Verteidigung und „Waffengleichheit" ein eigenes Privatgutachten benötigt. – Die Rechtsprechung ist hier bei der Anerkennung der Kosten von Privatgutachten leider bisher sehr zurückhaltend.

---

1 *OLG Karlsruhe*, Die Justiz 1977, 168; *OLG Koblenz*, DS 2007, 276.
2 *OLG Koblenz*, VersR 1979, 359; *KG*, NJW 1977, 109.

Der *BGH* hat verschiedentlich geäußert, dass Privatgutachten qualifizierter Parteivortrag ist[3]. Im Hinblick auf die relativ lange Dauer von gerichtlichen Beweisverfahren wird gelegentlich vorgeschlagen, dass Privatgutachten dieselbe rechtliche Bedeutung haben sollten wie das gerichtliche Gutachten.

---

3   *BGH,* NJW 1992, 1459; *BGH,* DS 2005, 66. Vgl. auch *Kniffka/Koeble,* 20. Teil,
    Rdnr. 33; zur Höhe der erstattungsfähigen Aufwendungen vgl. auch *OLG Schleswig,*
    DS 2009, 195 m. Anm. *Ulrich:* Ihrer Höhe nach richtet sich die Erstattungsfähigkeit
    nach den in der Privatwirtschaft üblichen Beträgen.

XX. Vergütung des privat tätigen Sachverständigen als sachverständiger Zeuge

Wurde der Sachverständige privat beauftragt, kann es sein, dass er später in einem Verfahren als Zeuge aussagen soll. Oft wird sein Privatgutachten, das bereits im Vorfeld des Prozesses eingeholt wurde – etwa um Baumängel zu belegen – in den späteren Prozess eingeführt. Es kann sein, dass an den Sachverständigen dann noch Fragen gestellt werden sollen, die er als Zeuge zu beantworten hat. Richtet sich dann seine Vergütung nach den Honorarsätzen für Sachverständige oder nach den geringeren Vergütungs-/Entschädigungssätzen für Zeugen?

Dem Verlust, den der Sachverständige dadurch erleidet, wenn er lediglich als Zeuge entschädigt wird, könnte er bereits bei der privaten Beauftragung mit einer so genannten **Differenzvergütungsklausel** entgegentreten. Bereits bei der privaten Beauftragung könnte der Sachverständige in dem Sachverständigenvertrag den Passus aufnehmen:

„Wird der Sachverständige aus dieser Sache vor Gericht bestellt, so trägt der Auftraggeber die Differenz zwischen der vom Gericht gezahlten Entschädigung bzw. Vergütung und den hier vereinbarten Honorarsätzen."[1]

Diese Differenzvergütungsklausel soll dem Sachverständigen für seinen nachfolgenden gerichtlichen Einsatz die privat vereinbarten Honorarsätze sichern[2].

Diese Vorgehensweise hat aber zwei ganz entscheidende **Nachteile**[3]:

– Der Sachverständige, der vor Gericht als Zeuge gehört wird und mit seinem Auftraggeber, also einer der Parteien, eine „Differenzvergütung" vereinbart hat, erhält von einer der Parteien Geld.
  Dieser Tatsache kann der unangenehme Anschein anhaften, der Sachverständige mache seine Zeugenaussage nicht objektiv – immerhin erhält er von einer der Parteien ja seine „Differenzvergütung". Dies ist besonders dann unangenehm, wenn der Sachverständige die Auffassung seines Auftraggebers vertritt. Bei Bekanntwerden dieser Vereinbarung zwischen Sachverständigen

---

1   *Ulrich*, DS 2006, 341 (344); *AG Böblingen*, GuG1996, 190.
2   *Ulrich*, DS 2006, 341 (344/345).
3   *Volze*, DS 2007, 21 (22).

und Partei ist fraglich, ob die Aussage noch werthaltig für den Prozessausgang sein kann.

– Sollte der Sachverständige nach seiner Zeugenaussage seine Differenzvergütung nicht erhalten, so muss er sie eigentlich einklagen können. Gerade dies aber kann fraglich sein, da die Differenzvergütungsklausel möglicherweise als **nicht rechtswirksam** angesehen wird.

Dem Sachverständigen, der als Zeuge gehört wird, ist daher zu raten, dass er vor dem Gericht erscheint und auf Grund seiner Aussage dem Gericht verdeutlichen kann, dass er nicht nur als Zeuge bekundet, sondern als **Sachverständiger**.

Hier gibt es aber eine Besonderheit, die bisher wohl noch niemand so richtig angesprochen hat: Die als Privatsachverständiger für eine Partei vor Beginn des gerichtlichen Verfahrens tätige Person kann im gerichtlichen Verfahren später als sachverständiger Zeuge benannt und gehört werden. Wird dieser frühere Privatgutachter als Sachverständiger vom Gericht benannt, wie es von dem Privatsachverständigen gewünscht wird, kann der Prozessgegner aber einen **Befangenheitsantrag** stellen. Dieser wird voraussichtlich auch Erfolg haben. Bisher ist diese Möglichkeit in der Praxis anscheinend noch nicht gesehen worden.
Die Unterscheidung zwischen dem Zeugen und dem Sachverständigen kann problematisch sein.
Als Grundregel muss gelten, dass eine Auskunftsperson dann **Sachverständiger** ist, wenn sie dem Gericht die Kenntnisse von Erfahrungssätzen aus ihrem **Wissensgebiet** übermittelt oder bestimmte Tatsachen auf Grund solcher Erfahrungssätze beurteilt. Grundsätzlich ist der Sachverständige gegen einen anderen Fachmann **austauschbar**.
Der **Zeuge** ist dagegen **nicht austauschbar**, weil er seine Bekundung aus der **unmittelbaren allein ihm eigenen Anschauung** heraus macht[4].

---

4 Zur Abgrenzung Zeuge/sachverständiger Zeuge vgl. *OVG Münster*, DS 2008, 119: „Der sachverständige Zeuge ist (...) ein Zeuge, der sein Wissen von bestimmten vergangenen Tatsachen oder Zuständen bekundet, zu deren Wahrnehmung eine besondere Sachkunde erforderlich war und die er nur kraft dieser besonderen Sachkunde ohne Zusammenhang mit einem gerichtlichen Gutachtenauftrag wahrgenommen hat. Kennzeichnend für den sachverständigen Zeugen ist es, dass er „unersetzbar" ist, da er (nur) von ihm selbst wahrgenommene „vergangene" Tatsachen bekundet (§ 414 ZPO), während eine Sachverständiger in aller Regel gegen einen anderen gleichermaßen Sachkundigen ausgewechselt werden kann".

Der **sachverständige Zeuge** gibt nur bestimmte Tatsachen wieder, die er möglicherweise nur auf Grund seiner Sachkunde erkennen konnte[5].

Beispiel: Ein Kfz-Sachverständiger ist Zeuge eines Verkehrsunfalls. Als **Sachverständiger**, der den Unfallschaden beurteilen soll, ist er grundsätzlich austauschbar. Als **Zeuge** ist er aber unverzichtbar. Darüber hinaus ist er als **sachverständiger Zeuge** in der Lage, den gesehenen Sachverhalt fachlich einzuordnen, weil allein er den Unfall gesehen hat und Aufprall und Geschwindigkeit anders beurteilen kann als ein Laie.

Erfahrungsgemäß kommt es in der Praxis darauf an, dass die Auskunftsperson das Gericht von ihren **sachkundigen Ausführungen** überzeugt. Das Gericht wird dann in der Regel dem **sachverständigen Zeugen** eine Sachverständigenentschädigung zubilligen.

So ist eine als sachverständiger Zeuge geladene Person als Sachverständiger zu entschädigen, wenn sie im Gerichtstermin nicht nur Tatsachen bekundet, die sie als Privatgutachter festgestellt hat, sondern auch auf Grund eigener Sachkunde aus den eigenen Wahrnehmungen fachmännische Schlüsse gezogen hat, die sie dem Gericht mitteilte.

---

5   Zur Problematik der Abgrenzung vgl. auch *Ulrich,* DS 2006, 241 ff.

XXI. Restwertgutachten

Den Geschädigten trifft nicht die Pflicht, zur Ermittlung des Restwerts seines beschädigten Kraftfahrzeuges Online-Angebote von so genannten Restwertbörsen einzuholen. Da der Geschädigte Herr des Restitutionsverfahrens ist – er also darüber unter Berücksichtigung einer Schadensminderungspflicht entscheiden darf, wo und wie sein Auto repariert wird – reicht es, wenn Restwertangebote von ortsansässigen Kfz-Werkstätten eingeholt werden. Dem Geschädigten ist es nicht zuzumuten, sich auf eine ihm fern stehende Online-Suche einzulassen[1]. Zudem ist der Sachverständige zur höchstpersönlichen Gutachtenerstattung verpflichtet. Auf Grund der Internet-Angebote allein kann sich der Sachverständige aber kein unmittelbares Bild verschaffen, das er im Gutachten verwerten könnte[2]

---

1 *Hammer*, DS 2006, 52; *BGH*, DS 2006, 110; 154; 193, jew. m. Anm. *Hammer; BGH*, DS 2007, 346 m. Anm. *Wortmann*.
2 *Volze*, DS 2005, 98 (99).

XXII. Der Sachverständige und die HOAI

Für Architekten und Ingenieure, die auch als Bausachverständige arbeiten, ist die HOAI nur unzureichend ausgestattet[1]. Dies gilt jedenfalls für die alte HOAI. Die neue HOAI ist im August 2009 in Kraft getreten. Für die vor dem In-Kraft-Treten vereinbarten Verträge bleibt es bei der alten HOAI.

Hierzu Folgendes nach altem Recht:

An einem fünfgeschossigen kostenaufwendig renovierten Altbau wurde an der Decke zwischen dem dritten und vierten Geschoss Einsturzgefahr festgestellt. Der Bausachverständige hatte ein Gutachten zur Schadensursache und Schadensfolge gefertigt und wurde nun mit einer Sanierungsstatik beauftragt. Anschließend übernahm er die Vergabe und überwachte die Sanierungsarbeiten.
Die Bausumme für die Sanierung betrug schließlich 30.000 Euro. Der Sachverständige muss also gem. § 16 HOAI seine Sanierungsstatik, die Vergabemitwirkung und die äußerst schwierige Bauüberwachung – es war jeder Handgriff der Bauarbeiter zu überwachen – nach der Honorartafel der HOAI abrechnen.
Dazu muss noch erwähnt werden, dass bei einer fehlerhaften Sanierung voraussichtlich das gesamte Haus, das außerdem am Nachbargebäude angebaut war, eingestürzt wäre. Mit einem Sachschaden von mehr als 500.000 Euro wäre zu rechnen gewesen.

In einem solchen Fall ist eine Honorarabrechnung nach der Honorartafel der HOAI aber nicht mehr kostendeckend, womit ein wesentliches Prinzip der HOAI – nämlich die Gewährleistung einer leistungsgerechten Vergütung – verletzt wird:
Der Bausachverständige kann sein Honorar für eine private Gutachtenerstellung nach § 33 HOAI grundsätzlich nur dann frei vereinbaren, wenn das Gutachten nicht in ein Leistungsbild der HOAI fällt. Eine solche Honorarvereinbarung muss dann **schriftlich** erfolgen, da eine mündliche Absprache zu den Mindestsätzen nach § 6 II HOAI i. V. mit § 4 IV HOAI führen würde[2].

---

1   Zur Problematik, unter welchen Voraussetzungen der Sachverständige nach der zutreffenden Honorarzone der HOAI herangezogen werden kann vgl. *Motzke/Wolf*, § 11.
2   *Kniffka/Koeble*, 12. Teil Rdnrn. 247 ff.

Für das Gutachten über die Standsicherheit einer Decke, dass die Schadensursache und die Schadensfolgen zum Inhalt hat, kann der Sachverständige also seine Stundensätze frei vereinbaren, da die Feststellungen von Schadensursachen und Schadensfolgen nicht in ein Leistungsbild der HOAI fallen.

Was ist aber mit der sich anschließenden Erstellung von Sanierungsplänen und Sanierungsstatiken, die der Sachverständige im Anschluss anfertigte? In der Praxis wird der mit dem Gutachten betraute Sachverständige oft mit ihrer Erstellung beauftragt und weiterhin gebeten, die schwierigen Sachverständigengespräche mit der Baubehörde zu führen und schließlich bei der Vergabe und der erforderlichen Bauüberwachung mitzuwirken, denn schließlich ist es der begutachtende Sachverständige, der am besten mit der Materie vertraut ist.

All diese weiteren Arbeiten des Bausachverständigen unterfallen aber nun den Leistungsbildern der HOAI und sind dann nach den Honorartafeln der HOAI mit Bausummen und Honorarzonen zu berechnen.

§ 15 HOAI enthält die Instandsetzung – also Sanierung – von Gebäuden im Leistungsbild der Objektplanung für die **Architekten**. Nicht erfasst ist meiner Auffassung nach die Gebäudesanierung – also Instandsetzung – bei **Statikern**. In den §§ 62 ff. HOAI ist nur die Rede von den Leistungen bei der Tragwerksplanung, nicht aber von der Sanierung an bestehenden Tragwerksverhältnissen. Die **Sanierung** ist von einer Tragwerksplanung nicht erfasst.

Auch ein Umbau stellt aus der Sicht des Statikers keine Sanierung dar. Anderer Auffassung ist hier aber die Rechtsprechung, die schlicht Sanierungsleistungen eines Statikers dem Leistungsbild des § 15 HOAI zuordnet[3].

So kann eine HOAI-Abrechnung von Sanierungsarbeiten des Sachverständigen bei der Erstellung der Sanierungsstatik, der Mitwirkung bei der Vergabe und der Bauüberwachung häufig zu finanziell untragbaren Ergebnissen führen.

Allerdings sind gem. § 27 HOAI Honorare für Leistungen bei Instandhaltungen und Instandsetzungen nach den anrechenbaren Kosten nach § 10 der Honorarzone, der das Gebäude nach den §§ 11 und 12 zuzuordnen ist, den Leistungsphasen des § 15 und der Honorartafel des § 16 mit der Maßgabe zu ermitteln, dass eine Erhöhung des Vomhundertsatzes für die Bauüberwachung um bis zu 50% vereinbart werden kann.

Eine solche Vereinbarung muss dann bei Auftragserteilung schriftlich festgelegt werden[4].

Da die HOAI aber zwingendes Recht ist, sind weiter abweichende Vereinbarungen unwirksam. Ein Verstoß führt aber nicht zur Unwirksamkeit des gesamten

---

3 *OLG Hamburg*, Urt. v. 14.7.1987 – 10 U 20/84, nicht veröffentlicht.
4 *Locher/Koeble/Frik*, HOAI, § 27 Rdnr. 1.

Vertrags, sondern zur Teilnichtigkeit[5]. Nach altem Recht konnte der Bausachverständige nur wie folgt verfahren:

- Gem. § 27 HOAI sind Honorare für Leistungen bei Instandhaltungen und Instandsetzungen nach den anrechenbaren Kosten nach §§ 10, 11, 12, 15 und 16 HOAI der Honorarzone mit der Maßgabe zu ermitteln, dass eine Erhöhung des Vomhundertsatzes für die Bauüberwachung um bis zu 50% vereinbart werden kann. Eine solche Vereinbarung ist bei Auftragserteilung **schriftlich festzulegen.**

- Der Bausachverständige fertigt ein umfangreiches Gutachten über die Mangelursache und die Mangelfeststellung. Die Sanierungspläne oder Statik, die Vergabe und die Bauüberwachung muss er einen **anderen Architekten** oder Ingenieur ausführen lassen.

  Der Bausachverständige kann natürlich versuchen, die Sanierungspläne oder die Sanierungsstatik in das Gutachten mit einzuarbeiten. Ob das aber keine Umgehung des § 15 HOAI beziehungsweise § 64 HOAI ist, muss anhand des Einzelfalls entschieden werden.

  Schließlich ist in diesem Zusammenhang noch darauf hinzuweisen, dass die Raterteilung des Sachverständigen nicht unter die HOAI fällt[6].

- Im Übrigen kann gem. § 16 II HOAI bei Bausummen unter 25.565 Euro das vorgesehene Zeithonorar nach § 6 HOAI vereinbart werden.

---

5   Zum Architektennonorar bei den Höchstsatz überschreitender Vereinbarung: *BGH,* NJW 2008, 55 m. Anm. *Scholtissek:* Der *BGH* führt aus, dass bei einer (übersetzten) unwirksamen Honorarzonenvereinbarrung der Planer nicht auf den Mindestsatz der zutreffend niedrigeren Honorarzone zurückfällt, sondern den Höchstsatz bei seiner Honorarberechnung berücksichtigen darf. *Scholtissek* führt aus, dass dies jedoch keinesfalls zwingend sei: So könne bei Anwendung von § 140 BGB nicht davon ausgegangen werden, dass die Parteien den Höchstsatz vereinbaren wollten. *Weyer* (BauR 1987, 131) plädiere daher für die Anwendung des Mindestsatzes. Richtiger anzunehmen sei nach *Scholtissek* jedoch weder Mindest- noch Höchstsatz, sondern der vereinbarte Satz (im dortigen Fall der Mittelsatz) für die objektiv zutreffend eingestellte Honorarzone.

6   *Locher/Koeble/Frik*, HOAI, § 33 Rdnr. 1.

Neues Recht:

Die neue HOAI von August 2009 regelt nur noch die Berechnung des Honorars für Leistungen von Ingenieuren und Architekten, die ihren Bürositz in Deutschland haben und dort ihre Arbeit erbringen[7].

Die neue HOAI erfasst nur noch die Planungsleistung; nicht mehr die Beratung. Hier können die Bausachverständigen das Honorar frei vereinbaren, ohne durch die HOAI beschränkt zu sein. Das ist für den Bausachverständigen, der berät, von Vorteil. Das Honorar muss mit dem Bauherrn ausgehandelt werden.

Neu geregelt ist die Ermittlung der anrechenbaren Baukosten, die in der so genannten Baukostenberechnung ermittelt wird. Hierdurch wird die Honorarberechnung von den tatsächlichen Baukosten getrennt[8]. Die Beträge der Honorartabellen sind pauschal um 10% erhöht worden[9]

---

7 *Messerschmidt*, IBR 2009, 497.
8 *de Oliveira*, BauR 2009, 1360.
9 *Messerschmidt*, IBR 2009, 497.

XXIII. Haftung des Sachverständigen

Erstellt ein Sachverständiger ein Gutachten, so erbringt er eine Leistung. Für Schäden, die zum Beispiel auf Grund seiner Schlechtleistung verursacht wurden, muss er einstehen.
Nach welchen gesetzlichen Bestimmungen er für solche Schäden aufzukommen hat, richtet sich nach ganz unterschiedlichen Konstellationen. So können Sachverständige z.B. auf Grund ihrer Gutachten als **Privatgutachter**, als **Gerichtsgutachter** und als **Schiedsgerichtsgutachter** in Anspruch genommen werden.

1. Vertragliche Haftung

Der Sachverständige ist ein Privatgutachter, wenn das Gutachten nicht von einem Gericht in einem dort anhängigen Verfahren, sondern von einem **privaten Besteller** in Auftrag gegeben worden ist.
Mit dem Abschluss eines Vertrags geht der Sachverständige Verpflichtungen ein. Verletzt er diese Pflichten, macht er sich haftbar.

a) Vertrag

Nach heutiger ständiger Rechtsprechung des *BGH* ist der Sachverständigenvertrag ein **Werkvertrag**[1] i. S. von § 631 BGB. Dementsprechend schuldet der Sachverständige die Erstellung seines Gutachtens und der Auftraggeber ist zur Entrichtung der vereinbarten Vergütung verpflichtet. Das Wesen des Werkvertrags liegt in der **Erfolg**sbezogenheit der übernommenen Gutachterverpflichtung. Dadurch unterscheidet sich der Werkvertrag vom Dienstvertrag, den man früher für die private Sachverständigentätigkeit angenommen hatte.

---

1   *BGH*, DB 1974, 578; *Wessel*, in; *Bayerlein*, § 33 Rdnrn. 5 ff.

b) Pflichten aus dem Vertrag – Leistungsstörungen

Eine Leistungsstörung – sei es Unmöglichkeit, Verzug oder Mangelhaftigkeit – ergibt sich jeweils aus einer Verletzung der Pflicht auf rechtzeitige Ablieferung eines mangelfreien Werks, § 280 I 1 BGB. Diese Pflichtverletzung impliziert das Verschulden. Der Sachverständige muss also gegebenenfalls beweisen, dass ihn **kein** Verschulden trifft.

Die Verletzung einer Pflicht ist aber auch schon **vor** dem eigentlichen Vertragsschluss möglich, etwa während der Vertragsverhandlungen, während derer ein **vertragsähnliches Vertrauensverhältnis** herrscht[2].

Der Sachverständige kann sich also bereits bei **Anbahnung** von Vertragsverhandlungen schadensersatzpflichtig machen (§ 311 BGB). Dies ist etwa dann denkbar, wenn er die Zuziehung falscher Sonderfachleute empfiehlt, ungeeignete Maßnahmen vorschlägt oder vorhandene Beweismittel für nicht ausreichend erklärt.

aa) Unmöglichkeit

Eine gem. § 275 BGB für jedermann unmögliche Leistung kann nicht erbracht werden – ein Anspruch auf eine solche Leistung ist ausgeschlossen.

Zu denken ist hier an einen Fall, in dem der Sachverständige den Auftrag erhält, tatsächliche Verhältnisse an einem Gebäude festzuhalten, obwohl das Gebäude zwischenzeitlich eingestürzt und das Beweismittel vernichtet ist.

Obwohl die Erbringung der Leistung eigentlich **unmöglich** ist, bleibt aber doch der Gutachterauftrag bestehen (§ 311a I BGB).

Ob hier einer der Vertragsparteien aber in Anspruch genommen werden kann, hängt davon ab, ob jemand – und wenn ja wer – die Unmöglichkeit **zu vertreten** hat.

– Hat die Unmöglichkeit **niemand** zu vertreten, bleibt die Leistung ausgeschlossen: Der Sachverständige muss kein vernichtetes Beweismittel begutachten, der Auftraggeber muss kein Honorar zahlen (§ 326 BGB).

– Hat der **Sachverständige** die Unmöglichkeit der Gutachtenerstattung **verschuldet** – etwa, indem er ein Beweismittel aus Nachlässigkeit falsch gelagert und somit vernichtet hat – so hat der Auftraggeber einen Schadensersatzanspruch gem. § 283 BGB.

---

2 *Roeßner*, in; *Bayerlein*, § 33 Rdnr. 7.

Dies ist der Fall, wenn dem beauftragten Sachverständigen die Unmöglichkeit der der Leistung bekannt oder fahrlässigerweise nicht bekannt war. Also zum Beispiel er einen Gutachtenauftrag übernimmt, obwohl er weiß, dass ihm hierfür die dazu erforderliche Sachkunde fehlt. In diesem Fall ist der abgeschlossene Vertrag wirksam und der Sachverständige hat seine **Pflichtverletzung zu** vertreten. In der Übernahme des Auftrags liegt nämlich die Zusicherung der erforderlichen Leistungsfähigkeit[3]. Wegen der Verletzung einer solchen Pflicht ist der Sachverständige dem Auftraggeber dann gegenüber ersatzpflichtig, wenn dem Auftraggeber aus der Nichterfüllung des Gutachtenvertrages ein Schaden entstand (311a BGB).

– Der Auftraggeber kann nach seiner Wahl Schadensersatz statt der Leistung **oder** Ersatz seiner Aufwendungen verlangen (311a II BGB), die er im Vertrauen auf die mangelfreie Leistung gemacht hat (§ 284 BGB). Der Honoraranspruch des Sachverständigen entfällt teilweise oder komplett.

– Hat der **Auftraggeber** die Unmöglichkeit zu vertreten, bleibt der Honoraranspruch des Sachverständigen natürlich bestehen (§ 326 II BGB), muss aber unter Umständen um die durch die Unmöglichkeit ersparten Aufwendungen gemindert werden.

– Ist eine Leistung unmöglich, so kann der Auftraggeber auch vom Vertrag zurücktreten; gegenseitig empfangene Leistungen sind dann zurückzuerstatten (326 V BGB),

bb) Verzug, § 286 BGB

Leistet der Schuldner auf eine Mahnung des Gläubigers nicht, die nach Eintritt Fälligkeit erfolgt, so kommt er durch die Mahnung in **Verzug**.
Um den Sachverständigen in Verzug zu setzen, muss der Auftraggeber nach **Fälligkeit** der Leistung eine Mahnung mit Fristsetzung und Ablehnunsandrohung an den Sachverständigen versenden. Die Fälligkeit kann zwischen den Parteien vereinbart werden; etwa indem für das Gutachten ein Abgabetermin vereinbart wurde.
Wurde eine solche Vereinbarung jedoch **nicht** getroffen, kommt es für den Fälligkeitszeitpunkt auf den Einzelfall an. So ist gem. § 271 I BGB die Fälligkeit wohl „aus den Umständen" zu entnehmen. Für ein einfaches Gutachten wird we-

---

3 *BGH*, NJW 1954, 270.

niger Zeit zu veranschlagen sein als für ein komplizierteres[4]. Der Auftraggeber würde – nachdem sich der Sachverständige nach Auftragserteilung nicht mehr gerührt hätte – dem Sachverständigen eine angemessene Frist zur Gutachtenerstellung setzen – verbunden mit der Erklärung, dass er nach fruchtlosem Fristablauf das Gutachten nicht mehr annehmen werde (Ablehnungsandrohung).

Wurde **bei Beauftragung** des Sachverständigen jedoch schon ein Abgabetermin vereinbart, so ist eine Mahnung entbehrlich – das Gutachten wird zu dem vereinbarten Termin fällig und der Schuldner kommt schon allein durch das Verstreichen der Abgabefrist in Verzug[5].

Hat der Sachverständige diesen Verzug **verschuldet**, ist er zum Schadensersatz verpflichtet.

Auch nach dem Verstreichen der Frist bleibt aber **die Verpflichtung zu Gutachtenerstattung** bestehen. Der Auftraggeber ist aber auch **anstatt** dessen berechtigt, entweder **Schadensersatz** zu verlangen (§280 I, II BGB) oder vom Vertrag **zurückzutreten** (§ 323 I BGB).

Zusätzlich (neben dem Leistungsanspruch) bleibt der Anspruch auf Ersatz des lediglich **verzugsbedingten Schadens** beziehungsweise Verzögerungsschadens bestehen[6]. Dieser Verzögerungsschaden kann aus Telefon- und Anwaltsgebühren, aus unnötigen Reisespesen oder aus finanziellen Mehraufwendung, wie zum Beispiel für ein Mietfahrzeug, bestehen.

cc) Mangelhaftigkeit des Gutachtens

Das Sachverständigengutachten kann **falsch** sein, etwa, wenn es zum Beispiel fehlerhafte Messungen enthält, Rechenfehler ausweist, Ablesefehler zu Grunde legt, Materialfehler übersehen wurden, falsche Schlussfolgerungen gezogen wurden oder das Gutachten den allgemein anerkannten Regeln der Technik widerspricht. Die allgemein anerkannten Regeln der Technik sind Regeln, die nach wissenschaftlicher Erkenntnis richtig und unanfechtbar sind und die sich in den Kreisen der technischen Anwender durchweg durchgesetzt haben[7].

Das Gutachten kann weiterhin fehlerhaft sein, weil es **unvollständig** ist. Das ist zum Beispiel dann der Fall, wenn zu begutachtende Mängel nur zum Teil erfasst

---

4 *Roeßner*, in: *Bayerlein*, § 33 Rdnr. 12.
5 Wird keine Frist vereinbart, so kommt es auf den jeweiligen Einzelfall an, wann ein Gutachten fällig wird. Bei einfacher gelagerten Sachverhalten wird dies ein kürzerer Zeitraum sein als bei komplizierten. Jedenfalls muss ein angemessener Zeitraum zur Fälligkeit /Leistungszeit angenommen werden (vgl. *Bayerlein*, § 33 Rdnr. 13).
6 *BGH*, NJW 1984, 42.
7 *Nicklisch*, DB 1983, 261; zur rechtlichen Bedeutung technischer Normen vgl. *Bayerlein*, DS 2008, 49.

sind. Mangelhaft ist ein Gutachten auch dann, wenn es für einen Dritten **nicht nachvollziehbar** ist (z.B. auf Grund nicht nachvollziehbarer Angaben von Vergleichsobjekten bei den Mietwertgutachten).

Solche Mängel geben dem Auftraggeber folgende Rechte:
Ist das abgelieferte Gutachten **mangelhaft**, so kann der Auftraggeber gegenüber dem Sachverständigen die Mängelansprüche nach dem Werkvertragsrecht gem. §§ 633, 634 BGB geltend machen[8].
Zunächst wird der Auftraggeber die Abnahme des Gutachtens verweigern und **Nacherfüllung** des Gutachtens innerhalb einer bestimmten Frist verlangen (Nacherfüllung, §§ 634, 635 BGB). Der Auftragnehmer wird diese Nacherfüllung nach seinen Vorstellungen ausführen. Er darf eine Nacherfüllung aber verweigern, wenn die Nachbesserungskosten unverhältnismäßig hoch wären.
Kommt der Werkunternehmer dem Nacherfüllungsbegehren nicht nach, hat der Auftraggeber mehrere Möglichkeiten:

- Ist der Sachverständige nicht bereit oder nicht in der Lage, innerhalb der ihm gesetzten Frist die Mängelbeseitigung vorzunehmen, so kann der Auftraggeber den Mangel selbst beseitigen und Ersatz der erforderlichen Aufwendungen verlangen; er kann also das Gutachten von einem anderen Gutachter ergänzen oder gar neu erstatten lassen (**Aufwendungsersatz für Selbstbeteiligung,** §§ 634 Nr. 2, 637 BGB).
- Ist der Sachverständige nicht bereit oder nicht in der Lage, innerhalb der ihm gesetzten Frist die Mängelbeseitigung vorzunehmen, so kann der Auftraggeber zudem vom Vertrag **zurücktreten** (*Rücktritt*, §§ 634 Nr. 3, 636, 323, 326 V BGB) oder
- die Vergütung **mindern** (*Minderung*, §§ 634 Nr. 3, 638 BGB) und
- nach §§ 634 Nr. 4, 636, 280, 281, 283 und 311a BGB **Schadensersatz** statt der Leistung oder
- **Ersatz für vergebliche Aufwendungen** (§§ 634 Nr. 4, 284 BGB) verlangen.

Will der Auftraggeber gegenüber dem Sachverständigen lediglich **Nacherfüllung, Minderung oder Rücktritt** geltend machen, muss kein Verschulden des Sachverständigen vorliegen.
Für die Geltendmachung von **Schadensersatzansprüchen** gilt: Während der Auftraggeber die Pflichtverletzung und die Ursächlichkeit der Pflichtverletzung für den eingetretenen Schaden zu beweisen hat, wird das Verschulden des Sach-

---

8 Ausführlich *Zimmermann,* DS 2007, 286; 328; 367; DS 2008, 8.

verständigen bei einem mangelhaften Gutachten vermutet[9]. Es liegt dann dementsprechend an dem Sachverständigen zu beweisen, dass er die Pflichtverletzung nicht zu vertreten hat (§ 276 BGB).

Liegt tatsächlich ein Verschulden vor, so muss unterschieden werden, ob der Mangel **reparabel** ist oder nicht.

Kann das Gutachten **neu erstellt werden**, beziehungsweise korrigiert oder ergänzt werden, so setzt der Anspruch auf Schadensersatz voraus, dass der Auftraggeber eine angemessene Frist zur Nacherfüllung gesetzt hatte, die aber ergebnislos verstrichen ist (281 I BGB). Eine Ausnahme gilt aber selbstverständlich dann, wenn der Auftragnehmer die Nachbesserung abgelehnt hat oder ihm unzumutbar ist (§ 636 BGB). Kann das Gutachten **nicht mehr korrigiert** werden und ist der Schaden bereits eingetreten (was in der Praxis häufig der Fall ist), kann der Auftraggeber nunmehr Schadensersatz aus § 281 I BGB verlangen.

Aber auch ohne persönliches Verschulden haftet der Sachverständige, wenn er für das Verschulden seiner Mitarbeiter gem. § 278 BGB einzutreten hat.

Die Ansprüche gegen den Sachverständigen wegen eines mangelhaften Gutachtens werden in den meisten Fällen gem. 634a I Nr. 3, 199 BGB nach drei Jahren **verjähren**[10]. Die Verjährung beginnt mit dem Schluss des Jahres, in dem der Anspruch entstanden ist und der Auftraggeber von den den Anspruch begründenden Umständen und der Person des Schuldners Kenntnis erlangt oder ohne grobe Fahrlässigkeit erlangen müsste (§ 199 I BGB). Nach Verstreichen von 10 beziehungsweise 30 Jahren allerdings verjähren Ansprüche ohne Rücksicht auf die Kenntnis oder grob fahrlässige Unkenntnis (199 III BGB).

dd) Nebenpflichten

Neben den Hauptpflichten ergeben sich aus dem Abschluss eines Vertrags aber auch so genannte **Nebenpflichten**. So treffen den Auftragnehmer insbesondere

---

9 *BGH*, NJW 1968, 43.
10 Die Verjährung bei Werkverträgen richtet sich nach § 634a BGB. So beträgt die Verjährungsfrist bei einem Bauwerk oder einem Werk, dessen Erfolg in der Erbringung von Planungs- oder Überwachungsleistungen besteht, 5 Jahre. Bei sonstigen Werken, die keine Bauwerke sind, deren Erfolg aber in der Herstellung, Wartung oder Veränderung einer Sache oder in der Erbringung von Planungs- und Überwachungsarbeiten hierfür besteht, beträgt die Verjährungsfrist 2 Jahre. Für die übrigen Werke beträgt die Verjährungsfrist 3 Jahre. Hierunter fallen insbesondere feststellende Gutachten und wohl auch die inzwischen aus dem BGB gestrichene Fertigstellungsbescheinigung (vgl. auch *Roeßner*, in: *Bayerlein*, § 33 Rdnr. 34).

auch Aufklärungs- und Hinweispflichten, soweit dies nach Treu und Glauben zu erwarten wäre[11].

2. Vertrag mit Schutzwirkung zu Gunsten Dritter

Eine große Bedeutung im Rahmen von Schadensersatzansprüchen gegenüber Sachverständigen haben die Ansprüche von dritten Personen, die das Gutachten nicht in Auftrag gegeben haben.

Beispiel: Ein Privatgutachten wird für den Auftraggeber erstellt, der dieses Wertgutachten über ein Grundstück für Beleihungszwecke seiner Bank vorlegt.

Die Rechtsprechung bejaht eine Haftung des Gutachters aus Vertrag auch gegenüber Dritten, wenn die nachfolgenden Voraussetzungen gegeben sind:

- Die zu schützende dritte Person oder Personengruppe ist objektiv abgrenzbar.
- Das Gutachten ist für den betreffenden Dritten von erheblicher Bedeutung.
- Das Gutachten soll von dem Dritten zur Grundlage wesentlicher Maßnahmen auf wirtschaftlichen, rechtlichen oder tatsächlichen Gebieten gemacht werden.
- Diese besondere Bedeutung und Funktion des Gutachtens gegenüber einem Dritten ist für den Sachverständigen erkennbar[12].

Die Rechtsprechung nimmt in zunehmendem Maße bei den Gutachtenverträgen an, dass diese eine **Schutzwirkung gegenüber Dritten** entfalten[13]: Ein Sachverständiger haftet immer dann auch gegenüber dritten Personen, wenn er davon ausgehen muss, das sein Auftraggeber das Gutachten dazu verwendet, um Vermögensdispositionen Dritter zu erreichen, die auf die Richtigkeit des Gutachtens vertrauen[14]. Deshalb empfiehlt sich immer, dass zu Anfang des Gutachtens dar-

---

11 Vgl. *Roeßner*, in: *Bayerlein*, § 33 Rdnr. 39.
12 *BGH*, NJW 1984, 355; *BGH*, DB 1985, 1464; *OLG Frankfurt a. M.*, NJW-RR 1989, 337; *BGH*, NJW 1987, 1758 (1760); *BGH*, NJW 1995, 392.
13 Zuletzt *BGH*, DS 2004, 339.
14 *OLG Frankfurt a. M.*, WM 1975, 983. Zuletzt *BGH*, DS 2004, 339; *BGH*, DS 2004, 343 Ls. = *BGH*, NJW-RR 2004,1464.
     In der Entscheidung *BGH*, DS 2004, 339, ging es um die Haftung gegenüber Dritten für eine fehlerhafte Grundstückswertermittlung. In dem Wertgutachten wurde vermerkt, dass es für Planungs- und Finanzierungszwecke benötigt werde. Ferner wurde im Gutachten darauf hingewiesen, dass das Gutachten nur für den Auftraggeber und für den angegebenen Zweck bestimmt sei. Dieser Hinweis schließt aber Dritte nicht automatisch aus dem Schutzbereich des Gutachtens aus. Der *BGH* führt nämlich aus, dass bei der Beantwortung der Frage, ob Anleger (also Dritte) in den Schutzbereich des Gutachtenvertrags einbezogen sind, der Hinweis in der *Gesamtbetrachtung* des

auf verwiesen wird, dass das Gutachten nicht Dritten gegenüber verwendet werden darf.

Auch in das Beauftragungsschreiben sollte aufgenommen werden, dass eine Weiterverwendung des Gutachtens an Dritte untersagt ist.

Oft werden Gutachten aber für Planungs- und Finanzierungszwecke benötigt, sind also gerade dafür bestimmt, potentiellen Kreditgebern vorgelegt werden. Der Sachverständige muss sich in diesen Fällen davor schützen, womöglich gegenüber einer Vielzahl von Kreditgebern zu haften, was höhere Prozesskosten verursachen würde.

Um den Kreis dieser „Dritten" einzugrenzen, sollte – etwa bei einem Gutachten zu Finanzierungszwecken – der Kreis potentieller Kreditgeber eingegrenzt werden, gegebenenfalls durch eine Beschränkung auf ein oder wenige Kreditinstitute und unter Ausschluss einer Vielzahl von Kapitalanlegern. Auch kann der Verwendungszweck sachlich beschränkt werden, etwa auf die Verwendung gegenüber potentiellen *Kreditgebern* unter Ausschluss potentieller *Käufer* des Auftraggebers[15].

Bedenklich ist allerdings die Auffassung des *BGH*, dass auch ein Sachverständiger, der von seinem Auftraggeber bewusst getäuscht wurde, gegenüber dritten Personen haften soll. Der *BGH* lässt hier den Sachverständigen in einer quasivertraglichen Beziehung weitergehender haften, als in der eigentlichen Vertragsbeziehung[16].

3. Schadensersatzanspruch aus unerlaubter Handlung

Bei der deliktischen Haftung (Haftung aus unerlaubter Handlung) handelt es sich um eine Haftung auch gegenüber Personen, die in keiner vertraglichen Beziehung zum Schädiger stehen.

Inhalts des Gutachtens gewertet werden muss. Es kann also nach einer Gesamtbetrachtung sein, dass – trotz des Hinweises – eine Dritthaftung gegeben ist, weil dem Sachverständigen klar sein musste, dass das Gutachten auch zur Vorlage bei Dritten zum Einsatz kommen würde. Siehe hierzu auch ausführlich *Finn*, DS 2005, 11.

15 So der Vorschlag von *Finn*, DS 2005, 11 (14).

16 *BGH*, NJW 1995, 392. Der *BGH* begründete diese weitergehende Haftung damit, dass der Sachverständige Tatsachen, die er nicht selbst habe überprüfen können, in seinem Gutachten hätte entsprechend kenntlich machen müssen. Geschehe dies nicht, dann habe der Sachverständige für Unrichtigkeiten seines Gutachtens zu haften (*BGH*, NJW 1984, 356; *BGH*, NJW 1995, 392).

a) Haftung aus § 823 ff. BGB

Die §§ 823 ff. BGB greifen auch dann ein, wenn eine vertragliche Beziehung zwischen Schädiger und Geschädigten **nicht** besteht. Denn auch am Vertrag nicht unmittelbar Beteiligte können vom mangelhaften Gutachten betroffen sein: Der Sachverständige kann zum Beispiel bei einem Ortstermin **Eigentum** oder **die Gesundheit** von Dritten verletzen und sich dementsprechend gem. *§ 823 I* BGB schadensersatzpflichtig machen. Der Sachverständige kann sich aber auch wegen Verletzung der **Freiheit und Persönlichkeitsrechte** haftbar machen, wenn er ein unrichtiges Gutachten erstattet, auf Grund dessen ein Unschuldiger zu einer langjährigen Haftstrafe verurteilt wurde[17]. Weiterhin kann sich ein Sachverständiger schadensersatzpflichtig machen, indem er in einen eingerichteteten **ausgeübten Gewerbebetrieb eingreift**, wenn der Sachverständige zum Beispiel in einer Test-Zeitschrift ein Produkt in einem fehlerhaften Gutachten schuldhaft negativ beurteilt und dies nachteilige Folgen auf den Vertrieb dieses Produktes hat.
Beeinträchtigt ein Folgeschaden lediglich das **Vermögen**, scheidet § 823 I BGB jedoch als Anspruchsgrundlage aus, da das Vermögen nicht durch § 823 I BGB geschützt wird.

Nach *§ 823 II* BGB ist der Sachverständige schadensersatzpflichtig, wenn er ein Gesetz verletzt, das nicht nur zum Schutz der Allgemeinheit, sondern zum Schutz einer anderen Person besteht. Die Zahl dieser Schutzgesetze ist insbesondere im Bereich des Strafrechts erheblich.
Eine Haftung des Sachverständigen kommt hier etwa durch die Verletzung von Vorschriften über die Eidesdelikte in Betracht[18].
Auch § 132a I Nr. 3 StGB ist ein Schutzgesetz i. S. von § 823 II BGB. Danach wird mit Geld- oder Freiheitsstrafe bestraft, wer unbefugt die Bezeichnung „öf-

---

17 *OLG Frankfurt a. M.*, DS 2008, 115 (116 ff.): Zur Haftung eines Sachverständigen, der als Ersteller eines anthropologischen Vergleichsgutachtens den Eindruck einer von jeden Restzweifeln befreiten Sicherheit vermittelt hat und auf Grund dessen Gutachten der Angeklagte unschuldig verurteilt wurde. Der Fall spielte vor 2002, so dass hier § 823 BGB zur Anwendung kam.

18 Vgl. *Roeßner*, in: *Bayerlein*, § 33 Rdnr. 62: Auch der privat beauftragte Sachverständige kann als sachverständiger Zeuge vernommen und vereidigt werden. Eine Falschaussage kann hier den Tatbestand des § 156 StGB (falsche eidesstattliche Versicherung), § 153 StBG (falsche unredliche Aussage) oder § 163 (fahrlässiger Falscheid) erfüllen. Weitere Schutzgesetze, die für Sachverständige relevant sein können sind z.B. § 203 II Nr. 5 StGB über die Verletzung von Privatgeheimnissen oder § 493 II ZPO i. V. mit § 491 I ZPO zur rechtzeitigen Einladung des Antragsgegners zur Beweisaufnahme im selbstständigen Beweisverfahren.

fentlich bestellter Sachverständiger" führt oder eine zum Verwechseln ähnliche Bezeichnung. Die Herleitung eines Schadens dürfte hier aber problematisch sein.

Nach § 826 BGB ist derjenige, der in einer **gegen die guten Sitten** verstoßenden Weise einem anderen vorsätzlich Schaden zufügt, diesem zum Ersatz des Schadens – einschließlich des Vermögensschadens – verpflichtet[19].

Die Rechtsprechung wendet § 826 BGB an, wenn der Sachverständige bei der Erstellung seines Gutachtens eine Schadenszufügung voraussah und leichtfertig gehandelt hat[20]. Eine Sittenwidrigkeit wird zum Beispiel dann gesehen, wenn der Sachverständige hinsichtlich des Zustands einer Wohnung Details aufführt und seiner Beurteilung zu Grunde legt, ohne aber die Wohnung von innen gesehen zu haben[21].

Einen Vorsatz lässt die Rechtsprechung als **Eventual-Vorsatz** genügen[22]. Weiterhin ist eine Schädigungsabsicht nicht erforderlich; vielmehr reicht es aus, dass der Sachverständige sich des möglichen Eintritts eines Schadens bewusst ist[23].

b) Haftung des Sachverständigen für seine gerichtliche Tätigkeit, § 839a BGB

Der Sachverständige ist **Gerichtsgutachter**, wenn er in einem gerichtlichen Verfahren vom Gericht zur Erstellung eines Gutachtens beauftragt worden ist[24]. Der Gerichtssachverständige wird aber nicht auf Grund eines Vertrags tätig, sondern auf Grund **gerichtlicher Ernennung** (§§ 404 ZPO und § 73 StPO). Durch diese Ernennung wird zwischen dem Sachverständigen und dem Gericht ein öffentlich-rechtliches Verhältnis begründet[25]. Dementsprechend kommt als Anspruchsgrundlage gegenüber dem gerichtlichen Sachverständigen eine Haftung aus § 839a BGB in Frage[26].

Im Jahr 2002 trat § 839a BGB in Kraft[27]. Er gilt nur für all diejenigen **gerichtlich beauftragten Sachverständigen**, die Ihr Gutachten **nach** dem 31.7.2002 erstellt haben[28]. Es ist aber nicht ausreichend, wenn das Gutachten eines Sachverständi-

---

19 Einzelheiten bei *Döbereiner/von Keyserlingk*, S. 125 ff.
20 *BGH*, DB 1996, 1324.
21 *OLG Köln*, VersR 1994, 611.
22 *OLG Köln*, BauR 1994, 390.
23 *BGH*, WPM 1962, 579; vgl. *Roeßner*, in: *Bayerlein*, § 33 Rdnr. 66.
24 Vgl. ausführlich *Volze*, DS 2008, 141.
25 *BGH*, NJW 1965, 289.
26 *OLG Hamm*, BauR 1994, 129.
27 BT-Dr 14/7752 vom 7.12.2001. Vgl. ausführlich *Schwab*.
28 Nach Art. 229 EGBGB gilt das neue Recht des § 839a BGB für schädigende Ereignisse nach dem 31.7.2002. Fraglich ist, ob es auf die schädigende Handlung des

gen aus einem anderen Verfahren in ein gerichtliches Verfahren lediglich miteinbezogen wurde[29].

Für gerichtlich bestellte Sachverständige, die das Gutachten **vor** dem 1.8.2002 erstellt haben, gelten die Regelungen der §§ 823 ff. BGB.

Der Gesetzgeber hat hinter dem § 839 (Haftung bei Amtspflichtsverletzung) also einen speziellen Paragraphen eingefügt, der sich auf die Haftung des **vom Gericht ernannten** Sachverständigen bezieht und auch – im Gegensatz zu §§ 823 I BGB – Vermögensschäden mit einschließt[30]. Für die Konstellationen, in denen der Sachverständige von Privatpersonen beauftragt wurde, ist § 839a nicht anwendbar. Hier gelten die schon erläuterten §§ 823 I, 823 II und 826 BGB.

§ 839a BGB besagt, dass der **gerichtliche Sachverständige**, der **vorsätzlich oder grob fahrlässig** ein **unrichtiges Gutachten** erstattet, zum Ersatz des **Schadens** verpflichtet ist, der einem Verfahrensbeteiligten durch eine gerichtliche Entscheidung entsteht, die auf diesem Gutachten **beruht**. Diese Ersatzpflicht tritt jedoch nicht ein, wenn es der Verletzte vorsätzlich oder fahrlässig unterlassen hat, den Schaden durch Gebrauch eines **Rechtsmittels abzuwenden**[31](§ 839a II i.V. mit § 839 III BGB).

Damit der Sachverständige gem. § 839a BGB in Anspruch genommen werden kann, muss er als **vom Gericht ernannter Gutachter** ein **unrichtiges Gutachten vorsätzlich oder grob fahrlässig** erstattet haben.

Unrichtig ist das Gutachten, wenn der Sachverständige zum Beispiel Untersuchungen unterlassen hat, die zur vollständigen Gutachtenerstellung erforderlich gewesen wären. Fehlerhaft ist das Gutachten auch, wenn der Sachverständige falsche Schlussfolgerungen zog. Eine Unrichtigkeit des Gutachtens ist aber auch dann denkbar, wenn die Meinung des Sachverständigen nicht der maßgeblichen Auffassung der Fachkreise entspricht. Dies ist aber dann unproblematisch, wenn

---

Sachverständigen ankommt oder auf die spätere gerichtliche Entscheidung. So kommt es nach *Bleutge/Bleutge*, (2009) S. 70, bei schriftlichen Gutachten auf den Zeitpunkt des Eingangs des Gutachtens bei Gericht an, bei mündlichen Gutachten ist das Ende der Vernehmung maßgeblich. Anders *OLG Celle*, Beschl. v. 5. 5. 2009 – 4 U 26/09, das bei dem schädigenden Ereignis auf die gerichtliche Entscheidung abstellt.

29 *Kilian*, VersR 2003, 683. Diese Frage jedoch ist umstritten. Vgl. *Bayerlein*, in: *Bayerlein*, § 34 Rdnr. 16 ff.

30 Wie bereits ausgeführt, wird von §§ 823 I BGB keine Haftung für Vermögensschäden umfasst. § 839a ermöglicht nun einen Inanspruchnahme des Sachverständigen für Vermögensschäden, auch wenn im Verfahren keine Vereidigung des Sachverständigen vorgenommen wurde (vgl. auch *Wagner*, NJW 2002, 2049 [2062]).

31 Hierzu *BGH*, DS 2007, 306

der Gutachter im Gutachten deutlich herausstellt, dass es sich um eine Sonder-meinung handelt, die der besonderen Situation des Falles Gerecht wird.

Dem Sachverständigen muss **Vorsatz** oder eine **grobe Fahrlässigkeit** nachge-wiesen werden[32]. Dies ist etwa dann der Fall, wenn der Sachverständige ein fal-sches Gutachten erstellt, ohne das Objekt vorher untersucht zu haben. Eine einfa-che Fahrlässigkeit – also das außer Acht lassen der im Verkehr erforderlichen Sorgfalt (§ 276 II BGB) – reicht zur Erfüllung des Tatbestands des § 839a nicht aus[33].

Auf Grund dieses unrichtigen Gutachtens muss eine **gerichtliche Entscheidung** getroffen worden sein. Ein **Vergleich** ist *keine* gerichtliche Entscheidung – dem-entsprechend löst ein gerichtlicher Vergleich, bei dem beide Parteien von einem unrichtigen Urteil ausgingen – *keinen* Schadensersatzanspruch gem. § 839a BGB aus[34].

In Bezug auf Sachverständige, die zur Vorbereitung von **Behördenentscheidun-gen in Verwaltungsverfahren** tätig werden, sollte § 839a BGB nicht analog anwendbar sein. Denn der behördlich beauftragte Sachverständige ist gesetzlich nicht dazu verpflichtet, den Auftrag zu übernehmen und kann sich durch einen entsprechenden Preis versichern. Umgekehrt kommt der Behörde nicht § 839 II BGB zu Gute, der z.B. dem Richter am Gericht eine Haftungsbeschränkung ge-währt[35]. Für den im **schiedsrichterlichen Verfahren** tätigen Sachverständigen gilt der § 839a BGB[36].

Auf Grund der gerichtlichen Entscheidung, die auf dem falschen Gutachten be-ruht, muss einem Verfahrensbeteiligten ein **Schaden** entstanden sein. Hier kommt neben einer Verletzung der in § 823 I BGB genannten Rechtsgüter auch ein Vermögensschaden in Betracht.

---

32 *Ulrich*, S. 413 Rdnr. 745 (755) unter Hinweis auf MünchKomm-BGB, 3. Aufl. (2004), § 839a Rdnr. 18: Grobe Fahrlässigkeit liegt nicht erst vor, wenn der Gutachter gegen elementare Regeln der Gutachtenerstattung in besonders schwerem Ausmaß verstößt und er ganz naheliegende Überlegungen, die ihm in der konkreten Situation hätten einleuchten müssen, nicht angestellt hat. Vielmehr kommt grobe Fahrlässigkeit schon in Betracht, wenn das Gutachten allgemein vertretene Ansichten außer Acht lässt und der Sachverständige seine andere Meinung nicht irgendwie nachvollziehbar – überzeugend ist nicht erforderlich – darstellen kann.

33 Wäre dem Sachverständige bereits einfache Fahrlässigkeit vorzuwerfen, könnte dies seine innere Freiheit beeinträchtigen. Zudem besteht eine rechtliche Verpflichtung zur Erstattung des Gutachtens (*Wagner*, NJW 2002, 2049 [2062] mit Hinweis auf Begr. des GE der BReg, BT-Dr 14/7752, S. 28).

34 *Wagner*, NJW 2002, 2049 (2061 ff.).

35 *Wagner*, NJW 2002, 2049 (2063).

36 *Bayerlein*, in *Bayerlein* § 34 Rdnr. 11; abl. *Wagner*, NJW 2002, 2049 (2063); *Zim-mermann*, DS 2007, 366 (369).

Eine Haftung scheidet gem. § 839a II i.V. mit § 839 III BGB auch dann aus, wenn der Verletzte es vorsätzlich oder fahrlässig **unterlassen hat, den Schaden durch den Gebrauch eines Rechtsmittels abzuwenden.** Hierzu gehört auch, dass der Verletzte gehalten ist, einen Antrag auf mündliche Anhörung des Sachverständigen zu stellen[37]. Unterläßt es der Verletzte somit, den Schaden durch ein Rechtsmittel abzuwenden, entfällt die Ersatzpflicht.

Unter Umständen haftet der Sachverständige nicht nur für persönliches Verschulden, sondern auch dann, wenn er den Fehler eines seiner Mitarbeiter zu **vertreten hat.** (§ 831 BGB), also etwa die falschen Ausführungen des Mitarbeiters ungeprüft im Gutachten übernommen hat.

Nach §§ 195, 199 BGB beginnt die **Verjährung** drei Jahre mit dem Schluss des Jahres, in dem der Anspruch entstanden ist und der Geschädigte von den diesen Anspruch begründenden Umständen und der Person des Schädigers Kenntnis erhält – ansonsten bis maximal 10 beziehungsweise 30 Jahren je nach verletztem Rechtsgut.

Prüfungsschema § 839a BGB:

- **Gerichtlicher Sachverständiger** wird in die Haftung genommen
- Nach 1.8.2002 mündlich oder schriftlich erstelltes **Gutachten**
- **Unrichtiges** Gutachten
- **Verschulden** des Sachverständigen (Vorsatz oder grobe Fahrlässigkeit).
- **Gerichtliche Entscheidung** muss ergangen sein (kein Vergleich)
- **Schaden**
- **Kausalität** zwischen unrichtigem Gutachten und gerichtlicher Entscheidung sowie zwischen gerichtlicher Entscheidung und Schaden.
- Hat es der Geschädigte unterlassen, den Schaden durch Gebrauch eines Rechtsmittels **abzuwenden** (§§ 839a II, 839 III BGB)?

---

37 BGH, DS 2007, 306.

XXIV. Versicherungsschutz des Sachverständigen

Um sich vor dem Risiko einer Haftung zu schützen, sollte der Sachverständige eine Haftpflichtversicherung abschließen (Zum Versicherungsschutz bzgl. der Durchführung einer Bauteilöffnung vgl. Abschnitt oben).

Zwar gibt es keine Pflicht zum Abschluss einer Berufshaftpflichtversicherung (wie z. B. bei den Rechtsanwälten); gleichwohl wird ihr Abschluss aber empfohlen[1].

Es muss auch noch nicht einmal dem Sachverständigen selbst ein Fehler unterlaufen; auch Fehler seiner Erfüllungsgehilfen (z.B. Hilfskräfte) muss er sich gem. § 278 BGB zurechnen lassen.

Die nachfolgenden Ausführungen sollen dazu dienen, dass der Sachverständige seinen Versicherungsvertrag auf die vorgenannten Punkte hin überprüft und gegebenenfalls mit seiner Versicherung ein klarstellendes Gespräch führt.

Die Berufshaftpflichtversicherung des Sachverständigen unterscheidet sich grundsätzlich in **Vermögensschadens**-Haftpflichtversicherung und Haftpflichtversicherung für **Personen- und Sachschäden**. Häufig werden beide Versicherungsarten in einem Versicherungsvertrag verbunden.

Der Unterschied der beiden Versicherungen wird anhand nachstehender Beispiele deutlich:

Beispiel 1:

Der Sachverständige bewertet ein Grundstück unrichtig. Auf Grund seines falschen Gutachtens nimmt sein Auftraggeber Vermögensdispositionen vor, die zu einem Schaden führen. Es handelt sich um den typischen **Vermögensschaden**, der einer Vermögenshaftpflichtversicherung unterfällt.

Beispiel 2:

Der Sachverständige stößt bei einer Ortsbegehung auf dem Baugerüst gegen einen Eimer, der daraufhin abstürzt und auf ein geparktes Auto fällt. Es handelt sich um einen typischen **Sachschaden**.

---

1 Vgl. Nr. 14.13. der Richtlinien zur Anwendung und Auslegung der Sachverständigenordnung.

Beispiel 3:

Der vorgenannte Eimer stürzt von dem Gerüst auf einen Passanten und verletzt diesen erheblich. Hier handelt es sich um einen **Personenschaden**.

Beispiel 1 unterfällt der **Vermögenshaftpflichtversicherung**.
Beispiel 2 und 3 unterfallen der **Haftpflichtversicherung für Personen- und Sachschäden**.

Bei den Versicherungen sind folgende Besonderheiten zu beachten:

1. Vermögenshaftpflichtversicherung

Die **Deckungspflicht** des Versicherungsunternehmens erstreckt sich in der Regel nur auf eine einmalige Leistung gegenüber mehreren entschädigungspflichtigen Personen, auf die sich der Versicherungsschutz erstreckt. Hat sich der Sachverständige also gegenüber seinem Auftraggeber schadensersatzpflichtig gemacht und haftet er zusätzlich gegenüber einem Dritten, der sich auf sein Gutachten verlassen hat, tritt die Versicherung nur insgesamt einmal bis zur Höhe der Versicherungssumme ein.
Schließlich kann die Versicherung bei einem Schadensfall auf den so genannten Selbstbehalt verweisen[2].
In den besonderen Versicherungsbedingungen der üblichen Sachverständigenversicherung findet sich häufig die nachstehende Passage:
„Versichert ist die freiberufliche gutachtliche Beurteilung bestehender Verhältnisse (z.B. Bewertung, Beschaffenheits- und Eigenschaftsuntersuchungen, Schadensermittlungen, gutachtliche Stellungnahmen zu behaupteten Mängeln und Fehlern) sowie die Tätigkeit als Gerichts- und Schiedsgutachten".
Hierbei ist von besonderer Bedeutung, die Formulierung „Versichert ist die **Beurteilung bestehender Verhältnisse**".
Das bedeutet, dass lediglich die gutachterliche Feststellung zum Beispiel eines Bauschadens versichert ist, **nicht aber Sanierungsvorschläge**.
Der Sachverständige kann also vernünftigerweise bei einem Gutachten nur so verfahren, dass er eine Sanierungsmöglichkeit aufzeigt und die Durchführung der von ihm vorgeschlagenen Maßnahme von der zustimmenden Überprüfung einer Fachfirma abhängig macht.

---

2   Vgl. § 3 II Nr. 3 AHBVerm. Siehe auch *Littbarski*, in: *Bayerlein*, § 40 Rdnr. 85 ff.

In der Regel sind vom Versicherungsschutz **ausgeschlossen** Haftpflichtansprüche aus Markt- und Meinungsforschung, Bodenuntersuchung, Ladungskontrolle sowie Empfehlungen, Anregungen, Beratungen, Vorschläge oder sonstige Folgerungen aus dem zu erstattenden Gutachten.

Daraus ergibt sich, dass in der Regel keine Sanierungsvorschläge, keine Anregungen und keine Empfehlungen des Sachverständigen versichert sind.

Die Sachverständigenversicherung umfasst nur die Schadensfälle, **die während der Versicherungsdauer** entstanden sind. Lässt der Sachverständige die Versicherung seinen Versicherungsschutz altersbedingt auslaufen, muss er eine Regelung mit der Versicherung treffen, wonach sein Versicherungsschutz **über das Vertragsende angemessen lang hinaus weiterläuft.** Dies ist meistens gegen Zahlung einer relativ geringen zusätzlichen Prämie möglich.

Die **Höchstleistung des Versicherungsunternehmens** beträgt in der Regel das zweifache der Versicherungssumme für alle Verstöße eines Versicherungsjahres.

Der Sachverständige muss also wissen, dass nicht jeder Schadensfall in der Höhe seiner Versicherungssumme abgedeckt ist, sondern dass der Versicherer auf alle Schäden innerhalb des Versicherungsjahres nur bis zur doppelten Höhe der Versicherungssumme maximal leistet.

Das Versicherungsunternehmen ist weiterhin zum Beispiel frei von Leistungen in folgenden Fällen:

- nicht versichert sind in der Regel Schäden aus **Überschreitung von Kostenvoranschlägen**. Bei Angabe von Reparaturkosten im Gutachten sollte der Sachverständige immer nur von einer Kosten**schätzung** sprechen und seine Angaben vorbehaltlich genauer Kostenangebote abgeben.
- Ebenfalls nicht versichert sind **wissentliche Abweichungen des Sachverständigen von Gesetzten, Verordnungen oder Anweisungen.**
  Lässt zum Beispiel ein Sachverständiger eine Hilfskraft selbstständig ein Gutachten erstellen, liegt darin ein Verstoß gegen die Sachverständigenordnung der Industrie- und Handelskammer, der zum Wegfall des Versicherungsschutzes für den Sachverständigen führen kann, wenn die Hilfskraft nicht mitversichert ist.

2. Haftpflichtversicherung für Personen- und Sachschäden

Nicht vom Versicherungsschutz umfasst sind die so genannten **Bearbeitungsschäden**; das sind Schäden, die bei der Sachverständigentätigkeit eingetreten sind.

Versichert hingegen ist der Sach- und Personenschaden, der dadurch entsteht, wenn der Sachverständige **anlässlich eines Ortstermins** gewissermaßen *beiläufig* einen Schaden verursacht.

Die Abgrenzung zwischen einem Bearbeitungsschaden mit Ausschluss des Versicherungsschutzes und einem versicherungs-(einstands)pflichtigen Schaden ist in der Praxis außerordentlich schwierig.

So hatte zum Beispiel ein Heizungsbau-Sachverständiger eine Kesselanlage auf einen Mangel hin zu untersuchen. Hierzu musste er den Kessel „5" in Gang setzen. Versehentlich vergriff er sich in den Schalthebeln und setzte Kessel „6" in Betrieb, der hierzu überhaupt nicht vorbereitet war. Der Kessel platzte.

Hier hatte die Rechtsprechung in erster Instanz entschieden, dass sich der Versicherer *nicht* auf eine so genannte Bearbeitungsklausel berufen kann (durch welche Schäden ausgeschlossen sind, die bei der Sachverständigentätigkeit eintreten), während die zweite Instanz das Berufen auf die Bearbeitungsklausel als zulässig angesehen hat.

Ausgeschlossen vom Versicherungsschutz sind in der Regel Auslandsschäden mit Ausnahme der EU-Staaten. Das gilt auch hinsichtlich der obigen Ausführungen zur Vermögenshaftpflichtversicherung.

XXV. Anhang

JVEG: Gesetz über die Vergütung von Sachverständigen, Dolmetscherinnen, Dolmetschern, Übersetzerinnen und Übersetzern sowie die Entschädigung von ehrenamtlichen Richterinnen, ehrenamtlichen Richtern, Zeuginnen, Zeugen und Dritten – Justizvergütungs- und -entschädigungsgesetz (JVEG), Stand 1.9.2009.

In Auszügen

Abschnitt 1. Allgemeine Vorschriften

§ 1 Geltungsbereich und Anspruchsberechtigte

(1) [1]Dieses Gesetz regelt

1. die Vergütung der Sachverständigen, Dolmetscherinnen, Dolmetscher, Übersetzerinnen und Übersetzer, die von dem Gericht, der Staatsanwaltschaft, der Finanzbehörde in den Fällen, in denen diese das Ermittlungsverfahren selbstständig durchführt, der Verwaltungsbehörde im Verfahren nach dem Gesetz über Ordnungswidrigkeiten oder dem Gerichtsvollzieher herangezogen werden;

2. die Entschädigung der ehrenamtlichen Richterinnen und Richter bei den ordentlichen Gerichten und den Gerichten für Arbeitssachen sowie bei den Gerichten der Verwaltungs-, der Finanz- und der Sozialgerichtsbarkeit mit Ausnahme der ehrenamtlichen Richterinnen und Richter in Handelssachen, in berufsgerichtlichen Verfahren oder bei Dienstgerichten sowie

3. die Entschädigung der Zeuginnen, Zeugen und Dritten (§ 23), die von den in Nummer 1 genannten Stellen herangezogen werden.

[2]Eine Vergütung oder Entschädigung wird nur nach diesem Gesetz gewährt. [3]Der Anspruch auf Vergütung nach Satz 1 Nr. 1 steht demjenigen zu, der beauftragt worden ist; dies gilt auch, wenn der Mitarbeiter einer Unternehmung die Leistung erbringt, der Auftrag jedoch der Unternehmung erteilt worden ist.

(2) [1]Dieses Gesetz gilt auch, wenn Behörden oder sonstige öffentliche Stellen von den in Absatz 1 Satz 1 Nr. 1 genannten Stellen zu Sachverständigenleistungen herangezogen werden. [2]Für Angehörige einer Behörde oder einer sonstigen öffentlichen Stelle, die weder Ehrenbeamte noch ehrenamtlich tätig sind, gilt dieses Gesetz nicht, wenn sie ein Gutachten in Erfüllung ihrer Dienstaufgaben erstatten, vertreten oder erläutern.

(3) [1]Einer Heranziehung durch die Staatsanwaltschaft oder durch die Finanzbehörde in den Fällen des Absatzes 1 Satz 1 Nr. 1 steht eine Heranziehung durch die Polizei oder eine andere Strafverfolgungsbehörde im Auftrag oder mit vorheriger Billigung der Staatsanwaltschaft oder der Finanzbehörde gleich. [2]Satz 1 gilt im Verfahren der Verwaltungsbehörde nach dem Gesetz über Ordnungswidrigkeiten entsprechend.

(4) Die Vertrauenspersonen in den Ausschüssen zur Wahl der Schöffen und die Vertrauensleute in den Ausschüssen zur Wahl der ehrenamtlichen Richter bei den Gerichten der Verwaltungs- und der Finanzgerichtsbarkeit werden wie ehrenamtliche Richter entschädigt.

§ 2 Geltendmachung und Erlöschen des Anspruchs, Verjährung

(1) [1]Der Anspruch auf Vergütung oder Entschädigung erlischt, wenn er nicht binnen drei Monaten bei der Stelle, die den Berechtigten herangezogen oder beauftragt hat, geltend gemacht wird. [2]Die Frist beginnt
1. im Fall der schriftlichen Begutachtung oder der Anfertigung einer Übersetzung mit Eingang des Gutachtens oder der Übersetzung bei der Stelle, die den Berechtigten beauftragt hat,
2. im Fall der Vernehmung als Sachverständiger oder Zeuge oder der Zuziehung als Dolmetscher mit Beendigung der Vernehmung oder Zuziehung,
3. in den Fällen des § 23 mit Beendigung der Maßnahme und
4. im Fall der Dienstleistung als ehrenamtlicher Richter oder Mitglied eines Ausschusses im Sinne des § 1 Abs. 4 mit Beendigung der Amtsperiode.

[3]Die Frist kann auf begründeten Antrag von der in Satz 1 genannten Stelle verlängert werden; lehnt sie eine Verlängerung ab, hat sie den Antrag unverzüglich dem nach § 4 Abs. 1 für die Festsetzung der Vergütung oder Entschädigung zuständigen Gericht vorzulegen, das durch unanfechtbaren Beschluss entscheidet. [4]Weist das Gericht den Antrag zurück, erlischt der Anspruch, wenn die Frist nach

Satz 1 abgelaufen und der Anspruch nicht binnen zwei Wochen ab Bekanntgabe der Entscheidung bei der in Satz 1 genannten Stelle geltend gemacht worden ist.

(2) [1]War der Berechtigte ohne sein Verschulden an der Einhaltung einer Frist nach Absatz 1 gehindert, gewährt ihm das Gericht auf Antrag Wiedereinsetzung in den vorigen Stand, wenn er innerhalb von zwei Wochen nach Beseitigung des Hindernisses den Anspruch beziffert und die Tatsachen glaubhaft macht, welche die Wiedereinsetzung begründen. [2]Nach Ablauf eines Jahres, von dem Ende der versäumten Frist an gerechnet, kann die Wiedereinsetzung nicht mehr beantragt werden. [3]Gegen die Ablehnung der Wiedereinsetzung findet die Beschwerde statt. [4]Sie ist nur zulässig, wenn sie innerhalb von zwei Wochen eingelegt wird. [5]Die Frist beginnt mit der Zustellung der Entscheidung. [6]§ 4 Abs. 4 Satz 1 bis 3 und Abs. 6 bis 8 ist entsprechend anzuwenden.

(3) [1]Der Anspruch auf Vergütung oder Entschädigung verjährt in drei Jahren nach Ablauf des Kalenderjahrs, in dem der nach Absatz 1 Satz 2 Nr. 1 bis 4 maßgebliche Zeitpunkt eingetreten ist. [2]Auf die Verjährung sind die Vorschriften des Bürgerlichen Gesetzbuchs anzuwenden. [3]Durch den Antrag auf gerichtliche Festsetzung (§ 4) wird die Verjährung wie durch Klageerhebung gehemmt. [4]Die Verjährung wird nicht von Amts wegen berücksichtigt.

(4) [1]Der Anspruch auf Erstattung zu viel gezahlter Vergütung oder Entschädigung verjährt in drei Jahren nach Ablauf des Kalenderjahrs, in dem die Zahlung erfolgt ist. [2]§ 5 Abs. 3 des Gerichtskostengesetzes gilt entsprechend.

§ 3 Vorschuss

Auf Antrag ist ein angemessener Vorschuss zu bewilligen, wenn dem Berechtigten erhebliche Fahrtkosten oder sonstige Aufwendungen entstanden sind oder voraussichtlich entstehen werden oder wenn die zu erwartende Vergütung für bereits erbrachte Teilleistungen einen Betrag von 2 000 Euro übersteigt.

§ 4 Gerichtliche Festsetzung und Beschwerde

(1) [1]Die Festsetzung der Vergütung, der Entschädigung oder des Vorschusses erfolgt durch gerichtlichen Beschluss, wenn der Berechtigte oder die Staatskasse die gerichtliche Festsetzung beantragt oder das Gericht sie für angemessen hält. [2]Zuständig ist

1. das Gericht, von dem der Berechtigte herangezogen worden ist, bei dem er als ehrenamtlicher Richter mitgewirkt hat oder bei dem der Ausschuss im Sinne des § 1 Abs. 4 gebildet ist;

2. das Gericht, bei dem die Staatsanwaltschaft besteht, wenn die Heranziehung durch die Staatsanwaltschaft oder in deren Auftrag oder mit deren vorheriger Billigung durch die Polizei oder eine andere Strafverfolgungsbehörde erfolgt ist, nach Erhebung der öffentlichen Klage jedoch das für die Durchführung des Verfahrens zuständige Gericht;

3. das Landgericht, bei dem die Staatsanwaltschaft besteht, die für das Ermittlungsverfahren zuständig wäre, wenn die Heranziehung in den Fällen des § 1 Abs. 1 Satz 1 Nr. 1 durch die Finanzbehörde oder in deren Auftrag oder mit deren vorheriger Billigung durch die Polizei oder eine andere Strafverfolgungsbehörde erfolgt ist, nach Erhebung der öffentlichen Klage jedoch das für die Durchführung des Verfahrens zuständige Gericht;

4. das Amtsgericht, in dessen Bezirk der Gerichtsvollzieher seinen Amtssitz hat, wenn die Heranziehung durch den Gerichtsvollzieher erfolgt ist, abweichend davon im Verfahren der Zwangsvollstreckung das Vollstreckungsgericht.

(2) [1]Ist die Heranziehung durch die Verwaltungsbehörde im Bußgeldverfahren erfolgt, werden die zu gewährende Vergütung oder Entschädigung und der Vorschuss durch gerichtlichen Beschluss festgesetzt, wenn der Berechtigte gerichtliche Entscheidung gegen die Festsetzung durch die Verwaltungsbehörde beantragt. [2]Für das Verfahren gilt § 62 des Gesetzes über Ordnungswidrigkeiten.

(3) Gegen den Beschluss nach Absatz 1 können der Berechtigte und die Staatskasse Beschwerde einlegen, wenn der Wert des Beschwerdegegenstands 200 Euro übersteigt oder wenn sie das Gericht, das die angefochtene Entscheidung erlassen hat, wegen der grundsätzlichen Bedeutung der zur Entscheidung stehenden Frage in dem Beschluss zulässt.

(4) [1]Soweit das Gericht die Beschwerde für zulässig und begründet hält, hat es ihr abzuhelfen; im Übrigen ist die Beschwerde unverzüglich dem Beschwerdegericht vorzulegen. [2]Beschwerdegericht ist das nächsthöhere Gericht. [3]Eine Beschwerde an einen obersten Gerichtshof des Bundes findet nicht statt. [4]Das Beschwerdegericht ist an die Zulassung der Beschwerde gebunden; die Nichtzulassung ist unanfechtbar.

(5) [1]Die weitere Beschwerde ist nur zulässig, wenn das Landgericht als Beschwerdegericht entschieden und sie wegen der grundsätzlichen Bedeutung der zur Entscheidung stehenden Frage in dem Beschluss zugelassen hat. [2]Sie kann

nur darauf gestützt werden, dass die Entscheidung auf einer Verletzung des Rechts beruht; die §§ 546 und 547 der Zivilprozessordnung gelten entsprechend. [3]Über die weitere Beschwerde entscheidet das Oberlandesgericht. [4]Absatz 4 Satz 1 und 4 gilt entsprechend.

(6) [1]Anträge und Erklärungen können zu Protokoll der Geschäftsstelle abgegeben oder schriftlich eingereicht werden; § 129a der Zivilprozessordnung gilt entsprechend. [2]Für die Bevollmächtigung gelten die Regelungen der für das zugrunde liegende Verfahren geltenden Verfahrensordnung entsprechend. [3]Die Beschwerde ist bei dem Gericht einzulegen, dessen Entscheidung angefochten wird.

(7) [1]Das Gericht entscheidet über den Antrag durch eines seiner Mitglieder als Einzelrichter; dies gilt auch für die Beschwerde, wenn die angefochtene Entscheidung von einem Einzelrichter oder einem Rechtspfleger erlassen wurde. [2]Der Einzelrichter überträgt das Verfahren der Kammer oder dem Senat, wenn die Sache besondere Schwierigkeiten tatsächlicher oder rechtlicher Art aufweist oder die Rechtssache grundsätzliche Bedeutung hat. [3]Das Gericht entscheidet jedoch immer ohne Mitwirkung ehrenamtlicher Richter. [4]Auf eine erfolgte oder unterlassene Übertragung kann ein Rechtsmittel nicht gestützt werden.

(8) [1]Die Verfahren sind gebührenfrei. [2]Kosten werden nicht erstattet.

(9) Die Beschlüsse nach den Absätzen 1, 2, 4 und 5 wirken nicht zu Lasten des Kostenschuldners.

§ 4a Abhilfe bei Verletzung des Anspruchs auf rechtliches Gehör

(1) Auf die Rüge eines durch die Entscheidung nach diesem Gesetz beschwerten Beteiligten ist das Verfahren fortzuführen, wenn
1. ein Rechtsmittel oder ein anderer Rechtsbehelf gegen die Entscheidung nicht gegeben ist und
2. das Gericht den Anspruch dieses Beteiligten auf rechtliches Gehör in entscheidungserheblicher Weise verletzt hat.

(2) [1]Die Rüge ist innerhalb von zwei Wochen nach Kenntnis von der Verletzung des rechtlichen Gehörs zu erheben; der Zeitpunkt der Kenntniserlangung ist glaubhaft zu machen. [2]Nach Ablauf eines Jahres seit Bekanntmachung der angegriffenen Entscheidung kann die Rüge nicht mehr erhoben werden. [3]Formlos mitgeteilte Entscheidungen gelten mit dem dritten Tage nach Aufgabe zur Post als

bekannt gemacht. [4]Die Rüge ist bei dem Gericht zu erheben, dessen Entscheidung angegriffen wird; § 4 Abs. 6 Satz 1 und 2 gilt entsprechend. [5]Die Rüge muss die angegriffene Entscheidung bezeichnen und das Vorliegen der in Absatz 1 Nr. 2 genannten Voraussetzungen darlegen.

(3) Den übrigen Beteiligten ist, soweit erforderlich, Gelegenheit zur Stellungnahme zu geben.

(4) [1]Das Gericht hat von Amts wegen zu prüfen, ob die Rüge an sich statthaft und ob sie in der gesetzlichen Form und Frist erhoben ist. [2]Mangelt es an einem dieser Erfordernisse, so ist die Rüge als unzulässig zu verwerfen. [3]Ist die Rüge unbegründet, weist das Gericht sie zurück. [4]Die Entscheidung ergeht durch unanfechtbaren Beschluss. [5]Der Beschluss soll kurz begründet werden.

(5) Ist die Rüge begründet, so hilft ihr das Gericht ab, indem es das Verfahren fortführt, soweit dies aufgrund der Rüge geboten ist.

(6) Kosten werden nicht erstattet.

§ 4b Elektronische Akte, elektronisches Dokument

(1) Die Vorschriften über die elektronische Akte und das gerichtliche elektronische Dokument für das Verfahren, in dem der Anspruchsberechtigte herangezogen worden ist, sind anzuwenden.

(2) [1]Soweit für Anträge und Erklärungen in dem Verfahren, in dem der Anspruchsberechtigte herangezogen worden ist, die Aufzeichnung als elektronisches Dokument genügt, genügt diese Form auch für Anträge und Erklärungen nach diesem Gesetz. [2]Die verantwortende Person soll das Dokument mit einer qualifizierten elektronischen Signatur nach dem Signaturgesetz versehen. [3]Ist ein übermitteltes elektronisches Dokument für das Gericht zur Bearbeitung nicht geeignet, ist dies dem Absender unter Angabe der geltenden technischen Rahmenbedingungen unverzüglich mitzuteilen.

(3) Ein elektronisches Dokument ist eingereicht, sobald die für den Empfang bestimmte Einrichtung des Gerichts es aufgezeichnet hat.

Abschnitt 2. Gemeinsame Vorschriften

§ 5 Fahrtkostenersatz

(1) Bei Benutzung von öffentlichen, regelmäßig verkehrenden Beförderungsmitteln werden die tatsächlich entstandenen Auslagen bis zur Höhe der entsprechenden Kosten für die Benutzung der ersten Wagenklasse der Bahn einschließlich der Auslagen für Platzreservierung und Beförderung des notwendigen Gepäcks ersetzt.

(2) [1]Bei Benutzung eines eigenen oder unentgeltlich zur Nutzung überlassenen Kraftfahrzeugs werden
1. dem Zeugen oder dem Dritten (§ 23) zur Abgeltung der Betriebskosten sowie zur Abgeltung der Abnutzung des Kraftfahrzeugs 0,25 Euro,
2. den in § 1 Abs. 1 Satz 1 Nr. 1 und 2 genannten Anspruchsberechtigten zur Abgeltung der Anschaffungs-, Unterhaltungs- und Betriebskosten sowie zur Abgeltung der Abnutzung des Kraftfahrzeugs 0,30 Euro
für jeden gefahrenen Kilometer ersetzt zuzüglich der durch die Benutzung des Kraftfahrzeugs aus Anlass der Reise regelmäßig anfallenden baren Auslagen, insbesondere der Parkentgelte. [2]Bei der Benutzung durch mehrere Personen kann die Pauschale nur einmal geltend gemacht werden. [3]Bei der Benutzung eines Kraftfahrzeugs, das nicht zu den Fahrzeugen nach Absatz 1 oder Satz 1 zählt, werden die tatsächlich entstandenen Auslagen bis zur Höhe der in Satz 1 genannten Fahrtkosten ersetzt; zusätzlich werden die durch die Benutzung des Kraftfahrzeugs aus Anlass der Reise angefallenen regelmäßigen baren Auslagen, insbesondere die Parkentgelte, ersetzt, soweit sie der Berechtigte zu tragen hat.

(3) Höhere als die in Absatz 1 oder Absatz 2 bezeichneten Fahrtkosten werden ersetzt, soweit dadurch Mehrbeträge an Vergütung oder Entschädigung erspart werden oder höhere Fahrtkosten wegen besonderer Umstände notwendig sind.

(4) Für Reisen während der Terminsdauer werden die Fahrtkosten nur insoweit ersetzt, als dadurch Mehrbeträge an Vergütung oder Entschädigung erspart werden, die beim Verbleiben an der Terminsstelle gewährt werden müssten.

(5) Wird die Reise zum Ort des Termins von einem anderen als dem in der Ladung oder Terminsmitteilung bezeichneten oder der zuständigen Stelle unverzüglich angezeigten Ort angetreten oder wird zu einem anderen als zu diesem Ort zurückgefahren, werden Mehrkosten nach billigem Ermessen nur dann ersetzt, wenn der Berechtigte zu diesen Fahrten durch besondere Umstände genötigt war.

§ 6 Entschädigung für Aufwand

(1) Wer innerhalb der Gemeinde, in der der Termin stattfindet, weder wohnt noch berufstätig ist, erhält für die Zeit, während der er aus Anlass der Wahrnehmung des Termins von seiner Wohnung und seinem Tätigkeitsmittelpunkt abwesend sein muss, ein Tagegeld, dessen Höhe sich nach § 4 Abs. 5 Satz 1 Nr. 5 Satz 2 des Einkommensteuergesetzes bestimmt.

(2) Ist eine auswärtige Übernachtung notwendig, wird ein Übernachtungsgeld nach den Bestimmungen des Bundesreisekostengesetzes gewährt.

§ 7 Ersatz für sonstige Aufwendungen

(1) [1]Auch die in den §§ 5, 6 und 12 nicht besonders genannten baren Auslagen werden ersetzt, soweit sie notwendig sind. [2]Dies gilt insbesondere für die Kosten notwendiger Vertretungen und notwendiger Begleitpersonen.

(2) [1]Für die Anfertigung von Ablichtungen und Ausdrucken werden 0,50 Euro je Seite für die ersten 50 Seiten und 0,15 Euro für jede weitere Seite, für die Anfertigung von Farbkopien oder Farbausdrucken 2 Euro je Seite ersetzt. [2]Die Höhe der Pauschale ist in derselben Angelegenheit einheitlich zu berechnen. [3]Die Pauschale wird nur für Ablichtungen und Ausdrucke aus Behörden- und Gerichtsakten gewährt, soweit deren Herstellung zur sachgemäßen Vorbereitung oder Bearbeitung der Angelegenheit geboten war, sowie für Ablichtungen und zusätzliche Ausdrucke, die nach Aufforderung durch die heranziehende Stelle angefertigt worden sind.

(3) Für die Überlassung von elektronisch gespeicherten Dateien anstelle der in Absatz 2 genannten Ablichtungen und Ausdrucke werden 2,50 Euro je Datei ersetzt.

Abschnitt 3. Vergütung von Sachverständigen, Dolmetschern und Übersetzern

§ 8 Grundsatz der Vergütung

(1) Sachverständige, Dolmetscher und Übersetzer erhalten als Vergütung
1. ein Honorar für ihre Leistungen (§§ 9 bis 11),

2. Fahrtkostenersatz (§ 5),

3. Entschädigung für Aufwand (§ 6) sowie

4. Ersatz für sonstige und für besondere Aufwendungen (§§ 7 und 12).

(2) [1]Soweit das Honorar nach Stundensätzen zu bemessen ist, wird es für jede Stunde der erforderlichen Zeit einschließlich notwendiger Reise- und Wartezeiten gewährt. [2]Die letzte bereits begonnene Stunde wird voll gerechnet, wenn sie zu mehr als 30 Minuten für die Erbringung der Leistung erforderlich war; anderenfalls beträgt das Honorar die Hälfte des sich für eine volle Stunde ergebenden Betrags.

(3) Soweit vergütungspflichtige Leistungen oder Aufwendungen auf die gleichzeitige Erledigung mehrerer Angelegenheiten entfallen, ist die Vergütung nach der Anzahl der Angelegenheiten aufzuteilen.

(4) Den Sachverständigen, Dolmetschern und Übersetzern, die ihren gewöhnlichen Aufenthalt im Ausland haben, kann unter Berücksichtigung ihrer persönlichen Verhältnisse, insbesondere ihres regelmäßigen Erwerbseinkommens, nach billigem Ermessen eine höhere als die in Absatz 1 bestimmte Vergütung gewährt werden.

§ 9 Honorar für die Leistung der Sachverständigen und Dolmetscher

(1) [1]Der Sachverständige erhält für jede Stunde ein Honorar

in der Honorargruppe ...	in Höhe von ... Euro
1	50
2	55
3	60
4	65
5	70
6	75
7	80
8	85
9	90
10	95
M 1	50
M 2	60
M 3	85

²Die Zuordnung der Leistungen zu einer Honorargruppe bestimmt sich nach der Anlage 1. ³Wird die Leistung auf einem Sachgebiet erbracht, das in keiner Honorargruppe genannt wird, ist sie unter Berücksichtigung der allgemein für Leistungen dieser Art außergerichtlich und außerbehördlich vereinbarten Stundensätze einer Honorargruppe nach billigem Ermessen zuzuordnen; dies gilt entsprechend, wenn ein medizinisches oder psychologisches Gutachten einen Gegenstand betrifft, der in keiner Honorargruppe genannt wird. ⁴Erfolgt die Leistung auf mehreren Sachgebieten oder betrifft das medizinische oder psychologische Gutachten mehrere Gegenstände und sind die Sachgebiete oder Gegenstände verschiedenen Honorargruppen zugeordnet, bemisst sich das Honorar einheitlich für die gesamte erforderliche Zeit nach der höchsten dieser Honorargruppen; jedoch gilt Satz 3 entsprechend, wenn dies mit Rücksicht auf den Schwerpunkt der Leistung zu einem unbilligen Ergebnis führen würde. ⁵§ 4 gilt entsprechend mit der Maßgabe, dass die Beschwerde auch zulässig ist, wenn der Wert des Beschwerdegegenstands 200 Euro nicht übersteigt. ⁶Die Beschwerde ist nur zulässig, solange der Anspruch auf Vergütung noch nicht geltend gemacht worden ist.

(2) Im Fall des § 22 Abs. 1 Satz 2 Nr. 3 der Insolvenzordnung beträgt das Honorar des Sachverständigen abweichend von Absatz 1 für jede Stunde 65 Euro.

(3) ¹Das Honorar des Dolmetschers beträgt für jede Stunde 55 Euro. ²Ein ausschließlich als Dolmetscher Tätiger erhält eine Ausfallentschädigung in Höhe von höchstens 55 Euro, soweit er durch die Aufhebung eines Termins, zu dem er geladen war und dessen Aufhebung nicht durch einen in seiner Person liegenden Grund veranlasst war, einen Einkommensverlust erlitten hat und ihm die Aufhebung erst am Terminstag oder an einem der beiden vorhergehenden Tage mitgeteilt worden ist.

§ 10 Honorar für besondere Leistungen

(1) Soweit ein Sachverständiger oder ein sachverständiger Zeuge Leistungen erbringt, die in der Anlage 2 bezeichnet sind, bemisst sich das Honorar oder die Entschädigung nach dieser Anlage.

(2) ¹Für Leistungen der in Abschnitt O des Gebührenverzeichnisses für ärztliche Leistungen (Anlage zur Gebührenordnung für Ärzte) bezeichneten Art bemisst sich das Honorar in entsprechender Anwendung dieses Gebührenverzeichnisses nach dem 1,3fachen Gebührensatz. ²§ 4 Abs. 2 bis 4 Satz 1 und § 10 der Gebüh-

renordnung für Ärzte gelten entsprechend; im Übrigen bleiben die §§ 7 und 12 unberührt.

(3) Soweit für die Erbringung einer Leistung nach Absatz 1 oder Absatz 2 zusätzliche Zeit erforderlich ist, erhält der Berechtigte ein Honorar nach der Honorargruppe 1.

§ 11 Honorar für Übersetzungen

(1) [1]Das Honorar für eine Übersetzung beträgt 1,25 Euro für jeweils angefangene 55 Anschläge des schriftlichen Textes. [2]Ist die Übersetzung, insbesondere wegen der Verwendung von Fachausdrücken oder wegen schwerer Lesbarkeit des Textes, erheblich erschwert, erhöht sich das Honorar auf 1,85 Euro, bei außergewöhnlich schwierigen Texten auf 4 Euro. [3]Maßgebend für die Anzahl der Anschläge ist der Text in der Zielsprache; werden jedoch nur in der Ausgangssprache lateinische Schriftzeichen verwendet, ist die Anzahl der Anschläge des Textes in der Ausgangssprache maßgebend. [4]Wäre eine Zählung der Anschläge mit unverhältnismäßigem Aufwand verbunden, wird deren Anzahl unter Berücksichtigung der durchschnittlichen Anzahl der Anschläge je Zeile nach der Anzahl der Zeilen bestimmt.

(2) Für eine oder für mehrere Übersetzungen aufgrund desselben Auftrags beträgt das Honorar mindestens 15 Euro.

(3) Soweit die Leistung des Übersetzers in der Überprüfung von Schriftstücken oder Aufzeichnungen der Telekommunikation auf bestimmte Inhalte besteht, ohne dass er insoweit eine schriftliche Übersetzung anfertigen muss, erhält er ein Honorar wie ein Dolmetscher.

§ 12 Ersatz für besondere Aufwendungen

(1) [1]Soweit in diesem Gesetz nichts anderes bestimmt ist, sind mit der Vergütung nach den §§ 9 bis 11 auch die üblichen Gemeinkosten sowie der mit der Erstattung des Gutachtens oder der Übersetzung üblicherweise verbundene Aufwand abgegolten. [2]Es werden jedoch gesondert ersetzt
1. die für die Vorbereitung und Erstattung des Gutachtens oder der Übersetzung aufgewendeten notwendigen besonderen Kosten, einschließlich der insoweit

notwendigen Aufwendungen für Hilfskräfte, sowie die für eine Untersuchung verbrauchten Stoffe und Werkzeuge;

2. für die zur Vorbereitung und Erstattung des Gutachtens erforderlichen Lichtbilder oder an deren Stelle tretenden Ausdrucke 2 Euro für den ersten Abzug oder Ausdruck und 0,50 Euro für jeden weiteren Abzug oder Ausdruck;

3. für die Erstellung des schriftlichen Gutachtens 0,75 Euro je angefangene 1 000 Anschläge; ist die Zahl der Anschläge nicht bekannt, ist diese zu schätzen;

4. die auf die Vergütung entfallende Umsatzsteuer, sofern diese nicht nach § 19 Abs. 1 des Umsatzsteuergesetzes unerhoben bleibt.

(2) Ein auf die Hilfskräfte (Absatz 1 Satz 2 Nr. 1) entfallender Teil der Gemeinkosten wird durch einen Zuschlag von 15 Prozent auf den Betrag abgegolten, der als notwendige Aufwendung für die Hilfskräfte zu ersetzen ist, es sei denn, die Hinzuziehung der Hilfskräfte hat keine oder nur unwesentlich erhöhte Gemeinkosten veranlasst.

§ 13 Besondere Vergütung

(1) Sind die Gerichtskosten nach der jeweiligen Verfahrensordnung in jedem Fall den Parteien oder den Beteiligten aufzuerlegen und haben sich diese dem Gericht gegenüber mit einer bestimmten oder abweichend von der gesetzlichen Regelung zu bemessenden Vergütung einverstanden erklärt, wird der Sachverständige, Dolmetscher oder Übersetzer unter Gewährung dieser Vergütung erst herangezogen, wenn ein ausreichender Betrag für die gesamte Vergütung an die Staatskasse gezahlt ist.

(2) [1]Die Erklärung nur einer Partei oder eines Beteiligten genügt, soweit sie sich auf den Stundensatz nach § 9 oder bei schriftlichen Übersetzungen auf ein Honorar für jeweils angefangene 55 Anschläge nach § 11 bezieht und das Gericht zustimmt. [2]Die Zustimmung soll nur erteilt werden, wenn das Eineinhalbfache des nach § 9 oder § 11 zulässigen Honorars nicht überschritten wird. [3]Vor der Zustimmung hat das Gericht die andere Partei oder die anderen Beteiligten zu hören. [4]Die Zustimmung und die Ablehnung der Zustimmung sind unanfechtbar.

(3) [1]Derjenige, dem Prozess- oder Verfahrenskostenhilfe bewilligt worden ist, kann eine Erklärung nach Absatz 1 nur abgeben, die sich auf den Stundensatz nach § 9 oder bei schriftlichen Übersetzungen auf ein Honorar für jeweils angefangene 55 Anschläge nach § 11 bezieht. [2]Wäre er ohne Rücksicht auf die Pro-

zess- oder Verfahrenskostenhilfe zur vorschussweisen Zahlung der Vergütung verpflichtet, hat er einen ausreichenden Betrag für das gegenüber der gesetzlichen Regelung oder der vereinbarten Vergütung (§ 14) zu erwartende zusätzliche Honorar an die Staatskasse zu zahlen; § 122 Abs. 1 Nr. 1 Buchstabe a der Zivilprozessordnung ist insoweit nicht anzuwenden. ³Der Betrag wird durch unanfechtbaren Beschluss festgesetzt.

(4) ¹Ist eine Vereinbarung nach den Absätzen 1 und 3 zur zweckentsprechenden Rechtsverfolgung notwendig und ist derjenige, dem Prozess- oder Verfahrenskostenhilfe bewilligt worden ist, zur Zahlung des nach Absatz 3 Satz 2 erforderlichen Betrags außerstande, bedarf es der Zahlung nicht, wenn das Gericht seiner Erklärung zustimmt. ²Die Zustimmung soll nur erteilt werden, wenn das Eineinhalbfache des nach § 9 oder § 11 zulässigen Honorars nicht überschritten wird. ³Die Zustimmung und die Ablehnung der Zustimmung sind unanfechtbar.

(5) ¹Im Musterverfahren nach dem Kapitalanleger-Musterverfahrensgesetz ist die Vergütung unabhängig davon zu gewähren, ob ein ausreichender Betrag an die Staatskasse gezahlt ist. ²Im Fall des Absatzes 2 genügt die Erklärung eines Beteiligten (§ 8 des Kapitalanleger-Musterverfahrensgesetzes). ³Die Absätze 3 und 4 sind nicht anzuwenden. ⁴Die Anhörung der übrigen Beteiligten kann dadurch ersetzt werden, dass die Vergütungshöhe, für die die Zustimmung des Gerichts erteilt werden soll, öffentlich bekannt gemacht wird. ⁵Die öffentliche Bekanntmachung wird durch Eintragung in das Klageregister nach § 2 des Kapitalanleger-Musterverfahrensgesetzes bewirkt. ⁶Zwischen der öffentlichen Bekanntmachung und der Entscheidung über die Zustimmung müssen mindestens vier Wochen liegen.

(6) ¹Hat sich eine Partei oder ein Beteiligter dem Gericht gegenüber mit einem bestimmten Stundensatz nach § 9 oder bei schriftlichen Übersetzungen mit einem bestimmten Honorar für jeweils angefangene 55 Anschläge nach § 11 einverstanden erklärt, ist dieses Honorar zu gewähren, wenn die Partei oder der Beteiligte zugleich erklärt, die entstehenden Mehrkosten zu übernehmen und wenn ein ausreichender Betrag für das gegenüber der gesetzlichen Regelung oder der vereinbarten Vergütung (§ 14) zu erwartende zusätzliche Honorar an die Staatskasse gezahlt ist; eine nach anderen Vorschriften bestehende Vorschusspflicht wegen der gesetzlichen oder vereinbarten Vergütung bleibt hiervon unberührt. ²Gegenüber der Staatskasse haften mehrere Personen, die eine Erklärung nach Satz 1 abgegeben haben, als Gesamtschuldner, im Innenverhältnis nach Kopfteilen. ³Die Mehrkosten gehören nicht zu den Kosten des Verfahrens.

(7) In den Fällen der Absätze 3 und 6 bestimmt das Gericht zugleich mit der Festsetzung des vorab an die Staatskasse zu zahlenden Betrags, welcher Honorargruppe die Leistung des Sachverständigen ohne Berücksichtigung der Erklärungen der Parteien oder Beteiligten zuzuordnen oder mit welchem Betrag für 55 Anschläge in diesem Fall eine Übersetzung zu honorieren wäre.

§ 14 Vereinbarung der Vergütung

Mit Sachverständigen, Dolmetschern und Übersetzern, die häufiger herangezogen werden, kann die oberste Landesbehörde, für die Gerichte und Behörden des Bundes die obersten Bundesbehörde, oder eine von diesen bestimmte Stelle eine Vereinbarung über die zu gewährende Vergütung treffen, deren Höhe die nach diesem Gesetz vorgesehene Vergütung nicht überschreiten darf.

Abschnitt 4. Entschädigung von ehrenamtlichen Richtern

§ 15 Grundsatz der Entschädigung

(1) Ehrenamtliche Richter erhalten als Entschädigung
1. Fahrtkostenersatz (§ 5),
2. Entschädigung für Aufwand (§ 6),
3. Ersatz für sonstige Aufwendungen (§ 7),
4. Entschädigung für Zeitversäumnis (§ 16),
5. Entschädigung für Nachteile bei der Haushaltsführung (§ 17) sowie
6. Entschädigung für Verdienstausfall (§ 18).

(2) [1]Soweit die Entschädigung nach Stunden bemessen ist, wird sie für die gesamte Dauer der Heranziehung einschließlich notwendiger Reise- und Wartezeiten, jedoch für nicht mehr als zehn Stunden je Tag, gewährt. [2]Die letzte bereits begonnene Stunde wird voll gerechnet.

(3) Die Entschädigung wird auch gewährt,
1. wenn ehrenamtliche Richter von der zuständigen staatlichen Stelle zu Einführungs- und Fortbildungstagungen herangezogen werden,
2. wenn ehrenamtliche Richter bei den Gerichten der Arbeits- und der Sozialgerichtsbarkeit in dieser Eigenschaft an der Wahl von gesetzlich für sie vorgesehenen Ausschüssen oder an den Sitzungen solcher Ausschüsse teilnehmen

(§§ 29, 38 des Arbeitsgerichtsgesetzes, §§ 23, 35 Abs. 1, § 47 des Sozialgerichtsgesetzes).

§ 16 Entschädigung für Zeitversäumnis

Die Entschädigung für Zeitversäumnis beträgt 5 Euro je Stunde.

§ 17 Entschädigung für Nachteile bei der Haushaltsführung

[1]Ehrenamtliche Richter, die einen eigenen Haushalt für mehrere Personen führen, erhalten neben der Entschädigung nach § 16 eine zusätzliche Entschädigung für Nachteile bei der Haushaltsführung von 12 Euro je Stunde, wenn sie nicht erwerbstätig sind oder wenn sie teilzeitbeschäftigt sind und außerhalb ihrer vereinbarten regelmäßigen täglichen Arbeitszeit herangezogen werden. [2]Die Entschädigung von Teilzeitbeschäftigten wird für höchstens zehn Stunden je Tag gewährt abzüglich der Zahl an Stunden, die der vereinbarten regelmäßigen täglichen Arbeitszeit entspricht. [3]Die Entschädigung wird nicht gewährt, soweit Kosten einer notwendigen Vertretung erstattet werden.

§ 18 Entschädigung für Verdienstausfall

[1]Für den Verdienstausfall wird neben der Entschädigung nach § 16 eine zusätzliche Entschädigung gewährt, die sich nach dem regelmäßigen Bruttoverdienst einschließlich der vom Arbeitgeber zu tragenden Sozialversicherungsbeiträge richtet, jedoch höchstens 20 Euro je Stunde beträgt. [2]Die Entschädigung beträgt bis zu 39 Euro je Stunde für ehrenamtliche Richter, die in demselben Verfahren an mehr als 20 Tagen herangezogen oder innerhalb eines Zeitraums von 30 Tagen an mindestens sechs Tagen ihrer regelmäßigen Erwerbstätigkeit entzogen werden. 3Sie beträgt bis zu 51 Euro je Stunde für ehrenamtliche Richter, die in demselben Verfahren an mehr als 50 Tagen herangezogen werden.

Abschnitt 5. Entschädigung von Zeugen und Dritten

§ 19 Grundsatz der Entschädigung

(1) [1]Zeugen erhalten als Entschädigung
1. Fahrtkostenersatz (§ 5),
2. Entschädigung für Aufwand (§ 6),
3. Ersatz für sonstige Aufwendungen (§ 7),
4. Entschädigung für Zeitversäumnis (§ 20),
5. Entschädigung für Nachteile bei der Haushaltsführung (§ 21) sowie
6. Entschädigung für Verdienstausfall (§ 22).
[2]Dies gilt auch bei schriftlicher Beantwortung der Beweisfrage.

(2) [1]Soweit die Entschädigung nach Stunden bemessen ist, wird sie für die gesamte Dauer der Heranziehung einschließlich notwendiger Reise- und Wartezeiten, jedoch für nicht mehr als zehn Stunden je Tag, gewährt. [2]Die letzte bereits begonnene Stunde wird voll gerechnet.

(3) Soweit die Entschädigung durch die gleichzeitige Heranziehung in verschiedenen Angelegenheiten veranlasst ist, ist sie auf diese Angelegenheiten nach dem Verhältnis der Entschädigungen zu verteilen, die bei gesonderter Heranziehung begründet wären.

(4) Den Zeugen, die ihren gewöhnlichen Aufenthalt im Ausland haben, kann unter Berücksichtigung ihrer persönlichen Verhältnisse, insbesondere ihres regelmäßigen Erwerbseinkommens, nach billigem Ermessen eine höhere als die in den §§ 20 bis 22 bestimmte Entschädigung gewährt werden.

§ 20 Entschädigung für Zeitversäumnis

Die Entschädigung für Zeitversäumnis beträgt 3 Euro je Stunde, soweit weder für einen Verdienstausfall noch für Nachteile bei der Haushaltsführung eine Entschädigung zu gewähren ist, es sei denn, dem Zeugen ist durch seine Heranziehung ersichtlich kein Nachteil entstanden.

§ 21 Entschädigung für Nachteile bei der Haushaltsführung

[1]Zeugen, die einen eigenen Haushalt für mehrere Personen führen, erhalten eine Entschädigung für Nachteile bei der Haushaltsführung von 12 Euro je Stunde, wenn sie nicht erwerbstätig sind oder wenn sie teilzeitbeschäftigt sind und außerhalb ihrer vereinbarten regelmäßigen täglichen Arbeitszeit herangezogen werden. [2]Die Entschädigung von Teilzeitbeschäftigten wird für höchstens zehn Stunden je Tag gewährt abzüglich der Zahl an Stunden, die der vereinbarten regelmäßigen täglichen Arbeitszeit entspricht. [3]Die Entschädigung wird nicht gewährt, soweit Kosten einer notwendigen Vertretung erstattet werden.

§ 22 Entschädigung für Verdienstausfall

[1]Zeugen, denen ein Verdienstausfall entsteht, erhalten eine Entschädigung, die sich nach dem regelmäßigen Bruttoverdienst einschließlich der vom Arbeitgeber zu tragenden Sozialversicherungsbeiträge richtet und für jede Stunde höchstens 17 Euro beträgt. [2]Gefangene, die keinen Verdienstausfall aus einem privatrechtlichen Arbeitsverhältnis haben, erhalten Ersatz in Höhe der entgangenen Zuwendung der Vollzugsbehörde.

§ 23 Entschädigung Dritter

(1) Soweit von denjenigen, die Telekommunikationsdienste erbringen oder daran mitwirken (Telekommunikationsunternehmen), Anordnungen zur Überwachung der Telekommunikation umgesetzt oder Auskünfte erteilt werden, für die in der Anlage 3 zu diesem Gesetz besondere Entschädigungen bestimmt sind, bemisst sich die Entschädigung ausschließlich nach dieser Anlage. *(Anlage nicht abgedruckt, Anm. d. Verf.)*
(2) [1]Dritte, die aufgrund einer gerichtlichen Anordnung nach § 142 Abs. 1 Satz 1 oder § 144 Abs. 1 der Zivilprozessordnung Urkunden, sonstige Unterlagen oder andere Gegenstände vorlegen oder deren Inaugenscheinnahme dulden, sowie Dritte, die aufgrund eines Beweiszwecken dienenden Ersuchens der Strafverfolgungsbehörde
1. Gegenstände herausgeben (§ 95 Abs. 1, § 98a der Strafprozessordnung) oder die Pflicht zur Herausgabe entsprechend einer Anheimgabe der Strafverfolgungsbehörde abwenden oder
2. in anderen als in den in Absatz 1 genannten Fällen Auskunft erteilen,

werden wie Zeugen entschädigt. Bedient sich der Dritte eines Arbeitnehmers oder einer anderen Person, werden ihm die Aufwendungen dafür (§ 7) im Rahmen des § 22 ersetzt; § 19 Abs. 2 und 3 gilt entsprechend.

(3) [1]Die notwendige Benutzung einer eigenen Datenverarbeitungsanlage für Zwecke der Rasterfahndung wird entschädigt, wenn die Investitionssumme für die im Einzelfall benutzte Hard- und Software zusammen mehr als 10 000 Euro beträgt. [2]Die Entschädigung beträgt

1. bei einer Investitionssumme von mehr als 10 000 bis 25 000 Euro für jede Stunde der Benutzung 5 Euro; die gesamte Benutzungsdauer ist auf volle Stunden aufzurunden;
2. bei sonstigen Datenverarbeitungsanlagen
   a) neben der Entschädigung nach Absatz 2 für jede Stunde der Benutzung der Anlage bei der Entwicklung eines für den Einzelfall erforderlichen, besonderen Anwendungsprogramms 10 Euro und
   b) für die übrige Dauer der Benutzung einschließlich des hierbei erforderlichen Personalaufwands ein Zehnmillionstel der Investitionssumme je Sekunde für die Zeit, in der die Zentraleinheit belegt ist (CPU-Sekunde), höchstens 0,30 Euro je CPU-Sekunde.

[3]Die Investitionssumme und die verbrauchte CPU-Zeit sind glaubhaft zu machen.

(4) Der eigenen elektronischen Datenverarbeitungsanlage steht eine fremde gleich, wenn die durch die Auskunftserteilung entstandenen direkt zurechenbaren Kosten (§ 7) nicht sicher feststellbar sind.

(Anlage 3 zu § 23 I ist nicht abgedruckt, Anm. d. Verf.).

Abschnitt 6. Schlussvorschriften

§ 24 Übergangsvorschrift

[1]Die Vergütung und die Entschädigung sind nach bisherigem Recht zu berechnen, wenn der Auftrag an den Sachverständigen, Dolmetscher oder Übersetzer vor dem Inkrafttreten einer Gesetzesänderung erteilt oder der Berechtigte vor diesem Zeitpunkt herangezogen worden ist. [2]Dies gilt auch, wenn Vorschriften geändert werden, auf die dieses Gesetz verweist.

§ 25 Übergangsvorschrift aus Anlass des Inkrafttretens dieses Gesetzes

[1]Das Gesetz über die Entschädigung der ehrenamtlichen Richter in der Fassung der Bekanntmachung vom 1. Oktober 1969 (BGBl. I S. 1753), zuletzt geändert durch Artikel 1 Abs. 4 des Gesetzes vom 22. Februar 2002 (BGBl. I S. 981), und das Gesetz über die Entschädigung von Zeugen und Sachverständigen in der Fassung der Bekanntmachung vom 1. Oktober 1969 (BGBl. I S. 1756), zuletzt geändert durch Artikel 1 Abs. 5 des Gesetzes vom 22. Februar 2002 (BGBl. I S. 981), sowie Verweisungen auf diese Gesetze sind weiter anzuwenden, wenn der Auftrag an den Sachverständigen, Dolmetscher oder Übersetzer vor dem 1. Juli 2004 erteilt oder der Berechtigte vor diesem Zeitpunkt herangezogen worden ist. [2]Satz 1 gilt für Heranziehungen vor dem 1. Juli 2004 auch dann, wenn der Berechtigte in derselben Rechtssache auch nach dem 1. Juli 2004 herangezogen worden ist.

Anlage 1 (zu § 9 Abs. 1)

Fundstelle des Originaltextes: BGBl. I, S. 783 – 784

Sachgebiet	Honorargruppe
Abbruch	5
Abfallstoffe	5
Abrechnung im Hoch- und Ingenieurbau	6
Akustik, Lärmschutz	5
Altbausanierung	5
Altlasten	3
Bauphysik	5
Baustoffe	5
Bauwerksabdichtung	6
Beton-, Stahlbeton- und Spannbetonbau	5
Betriebsunterbrechungs und -verlagerungsschäden	9
Bewertung von Immobilien	6
Brandschutz und Brandursachen	5
Briefmarken und Münzen	2
Büroeinrichtungen und -organisation	5
Dachkonstruktionen	5
Datenverarbeitung	8
Diagrammscheibenauswertung	5
Elektrotechnische Anlagen und Geräte	5
Erd- und Grundbau	3
Fahrzeugbau	6
Fenster, Türen, Tore	5
Fliesen und Baukeramik	5

Fußböden	4
Garten- und Landschaftsgestaltung/ Garten- und Landschaftsbau	3
Grafisches Gewerbe	6
Hausrat	3
Heizungs-, Klima- und Lüftungstechnik	4
Holz/Holzbau	4
Honorare (Architekten und Ingenieure)	7
Immissionen	5
Ingenieurbau	4
Innenausbau	5
Kältetechnik	6
Kraftfahrzeugschäden und -bewertung	6
Kraftfahrzeugunfallursachen	6
Kunst und Antiquitäten	4
Maschinen und Anlagen	6
Mieten und Pachten	5
Möbel	3
Musikinstrumente	1
Rundfunk- und Fernsehtechnik	4
Sanitärtechnik	5
Schäden an Gebäuden	6
Schiffe, Wassersportfahrzeuge	4
Schmuck, Juwelen, Perlen, Gold- und Silberwaren	3
Schriftuntersuchung	3
Schweißtechnik	3
Sprengtechnik	2
Stahlbau	4
Statik im Bauwesen	4
Straßenbau	5
Tiefbau	4
Unternehmensbewertung	10
Vermessungstechnik	1
Wärme- und Kälteschutz	6
Wasserversorgung und Abwässer	3

Gegenstand medizinischer und Psychologischer Gutachten ...
(nicht abgedruckt, Anm. d. Verf.)

Bürgerliches Gesetzbuch (BGB), zuletzt geändert durch Art. 3 des Gesetzes vom 3.4.2009 (BGBl I, S. 700)

In Auszügen

Titel 27. Unerlaubte Handlungen

§ 823 Schadensersatzpflicht

(1) Wer vorsätzlich oder fahrlässig das Leben, den Körper, die Gesundheit, die Freiheit, das Eigentum oder ein sonstiges Recht eines anderen widerrechtlich verletzt, ist dem anderen zum Ersatz des daraus entstehenden Schadens verpflichtet.

(2) [1]Die gleiche Verpflichtung trifft denjenigen, welcher gegen ein den Schutz eines anderen bezweckendes Gesetz verstößt. [2]Ist nach dem Inhalt des Gesetzes ein Verstoß gegen dieses auch ohne Verschulden möglich, so tritt die Ersatzpflicht nur im Falle des Verschuldens ein.

(...)

§ 826 Sittenwidrige vorsätzliche Schädigung.

Wer in einer gegen die guten Sitten verstoßenden Weise einem anderen vorsätzlich Schaden zufügt, ist dem anderen zum Ersatz des Schadens verpflichtet.

(...)

§ 839 Haftung bei Amtspflichtverletzung

(1) [1]Verletzt ein Beamter vorsätzlich oder fahrlässig die ihm einem Dritten gegenüber obliegende Amtspflicht, so hat er dem Dritten den daraus entstehenden Schaden zu ersetzen. [2]Fällt dem Beamten nur Fahrlässigkeit zur Last, so kann er nur dann in Anspruch genommen werden, wenn der Verletzte nicht auf andere Weise Ersatz zu erlangen vermag.

(2) [1]Verletzt ein Beamter bei dem Urteil in einer Rechtssache seine Amtspflicht, so ist er für den daraus entstehenden Schaden nur dann verantwortlich, wenn die Pflichtverletzung in einer Straftat besteht. [2]Auf eine pflichtwidrige Verweigerung

oder Verzögerung der Ausübung des Amts findet diese Vorschrift keine Anwendung.

(3) Die Ersatzpflicht tritt nicht ein, wenn der Verletzte vorsätzlich oder fahrlässig unterlassen hat, den Schaden durch Gebrauch eines Rechtsmittels abzuwenden.

§ 839a Haftung des gerichtlichen Sachverständigen

(1) Erstattet ein vom Gericht ernannter Sachverständiger vorsätzlich oder grob fahrlässig ein unrichtiges Gutachten, so ist er zum Ersatz des Schadens verpflichtet, der einem Verfahrensbeteiligten durch eine gerichtliche Entscheidung entsteht, die auf diesem Gutachten beruht.

(2) § 839 Abs. 3 ist entsprechend anzuwenden

(...)

ZPO: Zivile Prozessordnung, zuletzt geändert durch Art. 29 des Gesetzes vom 17.12.2008 (BGBl I, S. 2586)

In Auszügen

Titel 8: Beweis durch Sachverständige

§ 402 Anwendbarkeit der Vorschriften für Zeugen

Für den Beweis durch Sachverständige gelten die Vorschriften über den Beweis durch Zeugen entsprechend, insoweit nicht in den nachfolgenden Paragraphen abweichende Vorschriften enthalten sind.

§ 403 Beweisantritt

Der Beweis wird durch die Bezeichnung der zu begutachtenden Punkte angetreten.

§ 404 Sachverständigenauswahl

(1) [1]Die Auswahl der zuzuziehenden Sachverständigen und die Bestimmung ihrer Anzahl erfolgt durch das Prozessgericht. [2]Es kann sich auf die Ernennung eines einzigen Sachverständigen beschränken. [3]An Stelle der zuerst ernannten Sachverständigen kann es andere ernennen.

(2) Sind für gewisse Arten von Gutachten Sachverständige öffentlich bestellt, so sollen andere Personen nur dann gewählt werden, wenn besondere Umstände es erfordern.

(3) Das Gericht kann die Parteien auffordern, Personen zu bezeichnen, die geeignet sind, als Sachverständige vernommen zu werden.

(4) Einigen sich die Parteien über bestimmte Personen als Sachverständige, so hat das Gericht dieser Einigung Folge zu geben; das Gericht kann jedoch die Wahl der Parteien auf eine bestimmte Anzahl beschränken.

§ 404a Leitung der Tätigkeit des Sachverständigen

(1) Das Gericht hat die Tätigkeit des Sachverständigen zu leiten und kann ihm für Art und Umfang seiner Tätigkeit Weisungen erteilen.

(2) Soweit es die Besonderheit des Falles erfordert, soll das Gericht den Sachverständigen vor Abfassung der Beweisfrage hören, ihn in seine Aufgabe einweisen und ihm auf Verlangen den Auftrag erläutern.

(3) Bei streitigem Sachverhalt bestimmt das Gericht, welche Tatsachen der Sachverständige der Begutachtung zugrunde legen soll.

(4) Soweit es erforderlich ist, bestimmt das Gericht, in welchem Umfang der Sachverständige zur Aufklärung der Beweisfrage befugt ist, inwieweit er mit den Parteien in Verbindung treten darf und wann er ihnen die Teilnahme an seinen Ermittlungen zu gestatten hat.

(5) [1]Weisungen an den Sachverständigen sind den Parteien mitzuteilen. [2]Findet ein besonderer Termin zur Einweisung des Sachverständigen statt, so ist den Parteien die Teilnahme zu gestatten.

§ 405 Auswahl durch den mit der Beweisaufnahme betrauten Richter

[1]Das Prozessgericht kann den mit der Beweisaufnahme betrauten Richter zur Ernennung der Sachverständigen ermächtigen. [2]Er hat in diesem Falle die Befugnisse und Pflichten des Prozessgerichts nach den §§ 404, 404a.

§ 406 Ablehnung eines Sachverständigen

(1) [1]Ein Sachverständiger kann aus denselben Gründen, die zur Ablehnung eines Richters berechtigen, abgelehnt werden. [2]Ein Ablehnungsgrund kann jedoch nicht daraus entnommen werden, dass der Sachverständige als Zeuge vernommen worden ist.

(2) [1]Der Ablehnungsantrag ist bei dem Gericht oder Richter, von dem der Sachverständige ernannt ist, vor seiner Vernehmung zu stellen, spätestens jedoch binnen zwei Wochen nach Verkündung oder Zustellung des Beschlusses über die Ernennung. [2]Zu einem späteren Zeitpunkt ist die Ablehnung nur zulässig, wenn der Antragsteller glaubhaft macht, dass er ohne sein Verschulden verhindert war, den Ablehnungsgrund früher geltend zu machen. [3]Der Antrag kann vor der Geschäftsstelle zu Protokoll erklärt werden.

(3) Der Ablehnungsgrund ist glaubhaft zu machen; zur Versicherung an Eides statt darf die Partei nicht zugelassen werden.

(4) Die Entscheidung ergeht von dem im zweiten Absatz bezeichneten Gericht oder Richter durch Beschluss.

(5) Gegen den Beschluss, durch den die Ablehnung für begründet erklärt wird, findet kein Rechtsmittel, gegen den Beschluss, durch den sie für unbegründet erklärt wird, findet sofortige Beschwerde statt.

§ 407 Pflicht zur Erstattung des Gutachtens

(1) Der zum Sachverständigen Ernannte hat der Ernennung Folge zu leisten, wenn er zur Erstattung von Gutachten der erforderten Art öffentlich bestellt ist oder wenn er die Wissenschaft, die Kunst oder das Gewerbe, deren Kenntnis Voraussetzung der Begutachtung ist, öffentlich zum Erwerb ausübt oder wenn er zur Ausübung derselben öffentlich bestellt oder ermächtigt ist.

(2) Zur Erstattung des Gutachtens ist auch derjenige verpflichtet, der sich hierzu vor Gericht bereit erklärt hat.

§ 407a Weitere Pflichten des Sachverständigen

(1) [1]Der Sachverständige hat unverzüglich zu prüfen, ob der Auftrag in sein Fachgebiet fällt und ohne die Hinzuziehung weiterer Sachverständiger erledigt werden kann. [2]Ist das nicht der Fall, so hat der Sachverständige das Gericht unverzüglich zu verständigen.

(2) [1]Der Sachverständige ist nicht befugt, den Auftrag auf einen anderen zu übertragen. [2]Soweit er sich der Mitarbeit einer anderen Person bedient, hat er diese namhaft zu machen und den Umfang ihrer Tätigkeit anzugeben, falls es sich nicht um Hilfsdienste von untergeordneter Bedeutung handelt.

(3) [1]Hat der Sachverständige Zweifel an Inhalt und Umfang des Auftrages, so hat er unverzüglich eine Klärung durch das Gericht herbeizuführen. [2]Erwachsen voraussichtlich Kosten, die erkennbar außer Verhältnis zum Wert des Streitgegenstandes stehen oder einen angeforderten Kostenvorschuss erheblich übersteigen, so hat der Sachverständige rechtzeitig hierauf hinzuweisen.

(4) [1]Der Sachverständige hat auf Verlangen des Gerichts die Akten und sonstige für die Begutachtung beigezogene Unterlagen sowie Untersuchungsergebnisse unverzüglich herauszugeben oder mitzuteilen. [2]Kommt er dieser Pflicht nicht nach, so ordnet das Gericht die Herausgabe an.

(5) Das Gericht soll den Sachverständigen auf seine Pflichten hinweisen.

§ 408 Gutachtenverweigerungsrecht

(1) [1]Dieselben Gründe, die einen Zeugen berechtigen, das Zeugnis zu verweigern, berechtigen einen Sachverständigen zur Verweigerung des Gutachtens. [2]Das Gericht kann auch aus anderen Gründen einen Sachverständigen von der Verpflichtung zur Erstattung des Gutachtens entbinden.

(2) [1]Für die Vernehmung eines Richters, Beamten oder einer anderen Person des öffentlichen Dienstes als Sachverständigen gelten die besonderen beamtenrechtlichen Vorschriften. [2]Für die Mitglieder der Bundes- oder einer Landesregierung gelten die für sie maßgebenden besonderen Vorschriften.

(3) Wer bei einer richterlichen Entscheidung mitgewirkt hat, soll über Fragen, die den Gegenstand der Entscheidung gebildet haben, nicht als Sachverständiger vernommen werden.

§ 409 Folgen des Ausbleibens oder der Gutachtenverweigerung

(1) [1]Wenn ein Sachverständiger nicht erscheint oder sich weigert, ein Gutachten zu erstatten, obgleich er dazu verpflichtet ist, oder wenn er Akten oder sonstige Unterlagen zurückbehält, werden ihm die dadurch verursachten Kosten auferlegt. [2]Zugleich wird gegen ihn ein Ordnungsgeld festgesetzt. [3]Im Falle wiederholten Ungehorsams kann das Ordnungsgeld noch einmal festgesetzt werden.

(2) Gegen den Beschluss findet sofortige Beschwerde statt.

§ 410 Sachverständigenbeeidigung

(1) [1]Der Sachverständige wird vor oder nach Erstattung des Gutachtens beeidigt. [2]Die Eidesnorm geht dahin, dass der Sachverständige das von ihm erforderte Gutachten unparteiisch und nach bestem Wissen und Gewissen erstatten werde oder erstattet habe.

(2) Ist der Sachverständige für die Erstattung von Gutachten der betreffenden Art im Allgemeinen beeidigt, so genügt die Berufung auf den geleisteten Eid; sie kann auch in einem schriftlichen Gutachten erklärt werden.

§ 411 Schriftliches Gutachten

(1) Wird schriftliche Begutachtung angeordnet, soll das Gericht dem Sachverständigen eine Frist setzen, innerhalb derer er das von ihm unterschriebene Gutachten zu übermitteln hat.

(2) [1]Versäumt ein zur Erstattung des Gutachtens verpflichteter Sachverständiger die Frist, so kann gegen ihn ein Ordnungsgeld festgesetzt werden. [2]Das Ordnungsgeld muss vorher unter Setzung einer Nachfrist angedroht werden. [3]Im Falle wiederholter Fristversäumnis kann das Ordnungsgeld in der gleichen Weise noch einmal festgesetzt werden. [4]§ 409 Abs. 2 gilt entsprechend.

(3) Das Gericht kann das Erscheinen des Sachverständigen anordnen, damit er das schriftliche Gutachten erläutere.

(4) [1]Die Parteien haben dem Gericht innerhalb eines angemessenen Zeitraums ihre Einwendungen gegen das Gutachten, die Begutachtung betreffende Anträge und Ergänzungsfragen zu dem schriftlichen Gutachten mitzuteilen. [2]Das Gericht kann ihnen hierfür eine Frist setzen; § 296 Abs. 1, 4 gilt entsprechend.

§ 411a Verwertung von Sachverständigengutachten aus anderen Verfahren

Die schriftliche Begutachtung kann durch die Verwertung eines gerichtlich oder staatsanwaltschaftlich eingeholten Sachverständigengutachtens aus einem anderen Verfahren ersetzt werden.

§ 412 Neues Gutachten

(1) Das Gericht kann eine neue Begutachtung durch dieselben oder durch andere Sachverständige anordnen, wenn es das Gutachten für ungenügend erachtet.

(2) Das Gericht kann die Begutachtung durch einen anderen Sachverständigen anordnen, wenn ein Sachverständiger nach Erstattung des Gutachtens mit Erfolg abgelehnt ist.

§ 413 Sachverständigenvergütung

Der Sachverständige erhält eine Vergütung nach dem Justizvergütungs- und -entschädigungsgesetz.

§ 414 Sachverständige Zeugen

Insoweit zum Beweis vergangener Tatsachen oder Zustände, zu deren Wahrnehmung eine besondere Sachkunde erforderlich war, sachkundige Personen zu vernehmen sind, kommen die Vorschriften über den Zeugenbeweis zur Anwendung.

(...)

Buch 10. Schiedsrichterliches Verfahren

Abschnitt 1. Allgemeine Vorschriften

§ 1025 Anwendungsbereich

(1) Die Vorschriften dieses Buches sind anzuwenden, wenn der Ort des schiedsrichterlichen Verfahrens im Sinne des § 1043 Abs. 1 in Deutschland liegt.

(2) Die Bestimmungen der §§ 1032, 1033 und 1050 sind auch dann anzuwenden, wenn der Ort des schiedsrichterlichen Verfahrens im Ausland liegt oder noch nicht bestimmt ist.

(3) Solange der Ort des schiedsrichterlichen Verfahrens noch nicht bestimmt ist, sind die deutschen Gerichte für die Ausübung der in den §§ 1034, 1035, 1037 und 1038 bezeichneten gerichtlichen Aufgaben zuständig, wenn der Beklagte oder der Kläger seinen Sitz oder seinen gewöhnlichen Aufenthalt in Deutschland hat.

(4) Für die Anerkennung und Vollstreckung ausländischer Schiedssprüche gelten die §§ 1061 bis 1065.

§ 1026 Umfang gerichtlicher Tätigkeit

Ein Gericht darf in den in den §§ 1025 bis 1061 geregelten Angelegenheiten nur tätig werden, soweit dieses Buch es vorsieht.

§ 1027 Verlust des Rügerechts

[1]Ist einer Bestimmung dieses Buches, von der die Parteien abweichen können, oder einem vereinbarten Erfordernis des schiedsrichterlichen Verfahrens nicht entsprochen worden, so kann eine Partei, die den Mangel nicht unverzüglich oder innerhalb einer dafür vorgesehenen Frist rügt, diesen später nicht mehr geltend machen. [2]Dies gilt nicht, wenn der Partei der Mangel nicht bekannt war.

§ 1028 Empfang schriftlicher Mitteilungen bei unbekanntem Aufenthalt

(1) Ist der Aufenthalt einer Partei oder einer zur Entgegennahme berechtigten Person unbekannt, gelten, sofern die Parteien nichts anderes vereinbart haben, schriftliche Mitteilungen an dem Tag als empfangen, an dem sie bei ordnungsgemäßer Übermittlung durch Einschreiben gegen Rückschein oder auf eine andere Weise, welche den Zugang an der letztbekannten Postanschrift oder Niederlassung oder dem letztbekannten gewöhnlichen Aufenthalt des Adressaten belegt, dort hätten empfangen werden können.

(2) Absatz 1 ist auf Mitteilungen in gerichtlichen Verfahren nicht anzuwenden.

Abschnitt 2. Schiedsvereinbarung

§ 1029 Begriffsbestimmung

(1) Schiedsvereinbarung ist eine Vereinbarung der Parteien, alle oder einzelne Streitigkeiten, die zwischen ihnen in Bezug auf ein bestimmtes Rechtsverhältnis vertraglicher oder nichtvertraglicher Art entstanden sind oder künftig entstehen, der Entscheidung durch ein Schiedsgericht zu unterwerfen.

(2) Eine Schiedsvereinbarung kann in Form einer selbständigen Vereinbarung (Schiedsabrede) oder in Form einer Klausel in einem Vertrag (Schiedsklausel) geschlossen werden.

§ 1030 Schiedsfähigkeit

(1) [1]Jeder vermögensrechtliche Anspruch kann Gegenstand einer Schiedsvereinbarung sein. [2]Eine Schiedsvereinbarung über nichtvermögensrechtliche Ansprüche hat insoweit rechtliche Wirkung, als die Parteien berechtigt sind, über den Gegenstand des Streites einen Vergleich zu schließen.

(2) [1]Eine Schiedsvereinbarung über Rechtsstreitigkeiten, die den Bestand eines Mietverhältnisses über Wohnraum im Inland betreffen, ist unwirksam. [2]Dies gilt nicht, soweit es sich um Wohnraum der in § 549 Abs. 2 Nr. 1 bis 3 des Bürgerlichen Gesetzbuchs bestimmten Art handelt.

(3) Gesetzliche Vorschriften außerhalb dieses Buches, nach denen Streitigkeiten einem schiedsrichterlichen Verfahren nicht oder nur unter bestimmten Voraussetzungen unterworfen werden dürfen, bleiben unberührt.

§ 1031 Form der Schiedsvereinbarung

(1) Die Schiedsvereinbarung muss entweder in einem von den Parteien unterzeichneten Dokument oder in zwischen ihnen gewechselten Schreiben, Fernkopien, Telegrammen oder anderen Formen der Nachrichtenübermittlung, die einen Nachweis der Vereinbarung sicherstellen, enthalten sein.

(2) Die Form des Absatzes 1 gilt auch dann als erfüllt, wenn die Schiedsvereinbarung in einem von der einen Partei der anderen Partei oder von einem Dritten beiden Parteien übermittelten Dokument enthalten ist und der Inhalt des Dokuments im Falle eines nicht rechtzeitig erfolgten Widerspruchs nach der Verkehrssitte als Vertragsinhalt angesehen wird.

(3) Nimmt ein den Formerfordernissen des Absatzes 1 oder 2 entsprechender Vertrag auf ein Dokument Bezug, das eine Schiedsklausel enthält, so begründet dies eine Schiedsvereinbarung, wenn die Bezugnahme dergestalt ist, dass sie diese Klausel zu einem Bestandteil des Vertrages macht.

(4) Eine Schiedsvereinbarung wird auch durch die Begebung eines Konnossements begründet, in dem ausdrücklich auf die in einem Chartervertrag enthaltene Schiedsklausel Bezug genommen wird.

(5) [1]Schiedsvereinbarungen, an denen ein Verbraucher beteiligt ist, müssen in einer von den Parteien eigenhändig unterzeichneten Urkunde enthalten sein. [2]Die schriftliche Form nach Satz 1 kann durch die elektronische Form nach § 126a des Bürgerlichen Gesetzbuchs ersetzt werden. [3]Andere Vereinbarungen als solche, die sich auf das schiedsrichterliche Verfahren beziehen, darf die Urkunde oder das elektronische Dokument nicht enthalten; dies gilt nicht bei notarieller Beurkundung.

(6) Der Mangel der Form wird durch die Einlassung auf die schiedsgerichtliche Verhandlung zur Hauptsache geheilt.

§ 1032 Schiedsvereinbarung und Klage vor Gericht

(1) Wird vor einem Gericht Klage in einer Angelegenheit erhoben, die Gegenstand einer Schiedsvereinbarung ist, so hat das Gericht die Klage als unzulässig abzuweisen, sofern der Beklagte dies vor Beginn der mündlichen Verhandlung zur Hauptsache rügt, es sei denn, das Gericht stellt fest, dass die Schiedsvereinbarung nichtig, unwirksam oder undurchführbar ist.

(2) Bei Gericht kann bis zur Bildung des Schiedsgerichts Antrag auf Feststellung der Zulässigkeit oder Unzulässigkeit eines schiedsrichterlichen Verfahrens gestellt werden.

(3) Ist ein Verfahren im Sinne des Absatzes 1 oder 2 anhängig, kann ein schiedsrichterliches Verfahren gleichwohl eingeleitet oder fortgesetzt werden und ein Schiedsspruch ergehen.

§ 1033 Schiedsvereinbarung und einstweilige gerichtliche Maßnahmen

Eine Schiedsvereinbarung schließt nicht aus, dass ein Gericht vor oder nach Beginn des schiedsrichterlichen Verfahrens auf Antrag einer Partei eine vorläufige oder sichernde Maßnahme in Bezug auf den Streitgegenstand des schiedsrichterlichen Verfahrens anordnet.

Abschnitt 3. Bildung des Schiedsgerichts

§ 1034 Zusammensetzung des Schiedsgerichts

(1) [1]Die Parteien können die Anzahl der Schiedsrichter vereinbaren. [2]Fehlt eine solche Vereinbarung, so ist die Zahl der Schiedsrichter drei.

(2) [1]Gibt die Schiedsvereinbarung einer Partei bei der Zusammensetzung des Schiedsgerichts ein Übergewicht, das die andere Partei benachteiligt, so kann diese Partei bei Gericht beantragen, den oder die Schiedsrichter abweichend von der erfolgten Ernennung oder der vereinbarten Ernennungsregelung zu bestellen. [2]Der Antrag ist spätestens bis zum Ablauf von zwei Wochen, nachdem der Partei die Zusammensetzung des Schiedsgerichts bekannt geworden ist, zu stellen. [3]§ 1032 Abs. 3 gilt entsprechend.

§ 1035 Bestellung der Schiedsrichter

(1) Die Parteien können das Verfahren zur Bestellung des Schiedsrichters oder der Schiedsrichter vereinbaren.

(2) Sofern die Parteien nichts anderes vereinbart haben, ist eine Partei an die durch sie erfolgte Bestellung eines Schiedsrichters gebunden, sobald die andere Partei die Mitteilung über die Bestellung empfangen hat.

(3) [1]Fehlt eine Vereinbarung der Parteien über die Bestellung der Schiedsrichter, wird ein Einzelschiedsrichter, wenn die Parteien sich über seine Bestellung nicht einigen können, auf Antrag einer Partei durch das Gericht bestellt. [2]In schiedsrichterlichen Verfahren mit drei Schiedsrichtern bestellt jede Partei einen Schiedsrichter; diese beiden Schiedsrichter bestellen den dritten Schiedsrichter, der als Vorsitzender des Schiedsgerichts tätig wird. [3]Hat eine Partei den Schiedsrichter nicht innerhalb eines Monats nach Empfang einer entsprechenden Aufforderung durch die andere Partei bestellt oder können sich die beiden Schiedsrichter nicht binnen eines Monats nach ihrer Bestellung über den dritten Schiedsrichter einigen, so ist der Schiedsrichter auf Antrag einer Partei durch das Gericht zu bestellen.

(4) Haben die Parteien ein Verfahren für die Bestellung vereinbart und handelt eine Partei nicht entsprechend diesem Verfahren oder können die Parteien oder die beiden Schiedsrichter eine Einigung entsprechend diesem Verfahren nicht erzielen oder erfüllt ein Dritter eine ihm nach diesem Verfahren übertragene Aufgabe nicht, so kann jede Partei bei Gericht die Anordnung der erforderlichen Maßnahmen beantragen, sofern das vereinbarte Bestellungsverfahren zur Sicherung der Bestellung nichts anderes vorsieht.

(5) [1]Das Gericht hat bei der Bestellung eines Schiedsrichters alle nach der Parteivereinbarung für den Schiedsrichter vorgeschriebenen Voraussetzungen zu berücksichtigen und allen Gesichtspunkten Rechnung zu tragen, die die Bestellung eines unabhängigen und unparteiischen Schiedsrichters sicherstellen. [2]Bei der Bestellung eines Einzelschiedsrichters oder eines dritten Schiedsrichters hat das Gericht auch die Zweckmäßigkeit der Bestellung eines Schiedsrichters mit einer anderen Staatsangehörigkeit als derjenigen der Parteien in Erwägung zu ziehen.

§ 1036 Ablehnung eines Schiedsrichters

(1) [1]Eine Person, der ein Schiedsrichteramt angetragen wird, hat alle Umstände offen zu legen, die Zweifel an ihrer Unparteilichkeit oder Unabhängigkeit wecken können. [2]Ein Schiedsrichter ist auch nach seiner Bestellung bis zum Ende des schiedsrichterlichen Verfahrens verpflichtet, solche Umstände den Parteien unverzüglich offen zu legen, wenn er sie ihnen nicht schon vorher mitgeteilt hat.

(2) [1]Ein Schiedsrichter kann nur abgelehnt werden, wenn Umstände vorliegen, die berechtigte Zweifel an seiner Unparteilichkeit oder Unabhängigkeit aufkommen lassen, oder wenn er die zwischen den Parteien vereinbarten Voraussetzungen nicht erfüllt. [2]Eine Partei kann einen Schiedsrichter, den sie bestellt oder an dessen Bestellung sie mitgewirkt hat, nur aus Gründen ablehnen, die ihr erst nach der Bestellung bekannt geworden sind.

§ 1037 Ablehnungsverfahren

(1) Die Parteien können vorbehaltlich des Absatzes 3 ein Verfahren für die Ablehnung eines Schiedsrichters vereinbaren.

(2) [1]Fehlt eine solche Vereinbarung, so hat die Partei, die einen Schiedsrichter ablehnen will, innerhalb von zwei Wochen, nachdem ihr die Zusammensetzung des Schiedsgerichts oder ein Umstand im Sinne des § 1036 Abs. 2 bekannt geworden ist, dem Schiedsgericht schriftlich die Ablehnungsgründe darzulegen. [2]Tritt der abgelehnte Schiedsrichter von seinem Amt nicht zurück oder stimmt die andere Partei der Ablehnung nicht zu, so entscheidet das Schiedsgericht über die Ablehnung.

(3) [1]Bleibt die Ablehnung nach dem von den Parteien vereinbarten Verfahren oder nach dem in Absatz 2 vorgesehenen Verfahren erfolglos, so kann die ablehnende Partei innerhalb eines Monats, nachdem sie von der Entscheidung, mit der die Ablehnung verweigert wurde, Kenntnis erlangt hat, bei Gericht eine Entscheidung über die Ablehnung beantragen; die Parteien können eine andere Frist vereinbaren. [2]Während ein solcher Antrag anhängig ist, kann das Schiedsgericht einschließlich des abgelehnten Schiedsrichters das schiedsrichterliche Verfahren fortsetzen und einen Schiedsspruch erlassen.

§ 1038 Untätigkeit oder Unmöglichkeit der Aufgabenerfüllung

(1) [1]Ist ein Schiedsrichter rechtlich oder tatsächlich außerstande, seine Aufgaben zu erfüllen, oder kommt er aus anderen Gründen seinen Aufgaben in angemessener Frist nicht nach, so endet sein Amt, wenn er zurücktritt oder wenn die Parteien die Beendigung seines Amtes vereinbaren. [2]Tritt der Schiedsrichter von seinem Amt nicht zurück oder können sich die Parteien über dessen Beendigung nicht einigen, kann jede Partei bei Gericht eine Entscheidung über die Beendigung des Amtes beantragen.

(2) Tritt ein Schiedsrichter in den Fällen des Absatzes 1 oder des § 1037 Abs. 2 zurück oder stimmt eine Partei der Beendigung des Schiedsrichteramtes zu, so bedeutet dies nicht die Anerkennung der in Absatz 1 oder § 1036 Abs. 2 genannten Rücktrittsgründe.

§ 1039 Bestellung eines Ersatzschiedsrichters

(1) [1]Endet das Amt eines Schiedsrichters nach den §§ 1037, 1038 oder wegen seines Rücktritts vom Amt aus einem anderen Grund oder wegen der Aufhebung seines Amtes durch Vereinbarung der Parteien, so ist ein Ersatzschiedsrichter zu bestellen. [2]Die Bestellung erfolgt nach den Regeln, die auf die Bestellung des zu ersetzenden Schiedsrichters anzuwenden waren.

(2) Die Parteien können eine abweichende Vereinbarung treffen.

Abschnitt 4. Zuständigkeit des Schiedsgerichts

§ 1040 Befugnis des Schiedsgerichts zur Entscheidung über die eigene Zuständigkeit

(1) [1]Das Schiedsgericht kann über die eigene Zuständigkeit und im Zusammenhang hiermit über das Bestehen oder die Gültigkeit der Schiedsvereinbarung entscheiden. [2]Hierbei ist eine Schiedsklausel als eine von den übrigen Vertragsbestimmungen unabhängige Vereinbarung zu behandeln.

(2) [1]Die Rüge der Unzuständigkeit des Schiedsgerichts ist spätestens mit der Klagebeantwortung vorzubringen. [2]Von der Erhebung einer solchen Rüge ist eine Partei nicht dadurch ausgeschlossen, dass sie einen Schiedsrichter bestellt oder

an der Bestellung eines Schiedsrichters mitgewirkt hat. [3]Die Rüge, das Schiedsgericht überschreite seine Befugnisse, ist zu erheben, sobald die Angelegenheit, von der dies behauptet wird, im schiedsrichterlichen Verfahren zur Erörterung kommt. [4]Das Schiedsgericht kann in beiden Fällen eine spätere Rüge zulassen, wenn die Partei die Verspätung genügend entschuldigt.

(3) [1]Hält das Schiedsgericht sich für zuständig, so entscheidet es über eine Rüge nach Absatz 2 in der Regel durch Zwischenentscheid. [2]In diesem Fall kann jede Partei innerhalb eines Monats nach schriftlicher Mitteilung des Entscheids eine gerichtliche Entscheidung beantragen. [3]Während ein solcher Antrag anhängig ist, kann das Schiedsgericht das schiedsrichterliche Verfahren fortsetzen und einen Schiedsspruch erlassen.

§ 1041 Maßnahmen des einstweiligen Rechtsschutzes

(1) [1]Haben die Parteien nichts anderes vereinbart, so kann das Schiedsgericht auf Antrag einer Partei vorläufige oder sichernde Maßnahmen anordnen, die es in Bezug auf den Streitgegenstand für erforderlich hält. [2]Das Schiedsgericht kann von jeder Partei im Zusammenhang mit einer solchen Maßnahme angemessene Sicherheit verlangen.

(2) [1]Das Gericht kann auf Antrag einer Partei die Vollziehung einer Maßnahme nach Absatz 1 zulassen, sofern nicht schon eine entsprechende Maßnahme des einstweiligen Rechtsschutzes bei einem Gericht beantragt worden ist. [2]Es kann die Anordnung abweichend fassen, wenn dies zur Vollziehung der Maßnahme notwendig ist.

(3) Auf Antrag kann das Gericht den Beschluss nach Absatz 2 aufheben oder ändern.

(4) [1]Erweist sich die Anordnung einer Maßnahme nach Absatz 1 als von Anfang an ungerechtfertigt, so ist die Partei, welche ihre Vollziehung erwirkt hat, verpflichtet, dem Gegner den Schaden zu ersetzen, der ihm aus der Vollziehung der Maßnahme oder dadurch entsteht, dass er Sicherheit leistet, um die Vollziehung abzuwenden. [2]Der Anspruch kann im anhängigen schiedsrichterlichen Verfahren geltend gemacht werden.

Abschnitt 5. Durchführung des schiedsrichterlichen Verfahrens

§ 1042 Allgemeine Verfahrensregeln

(1) [1]Die Parteien sind gleich zu behandeln. [2]Jeder Partei ist rechtliches Gehör zu gewähren.

(2) Rechtsanwälte dürfen als Bevollmächtigte nicht ausgeschlossen werden.

(3) Im Übrigen können die Parteien vorbehaltlich der zwingenden Vorschriften dieses Buches das Verfahren selbst oder durch Bezugnahme auf eine schiedsrichterliche Verfahrensordnung regeln.

(4) [1]Soweit eine Vereinbarung der Parteien nicht vorliegt und dieses Buch keine Regelung enthält, werden die Verfahrensregeln vom Schiedsgericht nach freiem Ermessen bestimmt. [2]Das Schiedsgericht ist berechtigt, über die Zulässigkeit einer Beweiserhebung zu entscheiden, diese durchzuführen und das Ergebnis frei zu würdigen.

§ 1043 Ort des schiedsrichterlichen Verfahrens

(1) [1]Die Parteien können eine Vereinbarung über den Ort des schiedsrichterlichen Verfahrens treffen. [2]Fehlt eine solche Vereinbarung, so wird der Ort des schiedsrichterlichen Verfahrens vom Schiedsgericht bestimmt. [3]Dabei sind die Umstände des Falles einschließlich der Eignung des Ortes für die Parteien zu berücksichtigen.

(2) Haben die Parteien nichts anderes vereinbart, so kann das Schiedsgericht ungeachtet des Absatzes 1 an jedem ihm geeignet erscheinenden Ort zu einer mündlichen Verhandlung, zur Vernehmung von Zeugen, Sachverständigen oder der Parteien, zur Beratung zwischen seinen Mitgliedern, zur Besichtigung von Sachen oder zur Einsichtnahme in Dokumente zusammentreten.

§ 1044 Beginn des schiedsrichterlichen Verfahrens

[1]Haben die Parteien nichts anderes vereinbart, so beginnt das schiedsrichterliche Verfahren über eine bestimmte Streitigkeit mit dem Tag, an dem der Beklagte den Antrag, die Streitigkeit einem Schiedsgericht vorzulegen, empfangen hat.

[2]Der Antrag muss die Bezeichnung der Parteien, die Angabe des Streitgegenstandes und einen Hinweis auf die Schiedsvereinbarung enthalten.

§ 1045 Verfahrenssprache

(1) [1]Die Parteien können die Sprache oder die Sprachen, die im schiedsrichterlichen Verfahren zu verwenden sind, vereinbaren. [2]Fehlt eine solche Vereinbarung, so bestimmt hierüber das Schiedsgericht. [3]Die Vereinbarung der Parteien oder die Bestimmung des Schiedsgerichts ist, sofern darin nichts anderes vorgesehen wird, für schriftliche Erklärungen einer Partei, mündliche Verhandlungen, Schiedssprüche, sonstige Entscheidungen und andere Mitteilungen des Schiedsgerichts maßgebend.

(2) Das Schiedsgericht kann anordnen, dass schriftliche Beweismittel mit einer Übersetzung in die Sprache oder die Sprachen versehen sein müssen, die zwischen den Parteien vereinbart oder vom Schiedsgericht bestimmt worden sind.

§ 1046 Klage und Klagebeantwortung

(1) [1]Innerhalb der von den Parteien vereinbarten oder vom Schiedsgericht bestimmten Frist hat der Kläger seinen Anspruch und die Tatsachen, auf die sich dieser Anspruch stützt, darzulegen und der Beklagte hierzu Stellung zu nehmen. [2]Die Parteien können dabei alle ihnen erheblich erscheinenden Dokumente vorlegen oder andere Beweismittel bezeichnen, derer sie sich bedienen wollen.

(2) Haben die Parteien nichts anderes vereinbart, so kann jede Partei im Laufe des schiedsrichterlichen Verfahrens ihre Klage oder ihre Angriffs- und Verteidigungsmittel ändern oder ergänzen, es sei denn, das Schiedsgericht lässt dies wegen Verspätung, die nicht genügend entschuldigt wird, nicht zu.

(3) Die Absätze 1 und 2 gelten für die Widerklage entsprechend.

§ 1047 Mündliche Verhandlung und schriftliches Verfahren

(1) [1]Vorbehaltlich einer Vereinbarung der Parteien entscheidet das Schiedsgericht, ob mündlich verhandelt werden soll oder ob das Verfahren auf der Grundlage von Dokumenten und anderen Unterlagen durchzuführen ist. [2]Haben die

Parteien die mündliche Verhandlung nicht ausgeschlossen, hat das Schiedsgericht eine solche Verhandlung in einem geeigneten Abschnitt des Verfahrens durchzuführen, wenn eine Partei es beantragt.

(2) Die Parteien sind von jeder Verhandlung und jedem Zusammentreffen des Schiedsgerichts zu Zwecken der Beweisaufnahme rechtzeitig in Kenntnis zu setzen.

(3) Alle Schriftsätze, Dokumente und sonstigen Mitteilungen, die dem Schiedsgericht von einer Partei vorgelegt werden, sind der anderen Partei, Gutachten und andere schriftliche Beweismittel, auf die sich das Schiedsgericht bei seiner Entscheidung stützen kann, sind beiden Parteien zur Kenntnis zu bringen.

§ 1048 Säumnis einer Partei

(1) Versäumt es der Kläger, seine Klage nach § 1046 Abs. 1 einzureichen, so beendet das Schiedsgericht das Verfahren.

(2) Versäumt es der Beklagte, die Klage nach § 1046 Abs. 1 zu beantworten, so setzt das Schiedsgericht das Verfahren fort, ohne die Säumnis als solche als Zugeständnis der Behauptungen des Klägers zu behandeln.

(3) Versäumt es eine Partei, zu einer mündlichen Verhandlung zu erscheinen oder innerhalb einer festgelegten Frist ein Dokument zum Beweis vorzulegen, so kann das Schiedsgericht das Verfahren fortsetzen und den Schiedsspruch nach den vorliegenden Erkenntnissen erlassen.

(4) [1]Wird die Säumnis nach Überzeugung des Schiedsgerichts genügend entschuldigt, bleibt sie außer Betracht. [2]Im Übrigen können die Parteien über die Folgen der Säumnis etwas anderes vereinbaren.

§ 1049 Vom Schiedsgericht bestellter Sachverständiger

(1) [1]Haben die Parteien nichts anderes vereinbart, so kann das Schiedsgericht einen oder mehrere Sachverständige zur Erstattung eines Gutachtens über bestimmte vom Schiedsgericht festzulegende Fragen bestellen. [2]Es kann ferner eine Partei auffordern, dem Sachverständigen jede sachdienliche Auskunft zu erteilen oder

alle für das Verfahren erheblichen Dokumente oder Sachen zur Besichtigung vorzulegen oder zugänglich zu machen.

(2) [1]Haben die Parteien nichts anderes vereinbart, so hat der Sachverständige, wenn eine Partei dies beantragt oder das Schiedsgericht es für erforderlich hält, nach Erstattung seines schriftlichen oder mündlichen Gutachtens an einer mündlichen Verhandlung teilzunehmen. [2]Bei der Verhandlung können die Parteien dem Sachverständigen Fragen stellen und eigene Sachverständige zu den streitigen Fragen aussagen lassen.

(3) Auf den vom Schiedsgericht bestellten Sachverständigen sind die §§ 1036, 1037 Abs. 1 und 2 entsprechend anzuwenden.

§ 1050 Gerichtliche Unterstützung bei der Beweisaufnahme und sonstige richterliche Handlungen

[1]Das Schiedsgericht oder eine Partei mit Zustimmung des Schiedsgerichts kann bei Gericht Unterstützung bei der Beweisaufnahme oder die Vornahme sonstiger richterlicher Handlungen, zu denen das Schiedsgericht nicht befugt ist, beantragen. [2]Das Gericht erledigt den Antrag, sofern es ihn nicht für unzulässig hält, nach seinen für die Beweisaufnahme oder die sonstige richterliche Handlung geltenden Verfahrensvorschriften. [3]Die Schiedsrichter sind berechtigt, an einer gerichtlichen Beweisaufnahme teilzunehmen und Fragen zu stellen.

Abschnitt 6. Schiedsspruch und Beendigung des Verfahrens

§ 1051 Anwendbares Recht

(1) [1]Das Schiedsgericht hat die Streitigkeit in Übereinstimmung mit den Rechtsvorschriften zu entscheiden, die von den Parteien als auf den Inhalt des Rechtsstreits anwendbar bezeichnet worden sind. [2]Die Bezeichnung des Rechts oder der Rechtsordnung eines bestimmten Staates ist, sofern die Parteien nicht ausdrücklich etwas anderes vereinbart haben, als unmittelbare Verweisung auf die Sachvorschriften dieses Staates und nicht auf sein Kollisionsrecht zu verstehen.

(2) Haben die Parteien die anzuwendenden Rechtsvorschriften nicht bestimmt, so hat das Schiedsgericht das Recht des Staates anzuwenden, mit dem der Gegenstand des Verfahrens die engsten Verbindungen aufweist.

(3) [1]Das Schiedsgericht hat nur dann nach Billigkeit zu entscheiden, wenn die Parteien es ausdrücklich dazu ermächtigt haben. [2]Die Ermächtigung kann bis zur Entscheidung des Schiedsgerichts erteilt werden.

(4) In allen Fällen hat das Schiedsgericht in Übereinstimmung mit den Bestimmungen des Vertrages zu entscheiden und dabei bestehende Handelsbräuche zu berücksichtigen.

§ 1052 Entscheidung durch ein Schiedsrichterkollegium

(1) Haben die Parteien nichts anderes vereinbart, so ist in schiedsrichterlichen Verfahren mit mehr als einem Schiedsrichter jede Entscheidung des Schiedsgerichts mit Mehrheit der Stimmen aller Mitglieder zu treffen.

(2) [1]Verweigert ein Schiedsrichter die Teilnahme an einer Abstimmung, können die übrigen Schiedsrichter ohne ihn entscheiden, sofern die Parteien nichts anderes vereinbart haben. [2]Die Absicht, ohne den verweigernden Schiedsrichter über den Schiedsspruch abzustimmen, ist den Parteien vorher mitzuteilen. [3]Bei anderen Entscheidungen sind die Parteien von der Abstimmungsverweigerung nachträglich in Kenntnis zu setzen.

(3) Über einzelne Verfahrensfragen kann der vorsitzende Schiedsrichter allein entscheiden, wenn die Parteien oder die anderen Mitglieder des Schiedsgerichts ihn dazu ermächtigt haben.

§ 1053 Vergleich

(1) [1]Vergleichen sich die Parteien während des schiedsrichterlichen Verfahrens über die Streitigkeit, so beendet das Schiedsgericht das Verfahren. [2]Auf Antrag der Parteien hält es den Vergleich in der Form eines Schiedsspruchs mit vereinbartem Wortlaut fest, sofern der Inhalt des Vergleichs nicht gegen die öffentliche Ordnung (ordre public) verstößt.

(2) [1]Ein Schiedsspruch mit vereinbartem Wortlaut ist gemäß § 1054 zu erlassen und muss angeben, dass es sich um einen Schiedsspruch handelt. [2]Ein solcher Schiedsspruch hat dieselbe Wirkung wie jeder andere Schiedsspruch zur Sache.

(3) Soweit die Wirksamkeit von Erklärungen eine notarielle Beurkundung erfordert, wird diese bei einem Schiedsspruch mit vereinbartem Wortlaut durch die Aufnahme der Erklärungen der Parteien in den Schiedsspruch ersetzt.

(4) [1]Mit Zustimmung der Parteien kann ein Schiedsspruch mit vereinbartem Wortlaut auch von einem Notar, der seinen Amtssitz im Bezirk des nach § 1062 Abs. 1, 2 für die Vollstreckbarerklärung zuständigen Gerichts hat, für vollstreckbar erklärt werden. [2]Der Notar lehnt die Vollstreckbarerklärung ab, wenn die Voraussetzungen des Absatzes 1 Satz 2 nicht vorliegen.

§ 1054 Form und Inhalt des Schiedsspruchs

(1) [1]Der Schiedsspruch ist schriftlich zu erlassen und durch den Schiedsrichter oder die Schiedsrichter zu unterschreiben. [2]In schiedsrichterlichen Verfahren mit mehr als einem Schiedsrichter genügen die Unterschriften der Mehrheit aller Mitglieder des Schiedsgerichts, sofern der Grund für eine fehlende Unterschrift angegeben wird.

(2) Der Schiedsspruch ist zu begründen, es sei denn, die Parteien haben vereinbart, dass keine Begründung gegeben werden muss, oder es handelt sich um einen Schiedsspruch mit vereinbartem Wortlaut im Sinne des § 1053.

(3) [1]Im Schiedsspruch sind der Tag, an dem er erlassen wurde, und der nach § 1043 Abs. 1 bestimmte Ort des schiedsrichterlichen Verfahrens anzugeben. [2]Der Schiedsspruch gilt als an diesem Tag und diesem Ort erlassen.

(4) Jeder Partei ist ein von den Schiedsrichtern unterschriebener Schiedsspruch zu übermitteln.

§ 1055 Wirkungen des Schiedsspruchs

Der Schiedsspruch hat unter den Parteien die Wirkungen eines rechtskräftigen gerichtlichen Urteils.

§ 1056 Beendigung des schiedsrichterlichen Verfahrens

(1) Das schiedsrichterliche Verfahren wird mit dem endgültigen Schiedsspruch oder mit einem Beschluss des Schiedsgerichts nach Absatz 2 beendet.

(2) Das Schiedsgericht stellt durch Beschluss die Beendigung des schiedsrichterlichen Verfahrens fest, wenn
1. der Kläger
   a) es versäumt, seine Klage nach § 1046 Abs. 1 einzureichen und kein Fall des § 1048 Abs. 4 vorliegt, oder
   b) seine Klage zurücknimmt, es sei denn, dass der Beklagte dem widerspricht und das Schiedsgericht ein berechtigtes Interesse des Beklagten an der endgültigen Beilegung der Streitigkeit anerkennt; oder
2. die Parteien die Beendigung des Verfahrens vereinbaren; oder
3. die Parteien das schiedsrichterliche Verfahren trotz Aufforderung des Schiedsgerichts nicht weiter betreiben oder die Fortsetzung des Verfahrens aus einem anderen Grund unmöglich geworden ist.

(3) Vorbehaltlich des § 1057 Abs. 2 und der §§ 1058, 1059 Abs. 4 endet das Amt des Schiedsgerichts mit der Beendigung des schiedsrichterlichen Verfahrens.

§ 1057 Entscheidung über die Kosten

(1) [1]Sofern die Parteien nichts anderes vereinbart haben, hat das Schiedsgericht in einem Schiedsspruch darüber zu entscheiden, zu welchem Anteil die Parteien die Kosten des schiedsrichterlichen Verfahrens einschließlich der den Parteien erwachsenen und zur zweckentsprechenden Rechtsverfolgung notwendigen Kosten zu tragen haben. [2]Hierbei entscheidet das Schiedsgericht nach pflichtgemäßem Ermessen unter Berücksichtigung der Umstände des Einzelfalles, insbesondere des Ausgangs des Verfahrens.

(2) [1]Soweit die Kosten des schiedsrichterlichen Verfahrens feststehen, hat das Schiedsgericht auch darüber zu entscheiden, in welcher Höhe die Parteien diese zu tragen haben. [2]Ist die Festsetzung der Kosten unterblieben oder erst nach Beendigung des schiedsrichterlichen Verfahrens möglich, wird hierüber in einem gesonderten Schiedsspruch entschieden.

§ 1058 Berichtigung, Auslegung und Ergänzung des Schiedsspruchs

(1) Jede Partei kann beim Schiedsgericht beantragen,
1. Rechen-, Schreib- und Druckfehler oder Fehler ähnlicher Art im Schiedsspruch zu berichtigen;
2. bestimmte Teile des Schiedsspruchs auszulegen;
3. einen ergänzenden Schiedsspruch über solche Ansprüche zu erlassen, die im schiedsrichterlichen Verfahren zwar geltend gemacht, im Schiedsspruch aber nicht behandelt worden sind.

(2) Sofern die Parteien keine andere Frist vereinbart haben, ist der Antrag innerhalb eines Monats nach Empfang des Schiedsspruchs zu stellen.

(3) Das Schiedsgericht soll über die Berichtigung oder Auslegung des Schiedsspruchs innerhalb eines Monats und über die Ergänzung des Schiedsspruchs innerhalb von zwei Monaten entscheiden.

(4) Eine Berichtigung des Schiedsspruchs kann das Schiedsgericht auch ohne Antrag vornehmen.

(5) § 1054 ist auf die Berichtigung, Auslegung oder Ergänzung des Schiedsspruchs anzuwenden.

Abschnitt 7. Rechtsbehelf gegen den Schiedsspruch

§ 1059 Aufhebungsantrag

(1) Gegen einen Schiedsspruch kann nur der Antrag auf gerichtliche Aufhebung nach den Absätzen 2 und 3 gestellt werden.

(2) Ein Schiedsspruch kann nur aufgehoben werden,
1. wenn der Antragsteller begründet geltend macht, dass
   a) eine der Parteien, die eine Schiedsvereinbarung nach den §§ 1029, 1031 geschlossen haben, nach dem Recht, das für sie persönlich maßgebend ist, hierzu nicht fähig war, oder dass die Schiedsvereinbarung nach dem Recht, dem die Parteien sie unterstellt haben oder, falls die Parteien hierüber nichts bestimmt haben, nach deutschem Recht ungültig ist oder

b) er von der Bestellung eines Schiedsrichters oder von dem schiedsrichterlichen Verfahren nicht gehörig in Kenntnis gesetzt worden ist oder dass er aus einem anderen Grund seine Angriffs- oder Verteidigungsmittel nicht hat geltend machen können oder

c) der Schiedsspruch eine Streitigkeit betrifft, die in der Schiedsabrede nicht erwähnt ist oder nicht unter die Bestimmungen der Schiedsklausel fällt, oder dass er Entscheidungen enthält, welche die Grenzen der Schiedsvereinbarung überschreiten; kann jedoch der Teil des Schiedsspruchs, der sich auf Streitpunkte bezieht, die dem schiedsrichterlichen Verfahren unterworfen waren, von dem Teil, der Streitpunkte betrifft, die ihm nicht unterworfen waren, getrennt werden, so kann nur der letztgenannte Teil des Schiedsspruchs aufgehoben werden; oder

d) die Bildung des Schiedsgerichts oder das schiedsrichterliche Verfahren einer Bestimmung dieses Buches oder einer zulässigen Vereinbarung der Parteien nicht entsprochen hat und anzunehmen ist, dass sich dies auf den Schiedsspruch ausgewirkt hat; oder

2. wenn das Gericht feststellt, dass

a) der Gegenstand des Streites nach deutschem Recht nicht schiedsfähig ist oder

b) die Anerkennung oder Vollstreckung des Schiedsspruchs zu einem Ergebnis führt, das der öffentlichen Ordnung (ordre public) widerspricht.

(3) [1]Sofern die Parteien nichts anderes vereinbaren, muss der Aufhebungsantrag innerhalb einer Frist von drei Monaten bei Gericht eingereicht werden. [2]Die Frist beginnt mit dem Tag, an dem der Antragsteller den Schiedsspruch empfangen hat. [3]Ist ein Antrag nach § 1058 gestellt worden, verlängert sich die Frist um höchstens einen Monat nach Empfang der Entscheidung über diesen Antrag. [4]Der Antrag auf Aufhebung des Schiedsspruchs kann nicht mehr gestellt werden, wenn der Schiedsspruch von einem deutschen Gericht für vollstreckbar erklärt worden ist.

(4) Ist die Aufhebung beantragt worden, so kann das Gericht in geeigneten Fällen auf Antrag einer Partei unter Aufhebung des Schiedsspruchs die Sache an das Schiedsgericht zurückverweisen.

(5) Die Aufhebung des Schiedsspruchs hat im Zweifel zur Folge, dass wegen des Streitgegenstandes die Schiedsvereinbarung wiederauflebt.

Abschnitt 8. Voraussetzungen der Anerkennung und Vollstreckung von Schiedssprüchen

§ 1060 Inländische Schiedssprüche

(1) Die Zwangsvollstreckung findet statt, wenn der Schiedsspruch für vollstreckbar erklärt ist.

(2) [1]Der Antrag auf Vollstreckbarerklärung ist unter Aufhebung des Schiedsspruchs abzulehnen, wenn einer der in § 1059 Abs. 2 bezeichneten Aufhebungsgründe vorliegt. [2]Aufhebungsgründe sind nicht zu berücksichtigen, soweit im Zeitpunkt der Zustellung des Antrags auf Vollstreckbarerklärung ein auf sie gestützter Aufhebungsantrag rechtskräftig abgewiesen ist. [3]Aufhebungsgründe nach § 1059 Abs. 2 Nr. 1 sind auch dann nicht zu berücksichtigen, wenn die in § 1059 Abs. 3 bestimmten Fristen abgelaufen sind, ohne dass der Antragsgegner einen Antrag auf Aufhebung des Schiedsspruchs gestellt hat.

§ 1061 Ausländische Schiedssprüche

(1) [1]Die Anerkennung und Vollstreckung ausländischer Schiedssprüche richtet sich nach dem Übereinkommen vom 10. Juni 1958 über die Anerkennung und Vollstreckung ausländischer Schiedssprüche (BGBl. 1961 II S. 121). [2]Die Vorschriften in anderen Staatsverträgen über die Anerkennung und Vollstreckung von Schiedssprüchen bleiben unberührt.

(2) Ist die Vollstreckbarerklärung abzulehnen, stellt das Gericht fest, dass der Schiedsspruch im Inland nicht anzuerkennen ist.

(3) Wird der Schiedsspruch, nachdem er für vollstreckbar erklärt worden ist, im Ausland aufgehoben, so kann die Aufhebung der Vollstreckbarerklärung beantragt werden.

Abschnitt 9. Gerichtliches Verfahren

§ 1062 Zuständigkeit

(1) Das Oberlandesgericht, das in der Schiedsvereinbarung bezeichnet ist oder, wenn eine solche Bezeichnung fehlt, in dessen Bezirk der Ort des schiedsrichterlichen Verfahrens liegt, ist zuständig für Entscheidungen über Anträge betreffend

1. die Bestellung eines Schiedsrichters (§§ 1034, 1035), die Ablehnung eines Schiedsrichters (§ 1037) oder die Beendigung des Schiedsrichteramtes (§ 1038);
2. die Feststellung der Zulässigkeit oder Unzulässigkeit eines schiedsrichterlichen Verfahrens (§ 1032) oder die Entscheidung eines Schiedsgerichts, in der dieses seine Zuständigkeit in einem Zwischenentscheid bejaht hat (§ 1040);
3. die Vollziehung, Aufhebung oder Änderung der Anordnung vorläufiger oder sichernder Maßnahmen des Schiedsgerichts (§ 1041);
4. die Aufhebung (§ 1059) oder die Vollstreckbarerklärung des Schiedsspruchs (§§ 1060 ff.) oder die Aufhebung der Vollstreckbarerklärung (§ 1061).

(2) Besteht in den Fällen des Absatzes 1 Nr. 2 erste Alternative, Nr. 3 oder Nr. 4 kein deutscher Schiedsort, so ist für die Entscheidungen das Oberlandesgericht zuständig, in dessen Bezirk der Antragsgegner seinen Sitz oder gewöhnlichen Aufenthalt hat oder sich Vermögen des Antragsgegners oder der mit der Schiedsklage in Anspruch genommene oder von der Maßnahme betroffene Gegenstand befindet, hilfsweise das Kammergericht.

(3) In den Fällen des § 1025 Abs. 3 ist für die Entscheidung das Oberlandesgericht zuständig, in dessen Bezirk der Kläger oder der Beklagte seinen Sitz oder seinen gewöhnlichen Aufenthalt hat.

(4) Für die Unterstützung bei der Beweisaufnahme und sonstige richterliche Handlungen (§ 1050) ist das Amtsgericht zuständig, in dessen Bezirk die richterliche Handlung vorzunehmen ist.

(5) [1]Sind in einem Land mehrere Oberlandesgerichte errichtet, so kann die Zuständigkeit von der Landesregierung durch Rechtsverordnung einem Oberlandesgericht oder dem obersten Landesgericht übertragen werden; die Landesregierung kann die Ermächtigung durch Rechtsverordnung auf die Landesjustizverwaltung übertragen. [2]Mehrere Länder können die Zuständigkeit eines Oberlandesgerichts über die Ländergrenzen hinaus vereinbaren.

§ 1063 Allgemeine Vorschriften

(1) [1]Das Gericht entscheidet durch Beschluss. [2]Vor der Entscheidung ist der Gegner zu hören.

(2) Das Gericht hat die mündliche Verhandlung anzuordnen, wenn die Aufhebung des Schiedsspruchs beantragt wird oder wenn bei einem Antrag auf Anerkennung oder Vollstreckbarerklärung des Schiedsspruchs Aufhebungsgründe nach § 1059 Abs. 2 in Betracht kommen.

(3) [1]Der Vorsitzende des Zivilsenats kann ohne vorherige Anhörung des Gegners anordnen, dass der Antragsteller bis zur Entscheidung über den Antrag die Zwangsvollstreckung aus dem Schiedsspruch betreiben oder die vorläufige oder sichernde Maßnahme des Schiedsgerichts nach § 1041 vollziehen darf. [2]Die Zwangsvollstreckung aus dem Schiedsspruch darf nicht über Maßnahmen zur Sicherung hinausgehen. [3]Der Antragsgegner ist befugt, die Zwangsvollstreckung durch Leistung einer Sicherheit in Höhe des Betrages, wegen dessen der Antragsteller vollstrecken kann, abzuwenden.

(4) Solange eine mündliche Verhandlung nicht angeordnet ist, können zu Protokoll der Geschäftsstelle Anträge gestellt und Erklärungen abgegeben werden.

§ 1064 Besonderheiten bei der Vollstreckbarerklärung von Schiedssprüchen

(1) [1]Mit dem Antrag auf Vollstreckbarerklärung eines Schiedsspruchs ist der Schiedsspruch oder eine beglaubigte Abschrift des Schiedsspruchs vorzulegen. [2]Die Beglaubigung kann auch von dem für das gerichtliche Verfahren bevollmächtigten Rechtsanwalt vorgenommen werden.

(2) Der Beschluss, durch den ein Schiedsspruch für vollstreckbar erklärt wird, ist für vorläufig vollstreckbar zu erklären.

(3) Auf ausländische Schiedssprüche sind die Absätze 1 und 2 anzuwenden, soweit Staatsverträge nicht ein anderes bestimmen.

§ 1065 Rechtsmittel

(1) [1]Gegen die in § 1062 Abs. 1 Nr. 2 und 4 genannten Entscheidungen findet die Rechtsbeschwerde statt. [2]Im Übrigen sind die Entscheidungen in den in § 1062 Abs. 1 bezeichneten Verfahren unanfechtbar.

(2) [1]Die Rechtsbeschwerde kann auch darauf gestützt werden, dass die Entscheidung auf einer Verletzung eines Staatsvertrages beruht. [2]Die §§ 707, 717 sind entsprechend anzuwenden.

Abschnitt 10. Außervertragliche Schiedsgerichte

§ 1066 Entsprechende Anwendung der Vorschriften des Buches 10

Für Schiedsgerichte, die in gesetzlich statthafter Weise durch letztwillige oder andere nicht auf Vereinbarung beruhende Verfügungen angeordnet werden, gelten die Vorschriften dieses Buches entsprechend.

(…)

MSVO: Mustersachverständigenordnung

Mustersachverständigenordnung des DIHK vom 21. Juni 2001, Stand 10.5.2006

I. Voraussetzungen für die öffentliche Bestellung und Vereidigung

§ 1 Bestellungsgrundlage

Die Industrie- und Handelskammer bestellt gemäß § 36 Gewerbeordnung auf Antrag Sachverständige für bestimmte Sachgebiete nach Maßgabe der folgenden Bestimmungen.

§ 2 Öffentliche Bestellung

(1) Die öffentliche Bestellung hat den Zweck, Gerichten, Behörden und der Öffentlichkeit besonders sachkundige und persönlich geeignete Sachverständige zur Verfügung zu stellen, deren Aussagen besonders glaubhaft sind.

(2) Die öffentliche Bestellung umfasst die Erstattung von Gutachten und andere Sachverständigenleistungen wie Beratungen, Überwachungen, Prüfungen, Erteilung von Bescheinigungen sowie schiedsgutachterliche und schiedsrichterliche Tätigkeiten.

(3) Die öffentliche Bestellung kann inhaltlich beschränkt und mit Auflagen verbunden werden. Auflagen können auch nachträglich erteilt werden.

(4) Die öffentliche Bestellung wird auf 5 Jahre befristet und kann auf Antrag um jeweils weitere 5 Jahre verlängert werden vorbehaltlich des Erlöschens wegen der Vollendung des 68. Lebensjahres (§ 22 Absatz 1 Buchstabe d)). Bei einer Erstbestellung kann die Frist von 5 Jahren unterschritten werden.

(5) Die öffentliche Bestellung erfolgt durch Aushändigung der Bestellungsurkunde.

(6) Die Tätigkeit des öffentlich bestellten Sachverständigen ist nicht auf den Bezirk der bestellenden Industrie- und Handelskammer beschränkt.

§ 3 Bestellungsvoraussetzungen

(1) Für das Sachgebiet, für das eine öffentliche Bestellung beantragt wird, muss ein Bedarf an Sachverständigenleistungen bestehen. Die Sachgebiete und die Bestellungsvoraussetzungen für das einzelne Sachgebiet werden durch die Industrie- und Handelskammer bestimmt.

(2) Ein Sachverständiger kann nur öffentlich bestellt werden, wenn
   a) seine Hauptniederlassung als Sachverständiger im Bezirk der Industrie- und Handelskammer liegt;
   b) er das 30. Lebensjahr vollendet und zum Zeitpunkt der Stellung des vollständigen Antrags auf erstmalige Bestellung das 62. Lebensjahr noch nicht vollendet hat;
   c) keine Bedenken gegen seine Eignung bestehen;

d) er überdurchschnittliche Fachkenntnisse, praktische Erfahrungen und die Fähigkeit, sowohl Gutachten zu erstatten als auch die in § 2 Abs. 2 genannten Leistungen zu erbringen, nachweist;

e) er über die zur Ausübung der Tätigkeit als öffentlich bestellter Sachverständiger erforderlichen Einrichtungen verfügt;

f) er in geordneten wirtschaftlichen Verhältnissen lebt;

g) er die Gewähr für Unparteilichkeit und Unabhängigkeit sowie für die Einhaltung der Pflichten eines öffentlich bestellten Sachverständigen bietet.

(3) Ein Sachverständiger, der in einem Arbeits- oder Dienstverhältnis steht, kann nur öffentlich bestellt werden, wenn er die Voraussetzungen des Abs. 2 erfüllt und zusätzlich nachweist, dass

a) sein Anstellungsvertrag den Erfordernissen des Abs. 2 Buchst. g) nicht entgegensteht, und dass er seine Sachverständigentätigkeit persönlich ausüben kann;

b) er bei seiner Sachverständigentätigkeit im Einzelfall keinen fachlichen Weisungen unterliegt und seine Leistungen gemäß § 12 als von ihm selbst erstellt kennzeichnen kann;

c) ihn sein Arbeitgeber im erforderlichen Umfang für die Sachverständigentätigkeit freistellt.

(4) Hat ein von einer anderen Industrie- und Handelskammer bestellter Sachverständiger seine Hauptniederlassung in den Bezirk der Industrie- und Handelskammer verlegt, wird er auf Antrag durch Aushändigung einer Bestellungsurkunde wiederbestellt. Absatz 2 Buchstabe b) 2. Halbsatz findet keine Anwendung. Die Voraussetzungen nach Absatz 2 Buchstaben c) bis g) werden grundsätzlich nicht erneut überprüft. § 5 Absatz 4 und § 6 Absatz 1 gelten im Übrigen entsprechend.

II. Verfahren der öffentlichen Bestellung und Vereidigung

§ 4 Verfahren

Über die öffentliche Bestellung entscheidet die Industrie- und Handelskammer nach Anhörung der dafür bestehenden Ausschüsse und Gremien. Zur Überprüfung der besonderen Sachkunde kann sie Referenzen einholen, sich vom Bewerber erstattete Gutachten vorlegen lassen, Stellungnahmen fachkundiger Dritter abfragen, die Einschaltung eines Fachgremiums veranlassen und weitere Erkenntnisquellen nutzen.

§ 5 Vereidigung

(1) Der Sachverständige wird in der Weise vereidigt, dass der Präsident oder ein Beauftragter der Industrie- und Handelskammer an ihn die Worte richtet: „Sie schwören, dass Sie die Aufgaben eines öffentlich bestellten und vereidigten Sachverständigen unabhängig, weisungsfrei, persönlich, gewissenhaft und unparteiisch erfüllen und die von Ihnen angeforderten Gutachten entsprechend nach bestem Wissen und Gewissen erstatten werden", und der Sachverständige hierauf die Worte spricht: „Ich schwöre es, so wahr mir Gott helfe". Der Sachverständige soll bei der Eidesleistung die rechte Hand erheben.

(2) Der Eid kann auch ohne religiöse Beteuerung geleistet werden.

(3) Gibt der Sachverständige an, dass er aus Glaubens- oder Gewissensgründen keinen Eid leisten wolle, so hat er eine Bekräftigung abzugeben. Diese Bekräftigung steht dem Eid gleich; hierauf ist der Verpflichtete hinzuweisen. Die Bekräftigung wird in der Weise abgegeben, dass der Präsident oder ein Beauftragter der Industrie- und Handelskammer die Worte vorspricht: „Sie bekräftigen im Bewusstsein ihrer Verantwortung, dass Sie die Aufgaben eines öffentlich bestellten und vereidigten Sachverständigen unabhängig weisungsfrei, persönlich gewissenhaft und unparteiisch erfüllen und die von Ihnen angeforderten Gutachten entsprechend nach bestem Wissen und Gewissen erstatten werden" und der Sachverständige hierauf die Worte spricht: „Ich bekräftige es".

(4) Wird eine befristete Bestellung erneuert oder das Sachgebiet einer Bestellung geändert oder erweitert, so genügt statt der Eidesleistung die Bezugnahme auf den früher geleisteten Eid.

(5) Die Vereidigung durch die Industrie- und Handelskammer ist eine allgemeine Vereidigung im Sinne von § 79 Abs. 3 Strafprozessordnung, § 410 Abs. 2 Zivilprozessordnung.

§ 6 Aushändigung von Bestellungsurkunde, Stempel, Ausweis und Sachverständigenordnung

(1) Die Industrie- und Handelskammer händigt dem Sachverständigen bei der öffentlichen Bestellung und Vereidigung die Bestellungsurkunde, den Ausweis, den Rundstempel, die Sachverständigenordnung und die dazu ergangenen Richtlinien

aus. Ausweis, Bestellungsurkunde und Stempel bleiben Eigentum der Industrie- und Handelskammer.

(2) Über die öffentliche Bestellung und Vereidigung und die Aushändigung der in Abs. 1 genannten Gegenstände ist eine Niederschrift zu fertigen, die auch vom Sachverständigen zu unterschreiben ist.

§ 7 Bekanntmachung

Die Industrie- und Handelskammer macht die öffentliche Bestellung und Verei- digung des Sachverständigen in ... *(Mitteilungsorgan)* bekannt. Name, Adresse, Kommunikationsmittel und Sachgebietsbezeichnung des Sachverständigen kön- nen durch die Industrie- und Handelskammer oder einen von ihr beauftragten Dritten gespeichert und in Listen oder auf sonstigen Datenträgern veröffentlicht und auf Anfrage jedermann zur Verfügung gestellt werden. Eine Bekanntma- chung im Internet kann erfolgen, wenn der Sachverständige zugestimmt hat.

III. Pflichten des öffentlich bestellten und vereidigten Sachverständigen

§ 8 Unabhängige, weisungsfreie, gewissenhafte und unparteiische Aufga- benerfüllung.

(1) Der Sachverständige darf sich bei der Erbringung seiner Leistungen keiner Einflussnahme aussetzen, die seine Vertrauenswürdigkeit und die Glaubhaftigkeit seiner Aussagen gefährdet (Unabhängigkeit).

(2) Der Sachverständige darf keine Verpflichtungen eingehen, die geeignet sind, seine tatsächlichen Feststellungen und Beurteilungen zu verfälschen (Weisungs- freiheit).

(3) Der Sachverständige hat seine Aufträge unter Berücksichtigung des aktuellen Standes von Wissenschaft, Technik und Erfahrung mit der Sorgfalt eines ordent- lichen Sachverständigen zu erledigen. Die tatsächlichen Grundlagen seiner fach- lichen Beurteilungen sind sorgfältig zu ermitteln und die Ergebnisse nachvoll- ziehbar zu begründen. Er hat in der Regel die von den Industrie- und Handels- kammern herausgegebenen Mindestanforderungen an Gutachten und sonstigen von den Industrie- und Handelskammern herausgegebenen Richtlinien zu beach- ten (Gewissenhaftigkeit).

(4) Der Sachverständige hat bei der Erbringung seiner Leistung stets darauf zu achten, dass er sich nicht der Besorgnis der Befangenheit aussetzt. Er hat bei der Vorbereitung und Erarbeitung seines Gutachtens strikte Neutralität zu wahren, muss die gestellten Fragen objektiv und unvoreingenommen beantworten (Unparteilichkeit).

Insbesondere darf der Sachverständige nicht

- Gutachten in eigener Sache oder für Objekte und Leistungen seines Dienstherren oder Arbeitgebers erstatten.

- Gegenstände erwerben oder zum Erwerb vermitteln, eine Sanierung oder Regulierung der Objekte durchführen, über die er ein Gutachten erstellt hat, es sei denn, er erhält den entsprechenden Folgeauftrag nach Beendigung des Gutachtenauftrags und seine Glaubwürdigkeit wird durch die Übernahme dieser Tätigkeiten nicht infrage gestellt.

§ 9 Persönliche Aufgabenerfüllung und Beschäftigung von Hilfskräften

(1) Der Sachverständige hat die von ihm angeforderten Leistungen unter Anwendung der ihm zuerkannten Sachkunde in eigener Person zu erbringen (persönliche Aufgabenerfüllung).

(2) Der Sachverständige darf Hilfskräfte nur zur Vorbereitung seiner Leistung und nur insoweit beschäftigen, als er ihre Mitarbeit ordnungsgemäß überwachen kann; der Umfang der Tätigkeit der Hilfskraft ist kenntlich zu machen.

(3) Bei außergerichtlichen Leistungen darf der Sachverständige Hilfskräfte über Vorbereitungsarbeiten hinaus einsetzen, wenn der Auftraggeber zustimmt und Art und Umfang der Mitwirkung offengelegt werden.

(4) Hilfskraft ist, wer den Sachverständigen bei der Erbringung seiner Leistung nach dessen Weisungen auf dem Sachgebiet unterstützt.

§ 10 Verpflichtung zur Gutachtenerstattung

(1) Der Sachverständige ist zur Erstattung von Gutachten für Gerichte und Verwaltungsbehörden nach Maßgabe der gesetzlichen Vorschriften verpflichtet.

(2) Der Sachverständige ist zur Erstattung von Gutachten und zur Erbringung sonstiger Leistungen i.S.v. § 2 Absatz 2 auch gegenüber anderen Auftraggebern

verpflichtet. Er kann jedoch die Übernahme eines Auftrags verweigern, wenn ein wichtiger Grund vorliegt; die Ablehnung des Auftrags ist dem Auftraggeber unverzüglich zu erklären.

§ 11 Form der Gutachtenerstattung; gemeinschaftliche Leistungen

(1) Soweit der Sachverständige mit seinem Auftraggeber keine andere Form vereinbart hat, erbringt er seine Leistungen in Schriftform oder in elektronischer Form. Erbringt er sie in elektronischer Form, trägt er für eine der Schriftform gleichwertige Fälschungssicherheit Sorge.

(2) Erbringen Sachverständige eine Leistung gemeinsam, muss zweifelsfrei erkennbar sein, welcher Sachverständige für welche Teile verantwortlich ist. Leistungen in schriftlicher oder elektronischer Form müssen von allen beteiligten Sachverständigen unterschrieben oder elektronisch gekennzeichnet werden. § 12 gilt entsprechend.

(3) Übernimmt ein Sachverständiger Leistungen Dritter, muss er darauf hinweisen.

§ 12 Bezeichnung als „öffentlich bestellter und vereidigter Sachverständiger"

(1) Der Sachverständige hat bei Leistungen im Sinne von § 2 Abs. 2 in schriftlicher oder elektronischer Form auf dem Sachgebiet, für das er öffentlich bestellt ist, die Bezeichnung „von der Industrie- und Handelskammer ... öffentlich bestellter und vereidigter Sachverständiger für ..." zu führen und seinen Rundstempel zu verwenden.

(2) Unter die in Absatz 1 genannten Leistungen darf der Sachverständige nur seine Unterschrift und seinen Rundstempel setzen. Im Fall der elektronischen Übermittlung ist die qualifizierte elektronische Signatur zu verwenden.

(3) Bei Sachverständigenleistungen auf anderen Sachgebieten darf der Sachverständigen nicht in wettbewerbswidriger Weise auf seine öffentliche Bestellung hinweisen oder hinweisen lassen.

§ 13 Aufzeichnungs- und Aufbewahrungspflichten

(1) Der Sachverständige hat über jede von ihm angeforderte Leistung Aufzeichnungen zu machen. Aus diesen müssen ersichtlich sein:
   a) der Name des Auftraggebers,
   b) der Tag, an dem der Auftrag erteilt worden ist,
   c) der Gegenstand des Auftrags und
   d) der Tag, an dem die Leistung erbracht oder die Gründe, aus denen sie nicht erbracht worden ist.

(2) Der Sachverständige ist verpflichtet,
   a) die Aufzeichnungen nach Abs.1,
   b) ein vollständiges Exemplar des Gutachtens oder eines entsprechenden Ergebnisnachweises einer sonstigen Leistung nach § 2 Abs. 2 und
   c) die sonstigen schriftlichen Unterlagen, die sich auf seine Tätigkeit als Sachverständiger beziehen,
mindestens 10 Jahre lang aufzubewahren.
Die Aufbewahrungsfrist beginnt mit dem Schluss des Kalenderjahres, in dem die Aufzeichnungen zu machen oder die Unterlagen entstanden sind.

(3) Werden die Dokumente gemäß Abs. 2 auf Datenträgern gespeichert, muss der Sachverständige sicherstellen, dass die Daten während der Dauer der Aufbewahrungsfrist verfügbar sind und jederzeit innerhalb angemessener Frist lesbar gemacht werden können. Er muss weiterhin sicherstellen, dass die Daten sämtlicher Unterlagen nach Abs. 2 nicht nachträglich geändert werden können.

§ 14 Haftungsausschluss; Haftpflichtversicherung

(1) Der Sachverständige darf seine Haftung für Vorsatz und grobe Fahrlässigkeit nicht ausschließen oder der Höhe nach beschränken.

(2) Der Sachverständige soll eine Haftpflichtversicherung in angemessener Höhe abschließen und während der Zeit der Bestellung aufrecht erhalten. Er soll sie in regelmäßigen Abständen auf Angemessenheit überprüfen.

§ 15 Schweigepflicht

(1) Dem Sachverständigen ist untersagt, bei der Ausübung seiner Tätigkeit erlangte Kenntnisse Dritten unbefugt mitzuteilen oder zum Schaden anderer oder zu seinem oder zum Nutzen anderer unbefugt zu verwerten.

(2) Der Sachverständige hat seine Mitarbeiter zur Beachtung der Schweigepflicht zu verpflichten.

(3) Die Schweigepflicht des Sachverständigen erstreckt sich nicht auf die Anzeige- und Auskunftspflichten nach §§ 19 und 20.

(3) Die Schweigepflicht des Sachverständigen besteht über die Beendigung des Auftragsverhältnisses hinaus. Sie gilt auch für die Zeit nach dem Erlöschen der öffentlichen Bestellung.

§ 16 Fortbildungspflicht und Erfahrungsaustausch

Der Sachverständige hat sich auf dem Sachgebiet, für das er öffentlich bestellt und vereidigt ist, im erforderlichen Umfang fortzubilden und den notwendigen Erfahrungsaustausch zu pflegen.

§ 17 Haupt- und Zweigniederlassung

(1) Die Hauptniederlassung des Sachverständigen nach § 3 Abs. 2 Buchstabe a befindet sich im Bezirk der Industrie- und Handelkammer, in dem der Sachverständige den Mittelpunkt seiner Sachverständigentätigkeit hat.

(2) Der Sachverständige kann Zweigniederlassungen errichten, wenn dort
a) ein zur Ausübung der Sachverständigentätigkeit eingerichteter Raum ständig zur Verfügung steht,
b) die Erreichbarkeit des Sachverständigen oder eines von ihm beauftragten Sachverständigen, der zur fachlichen Vertretung in der Lage ist, gesichert ist,
c) die Erfüllung der Pflichten als öffentlich bestellter Sachverständiger und
d) die Aufsicht durch die bestellende Industrie- und Handelskammer gewährleistet sind.

(3) Die Errichtung einer Zweigniederlassung bedarf der Genehmigung durch die für den Sachverständigen zuständige Industrie- und Handelskammer. Sie ist zu erteilen, wenn die Voraussetzungen des Abs. 2 erfüllt sind und kann unter Bedingungen und Auflagen erteilt sowie befristet werden. Soll die Zweigniederlassung in dem Bezirk einer anderen Industrie- und Handelskammer errichtet werden, ist deren Stellungnahme einzuholen.

(4) Einrichtungen, die nur der Entgegennahme von Aufträgen dienen, sind keine Zweigniederlassungen.

(5) Auf die Niederlassung von Zusammenschlüssen nach § 21 finden Absätze 1 bis 4 entsprechende Anwendung.

§ 18 Werbung

Werbung des öffentlich bestellten und vereidigten Sachverständigen muss seiner besonderen Stellung und Verantwortung gerecht werden.

§ 19 Anzeigepflichten

Der Sachverständige hat der Industrie- und Handelskammer unverzüglich anzuzeigen:
a) die Änderung seiner Hauptniederlassung als Sachverständiger und die Änderung seines Wohnsitzes;
b) die Absicht der Errichtung und die tatsächliche Inbetriebnahme oder Schließung einer Zweigniederlassung oder die Tätigkeit in einer Zweigniederlassung; liegt die Zweigniederlassung im Bezirk einer anderen Industrie- und Handelskammer, so ist ihre Errichtung und Schließung auch bei dieser Industrie- und Handelskammer anzuzeigen;
c) die Änderung seiner oder die Aufnahme einer weiteren beruflichen oder gewerblichen Tätigkeit, insbesondere den Eintritt in ein Arbeits- oder Dienstverhältnis;
d) die voraussichtlich länger als drei Monate dauernde Verhinderung an der Ausübung seiner Tätigkeit als Sachverständiger;
e) den Verlust der Bestellungsurkunde, des Ausweises oder des Rundstempels;
f) die Leistung der Eidesstattlichen Versicherung gemäß § 807 Zivilprozessordnung und den Erlass eines Haftbefehls zur Erzwingung der Eidesstattlichen Versicherung gemäß § 901 Zivilprozessordnung;

g) die Stellung des Antrages auf Eröffnung eines Insolvenzverfahrens über sein Vermögen oder das Vermögen einer Gesellschaft, deren Vorstand, Geschäftsführer oder Gesellschafter er ist, die Eröffnung eines solchen Verfahrens und die Abweisung der Eröffnung des Insolvenzverfahrens mangels Masse;

h) den Erlass eines Haft- oder Unterbringungsbefehls, die Erhebung der öffentlichen Klage und den Ausgang des Verfahrens in Strafverfahren, wenn der Tatvorwurf auf eine Verletzung von Pflichten schließen lässt, die bei der Ausübung der Sachverständigentätigkeit zu beachten sind, oder er in anderer Weise geeignet ist, Zweifel an der persönlichen Eignung oder besonderen Sachkunde des Sachverständigen hervorzurufen.

i) die Gründung von Zusammenschlüssen nach § 21 oder den Eintritt in einen solchen Zusammenschluss.

§ 20 Auskunftspflichten, Überlassung von Unterlagen

(1) Der Sachverständige hat auf Verlangen der Industrie- und Handelskammer die zur Überwachung seiner Tätigkeit und der Einhaltung seiner Pflichten erforderlichen mündlichen oder schriftlichen Auskünfte innerhalb der gesetzten Frist und unentgeltlich zu erteilen und angeforderte Unterlagen vorzulegen. Er kann die Auskunft auf solche Fragen verweigern, deren Beantwortung ihn selbst oder einen seiner Angehörigen (§ 52 Strafprozessordnung) der Gefahr strafrechtlicher Verfolgung oder eines Verfahrens nach dem Gesetz über Ordnungswidrigkeiten aussetzen würde.

(2) Der Sachverständige hat auf Verlangen der Industrie- und Handelskammer die aufbewahrungspflichtigen Unterlagen (§ 13) in deren Räumen vorzulegen und angemessene Zeit zu überlassen.

§ 21 Zusammenschlüsse

Der Sachverständige darf sich zur Ausübung seiner Sachverständigentätigkeit mit anderen Personen in jeder Rechtsform zusammenschließen. Dabei hat er darauf zu achten, dass seine Glaubwürdigkeit, sein Ansehen in der Öffentlichkeit und die Einhaltung seiner Pflichten nach dieser Sachverständigenordnung gewährleistet sind.

IV. Erlöschen der öffentlichen Bestellung

§ 22 Erlöschen der öffentlichen Bestellung

(1) Die öffentliche Bestellung erlischt, wenn
  a) der Sachverständige gegenüber der Industrie- und Handelskammer erklärt, dass er nicht mehr als öffentlich bestellter und vereidigter Sachverständiger tätig sein will;
  b) der Sachverständige seine Hauptniederlassung aus dem Bezirk der Industrie- und Handelskammer verlegt;
  c) die Zeit, für die der Sachverständige öffentlich bestellt ist, abläuft;
  d) der Sachverständige das 68. Lebensjahr vollendet hat,
  e) die Industrie- und Handelskammer die öffentliche Bestellung zurücknimmt oder widerruft.

(2) Die Industrie- und Handelskammer kann in dem Fall des Abs. 1 Buchst. d) in begründeten Ausnahmefällen eine einmalige befristete Verlängerung der öffentlichen Bestellung – höchstens bis zur Vollendung des 71. Lebensjahres – zulassen; § 2 Abs. 4 bleibt dabei außer Betracht.

(3) Die Industrie- und Handelskammer macht das Erlöschen der Bestellung in … (Mitteilungsorgan) bekannt.

§ 23 Rücknahme; Widerruf

Rücknahme und Widerruf der öffentlichen Bestellung richten sich nach den Bestimmungen des Verwaltungsverfahrensgesetzes des jeweiligen Landes.

§ 24 Rückgabepflicht von Bestellungsurkunde, Ausweis und Stempel

Der Sachverständige hat nach Erlöschen der öffentlichen Bestellung der Industrie- und Handelskammer Bestellungsurkunde, Ausweis und Rundstempel zurückzugeben.

V. Vorschriften über die öffentliche Bestellung und Vereidigung sonstiger Personen

§ 25 Entsprechende Anwendung

Diese Vorschriften sind entsprechend auf die öffentliche Bestellung und Vereidigung von besonders geeigneten Personen anzuwenden, die auf den Gebieten der Wirtschaft

a) bestimmte Tatsachen in bezug auf Sachen, insbesondere die Beschaffenheit, Menge, Gewicht oder richtige Verpackung von Waren feststellen oder

b) die ordnungsmäßige Vornahme bestimmter Tätigkeiten überprüfen,

soweit hierfür nicht besondere Vorschriften erlassen worden sind.

§ 26 Inkrafttreten und Überleitungsvorschrift

Diese Sachverständigenordnung tritt am ... in Kraft. § 2 Abs. 4 gilt nicht für unbefristete öffentliche Bestellungen, die vor diesem Zeitpunkt erfolgt sind.

Peter Lang · Internationaler Verlag der Wissenschaften

Mario Stillig

Haftung des gerichtlich bestellten Sachverständigen

Unter besonderer Berücksichtigung des Prozessvergleichs
Zugleich ein Beitrag zur quasi-vertraglichen Haftung

Frankfurt am Main, Berlin, Bern, Bruxelles, New York, Oxford, Wien, 2007.
219 S.
Europäische Hochschulschriften: Reihe 2, Rechtswissenschaft. Bd. 4596
ISBN 978-3-631-56397-7 · br. € 43,20*

Die Bedeutung der Sachverständigenhaftung hat mit fortschreitender Technologisierung stets an Bedeutung und Brisanz gewonnen. Dies mag unter anderem ein Grund für den Gesetzgeber gewesen sein, eine berufsspezifische Haftungsgrundlage in § 839a BGB aufzunehmen, der die Haftung des gerichtlichen Sachverständigen für fehlerhafte Gutachten regelt. Im Schrifttum wird verbreitet die These vertreten, dass der gerichtliche Sachverständige in der Konstellation des Prozessvergleichs keinerlei Haftung ausgesetzt sei. Der Verfasser nimmt sich dieser These an und überprüft sie anhand verschiedener Haftungsgrundlagen auf ihre Richtigkeit. Das besondere Augenmerk liegt hierbei auf der Ausgestaltung der §§ 280, 241 II, 311 III BGB zu einem subsumtionsfähigen Tatbestand, der in der Konstellation des Prozessvergleichs eine taugliche Haftungsgrundlage darstellt. Dogmatisch handelt es sich dabei um die Vertrauenshaftung als „Dritte Spur" zwischen Delikts- und Vertragsrecht.

Aus dem Inhalt: Die Haftung des privat beauftragten Sachverständigen · Die Haftung des gerichtlichen Sachverständigen · Die vertragsähnliche Sachwalterhaftung als „Dritte Spur" zwischen Delikts- und Vertragshaftung

Frankfurt am Main · Berlin · Bern · Bruxelles · New York · Oxford · Wien
Auslieferung: Verlag Peter Lang AG
Moosstr. 1, CH-2542 Pieterlen
Telefax 00 41 (0) 32 / 376 17 27

*inklusive der in Deutschland gültigen Mehrwertsteuer
Preisänderungen vorbehalten
Homepage http://www.peterlang.de